天下文化
BELIEVE IN READING

The Hidden Gifts of People Who Think in Pictures, Patterns, and Abstractions

科學文化 226

VISUAL THINKING

用對的方法，釋放大腦潛能

Temple Grandin
天寶・葛蘭汀——著

廖建容——譯

獻給所有不同凡想的人

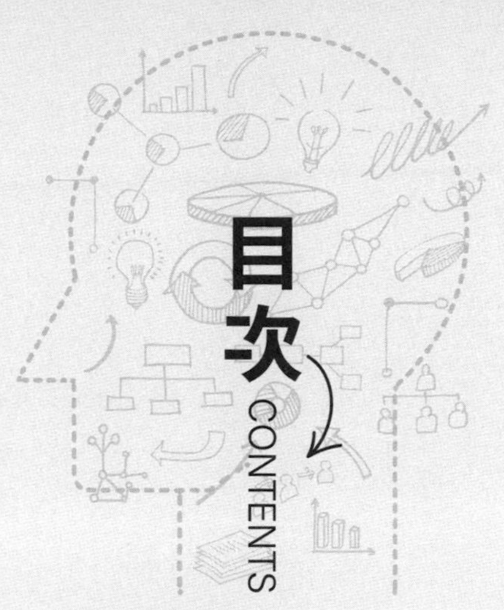

目次

CONTENTS

序言
讓所有人展翅翱翔

我們剛出生的時候並不會說話。我們看得到光線，認得出臉孔，能分辨顏色和形狀。我們有嗅覺，開始分辨各種氣味。我們有觸覺，開始伸手抓東西、吸吮拇指。不久之後，我們開始能辨認曲調，這可以解釋為何世界各地都有自己的搖籃曲和兒歌。

小嬰兒會製造各種聲音。很多時候，「媽媽」和「爸爸」並不是焦急的新手爸媽所想的，是嬰兒在叫爸爸媽媽，而只是嬰兒無意中發出的聲音。慢慢的，語言取得了優勢。到一歲半時，大多數幼兒已經能說出不少的名詞和動詞。兩歲時，他們開始可以說出完整的句子。等到幼兒園階段，大多數的孩子已經能以複雜的句子來表達意思，也能理解基本的語言規則。

語言是溝通的基本要素，就像我們喝的水、呼吸的空氣一樣重要。

我們認為，語言之所以占據主導地位，不僅因為它是我們溝通的基礎，也因為它是我們思考的基礎。事實上，數百年來我們一直被這麼教導。十七世紀哲學家笛卡兒（René Descartes）的「我思故我在」，對世人產生了深遠影響。笛卡兒直白的表示，語言是人類與「獸類」的分野：人性因語言而存在。

時間快轉數百年，直至今日，人們主要還是靠語言來描繪心智理論。1957 年，語言學家杭士基（Noam Chomsky）出版了劃時代著作《句法結構》（*Syntactic Structures*），這本書宣稱，語言（尤其是文法）能力是與生俱來的。這個觀念影響許多思想家，足足超過半個世紀。

如果想理解「不同的人會用不同的方式思考」，那麼就要先理解，這個世界上存在著不同的思考方式。人們的普遍看法是：所有人都天生透過語言來思考。可能基於這個原因，使我一直到快三十歲時，才意識到我是用圖像來思考。我有自閉症，一直到四歲才學會說話，到八歲才識字，而且是歷經了大量字母拼讀法的輔導才學會。

對我來說，整個世界是以圖像呈現，而不是句法和文法。這和笛卡兒或杭士基所想的有一些出入，我雖然不透過語言思考，但我的思緒依然豐富而且鮮活。我所看見的世界，是一連串相關聯的視覺圖像，就像瀏覽谷歌圖片搜尋網頁，或是觀賞 Instagram 或是抖音上的短片。我現在確實擁有語言能力，但主要還是透過圖像來思考。

人們經常把圖像思考與視覺混為一談。我們將透過本書看見，圖像思考的核心概念不在於我們怎麼看事物，而在於大腦處理資訊的方式，也就是「我們如何思考與感知事物」。

在我出生的年代，人們還沒有對不同的思考方式做出區別，因此當我發現其他人的思考方式和我不同時，總覺得不知所措。那種感覺就像是受邀參加化妝舞會，卻發現只有我變裝出席。

要弄明白大多數人的思維過程和我的思維過程有什麼差異，對我來說很困難。當我搞懂不是所有的人都以圖像思考，我立志要找出人類的思考方式，並且查明這個世界上有沒有和我一樣的人。二十五年前，我第一次在回憶錄《星星的孩子》（*Thinking in Pictures*）中討論這個主題。我從那個時候開始就一直調查，圖像思考在一般人之間有多麼普遍。我的調查方式是閱讀文獻與近距離觀察。此外，當我受邀到自閉症與教育研討會演講時（有數百場），我會在現場進行非正式的調查。我也曾與數千人談過這個話題，以了解情況，包括家長、教育界人士、身心障礙維權者，以及業界人士。

圖像思考者又分為兩種類型——我不是瞬間突然頓悟，而是逐漸明白。當時我還無法證明，但我知道有一種與我截然不同的圖像思考者，他們是空間圖像思考者（spatial visualizer），他們透過模式和抽象概念來思考。一開始，我是在與各種類型的工程師、機械設計師和焊工共事的時候，覺察到這種區別。後來看到科學文獻印證我的觀察，讓我興奮極了。科哲夫尼科夫（Maria Kozhevnikov）的研究指出，有一種人是像我這樣的物體圖像思考者（object visualizer），我們透過圖像來思考，但就像我猜測的一樣，另外還有一群人是空間圖像思考者，他們透過數學原理和模式來思考。空間圖像思考者經常被忽略，但扮演了非常重要的角色。

這對我產生非常大的衝擊。我知道身為圖像思考者的自己必須擴大個人經驗，去接觸人類整個圖像思考文化的全貌，包括學校、安全、工作和其他方面。

本書將探索這兩種思考方式如何對個人和世界產生影響。此外，我也會介紹我所謂的「聰明工程部」（clever engineering department），並講述在我近五十年的專業工作經驗中，與這兩種人合作的故事，一種是像我一樣的物體圖像思考者（我們看見的是圖像），另一種是空間圖像思考者（他們看見的是模式）。你可以這麼想像：物體圖像思考者造出火車，空間圖像思考者讓火車動起來。

本書的靈感源自我過去幾年來獲得的兩個重大啟示（這是真正的頓悟），它們徹底改變了我。2019 年，我去參觀三個最先進的家畜家禽肉品處理廠。因為我是食品供應業的顧問，所以這是我的例行工作之一。我的任務基本上是確保工廠的運作符合法規，沒有違反任何規定。我要查看工廠裡是否有任何不當對待動物、設備故障與員工不當行為的跡象。

這個產業之所以需要我，是因為我看東西的方式和一般人不同。再小的細節都難逃我的法眼。盡人皆知，即使是毫不起眼的一條線讓牛隻在走道停下來，導致耽誤流程，我也能看出端倪，避免業者蒙受重大損失。

然而，當我拜訪某家工廠時，一個意想不到的東西吸引住我的目光。在那之前，我合作過或提供諮詢的所有工廠，幾乎都使用美國製的設備。這些設備的零件在美國製造，隨時可以找到工人來組裝部件，或是排除故障。但這家工廠的設備完全是新品，用閃閃發亮的不鏽鋼精心製作而成，令人賞心悅目，而且還有許多精巧的活動部件。看著這套設備，我不禁想像，整套設備是由一群領高薪、技術熟練的工人所設計和安裝。我後來得知，全套設備是用貨櫃船從荷蘭運到美國，整整分裝成一百多個貨櫃。

我站在高處的狹窄走道，俯瞰這條複雜的輸送生產線，心中感嘆：「我們做不出這種東西了！」這是我們取消學校實作課程（像是工作坊、焊接、製圖和汽車修理）所付出的代價。有能力設計這套設備的人，往往在學生時代因為成績或行為不佳而被視為壞學生，於是被送去接受特殊教育。事實上，他們當中有許多人純粹因為是圖像思考者而遭到篩除，畢竟學校的現行課程有利於較擅長考試的語言和線性思考者。能讓這些「壞學生」發揮長才的實作課，現在都取消了。

不久之後，我的第二個頓悟出現。當時我到加州庫比蒂諾的蘋果公司總部，參觀賈伯斯劇院（Steve Jobs Theater）。那個玻璃圓盤造型的劇院彷彿來自另一個銀河系。劇院的牆將近七公尺高，全部由玻璃組成。我在劇院中看不到任何一根支柱。所有的電線、消防灑水器、音響設備和保全系統都藏在玻璃板之間的縫隙中。整棟建築令人嘆為觀止。

我一遇到感興趣的東西，就會追根究柢，研究它是怎麼構成。我後來知道，劇院的整片屋頂全靠那些結構性玻璃牆支撐，而生產那些玻璃牆的是德國公司 Sedak，它擁有業界最先進的大型玻璃板生產技術。絕美的輕量碳纖維屋頂則是從杜拜進口。至於玻璃保護層和劇院的內部屋頂，是義大利公司 Frener & Reifer 設計、規劃、製造和安裝。我造訪劇院時，裡面空無一人，於是我站在大廳的中央大喊：「我們做不出這種東西了！」

我很快就發現，這兩次經驗並非特例，而是美國的產業界已經發生巨大變動的證據。2021 年春天，我在另一家豬肉加工廠看到一套嶄新的切肉和包裝設備，生產自荷蘭、丹麥和義大利。幾個星期之後，某個肉品交易雜誌的最新一期刊物，用巨大的摺頁篇幅展示某家大型荷蘭公司製造的設備。我發現，美國的創造力危機已經來到關鍵轉折點。

美國的重要技術正在流失，原因有三。第一，有製造專長的人才離開就業市場的速度，高於人才進入市場的速度。第二，我們把製造業轉移到外國，不只是衣服、玩具和家電這類大量生產的產品，還有高科技產品（大約百分之三十的 iPhone 是中國製造）。最後一點，也是我最關心的領域：我們篩掉了圖像思考者。

面對思考方式不同的人，如果我們不再鼓勵和培養他們的才華和能力，我們就無法整合對社會有益的學習與思考方式，好讓社會變得更豐富多樣。想像一個沒有藝術家、工業設計師或發明家，也沒有水電工、機械工、建築師或建築工的世界，它會是什麼樣子？這些人都是圖像思考者，其中許多人就在我們眼前，但我們卻沒有去了解、鼓勵或欣賞他們的特殊貢獻。我想寫本書的原因之一是，美國所流失的技術嚇到我了。而這個情況是可以避免的，只要我們不再篩掉那些能救我們一命的人。

大多數人不太了解自己的心智是如何運作，大多數的科學家也是如此。首先，我想用圖像思考者和非圖像思考者都能辨識的方式，來說明我們所知的圖像思考，並解釋圖像思考如何運作。然後，我會指出我們的教育有哪些地方做錯，包括強制推行統一的課程、倚賴有偏見且過時的測驗制度，以及用短期與長期方式篩掉有天分的孩子，這些都對我們全體造成了傷害。事實證明，有一些學生因為在代數這門科目卡關，以致無法從高中或社區大學技術相關科系畢業。這些學生是圖像思考者，他們能發明機器，卻無法算出未知數 x 的值，而我們把他們篩掉了。

其次，我們將要檢視，教育危機再加上人們對於技術學校和社區大學的偏見，如何導致失業或高學歷低就的危機。大多數人都同意，維護和改善基礎建設很重要。然而，我們是否為社會辨識出建築工、焊工、機械技師、工程師，並鼓勵與訓練他們來做這些事？換句話說，現今的聰明工程師在哪裡？

我們會接著檢視語文思考者與圖像思考者的精采協作，包括羅傑斯（Richard Rodgers）與漢默斯坦（Oscar Hammerstein）、賈伯斯與沃茲尼克（Steve Wozniak），以及建築師庫哈斯（Rem Koolhaas）與工程師巴爾蒙德（Cecil Balmond）共同創造的作品。我們將透過一些研究來了解，多元化的思考者為團隊帶來的優勢。然後，我們會探索天賦、神經多樣性與圖像思考者的交會之處。我們將提到藝術家與發明家，因為他們當中有許多人是圖像思考者，還有些人有自閉症譜系障礙（autism spectrum disorder）。他們在藝術、科學與發明界的卓越貢獻，改變了人類歷史的發展。

接下來我們要看看，團隊中缺少圖像思考者，有時會帶來攸關生死的現實後果。我們將會看見，具有圖像思考能力的人，或許可以防止日本福島電廠核災，與奪走數百人性命的兩起波音 737 MAX 空難事故。圖像思考者雖然不是先知，但這群人的觀點可能有助於避免小事故和大災難的發生。我們將會探討一些研究，據研究結果表示，運用單一思考方式的團隊，其表現會比不上圖像與非圖像思考者兼具的團隊。在團隊中納入圖像思考者，可以讓情況變得很不一樣。

最後，我要回到我已經詳細闡述過的主題。身為動物科學家，我一輩子都在教導和研究動物行為，並提供諮詢。我之所以想聚焦於動物，就是因為動物不使用語文。牠們能教我們什麼，讓我們更了解自身的思考方式？

你怎麼判斷自己是不是圖像思考者？如果你有音樂細胞、擅長藝術創作、善於組裝機械零件，或常用畫圖代替寫字，這些都是線索。請記住，圖像思考和大多數特質一樣，是以譜系

（spectrum）的形式存在。對大多數人來說，語文思考和圖像思考這兩種方式都會使用。透過我在本書呈現的故事、研究和觀念，你應該能找到自己在譜系中的落點。

我也想幫助家長，根據孩子的長處來引導他們。讓孩子有好的開始是極其重要的事，第一步就是了解他們的思考方式，進而了解他們的學習方式。我也想鼓勵公司老闆對公司的勞動力加以評估，在履歷表之外，也看看圖像思考者和神經多樣性人士能為公司帶來什麼貢獻。我盼望，圖像思考者能在本書裡看見自己，非圖像思考者能意識到，由不同思考方式所創造的可能性與機會。

最後，我希望所有的世界公民都能在這個快速變化的世界中，重新拿回創造與創新的能力，並且體認到，善用所有的腦袋能獲得什麼。

第一章

什麼是圖像思考？

我在 1947 年出生，當時醫學界還沒有把自閉症診斷方式用在我這種孩子身上。現今視為典型的自閉行為，大部分我都有，包括不和別人有視線接觸、容易發脾氣、不和別人有社交互動、對肢體接觸極度敏感，以及看似失去聽覺。我最大的問題是，我學會說話的時間點很晚，以致當我在兩歲半接受神經學家檢查時，他下的結論是我有「腦損傷」。

我後來才知道，我小時候的行為（發脾氣、說話結巴、尖叫和咬人）大部分與我的挫折感有關，因為我在學說話的過程中遇到了很多挫折。我很幸運，許多早期治療幫助我學會說話。不過，當時的我並不知道，不是每個人的思考方式都和我一樣，我也不知道，人們的思考方式大略分為兩種：用圖像和模式來思考（這兩者的區分稍後會詳述），以及用文字來思考。

奠基於文字的思維，有序而線性。主要用語文來思考的人，往往以有條理的方式理解事物，由於學校的學習內容大多按照順序編排，因此語文思考者的學業成績通常很好。他們善於理解一般概念，有時間感，但不一定有方向感。在學生時代，語文思考者在家裡會有一整排井然有序的活頁夾，長大後，他們的電腦桌面上會有一排排不同專案的資料夾。

語文思考者非常善於說明他們如何一步步得到某個答案或做出某個決定。他們會在心裡對自己說話（也就是「內在對話」），他們用這種方式來組織他們的世界。語文思考者輕輕鬆鬆就可以寫一封電郵，或是在會議上做簡報。他們很早就學會說話，也喜歡講話。

語文思考者的先天特質使他們很容易就能主導對話，他們非常有組織，也善於社交。因此，他們傾向於選擇高度倚賴語文能力的職業，像是老師、律師、作家、政治人物、行政人員，並且做得有聲有色，這是非常合理的事。你很可能認識這樣的人。

過去這些年來，與我合作的編輯全都是語文思考者。我注意到，他們非常喜歡按照順序工作，這代表他們是線性思考者，並且需要按照「開始—中間—結束」的順序來連結思緒。當我沒有按照章節順序交幾章書稿給我的編輯，她根本無從下手。在她看來，這些書稿是一團混亂。圖像激發的是聯想，句子則必須要有順序。若缺乏語文順序，她就失去了思考的邏輯，我必須幫她把我的想法以有頭有尾的順序排列出來，她才能開始工作。

反過來說，圖像思考者看見的是畫面，他們能用這些畫面做各種聯想。一般來說，圖像思考者喜歡地圖、藝術作品和迷宮，而且通常不需要問路。有些圖像思考者輕輕鬆鬆就能找到只去過一次的地方，他們的內在 GPS 已經記錄了圖像式地標。

圖像思考者往往很慢才學會講話，他們常常難以融入學校和傳統的教學方法。代數通常是他們的罩門，因為代數的概念太抽象，幾乎沒有具體的東西可以轉化成圖像。圖像思考者通常善於計算數字，而且是與實際任務（像是建築和組裝東西）直接相關的數字。像我這樣的圖像思考者毫不費力就能領悟機械裝置的運作原理，也樂於弄懂那些原理。我們大多是解決問題的人，而我們對於社交互動有時顯得相當笨拙。

1970 年代初，我二十多歲，在亞歷桑納州立大學（Arizona State University）攻讀動物科學碩士學位，還不是很熟悉用文字思考，當我開始研究牛隻行為時，我並不知道其他人不是用圖像來思考。有一次，我試著了解牛隻在走道中行進時，為何有時會停下腳步站著不動，那是我第一次清楚意識到，別人的思考方式和我不同。這段經驗我在書中和訪談中提過很多次，這個頓悟時刻決定了我未來處理動物議題的方式，也開啟了我的職業生涯。

當時的牛隻管理員會一邊吼叫、一邊用電擊棒或擊打或推擠牛隻，促使牠們前進。我為了體會牛的視角，決定自己跳進走道。當我進入走道之後，立刻看出使牛隻停下腳步的東西有哪些：陰影、一道斜光、一條懸掛的鐵鍊，有時甚至只是一條垂掛在走道圍牆上的繩子，這些事物都會干擾牛隻。對我來說，跳進走道本來就是應該做的事，但沒有任何管理員想過要這樣做，有些人甚至認為我瘋了。在我剛踏入這個行業的時候，用牛的眼光來看世界是不可思議的舉動，但這個做法卻成了我處理所有動物議題的招牌方式。

我在畜牧業工作了許多年，不斷改善對待牛隻的方式。幾個動物園和其他動物的屠宰廠也曾找我，幫助他們解答動物行為的一些問題。當我在《星星的孩子》提到這件事時，我認為我與動物的連結（尤其是牛這類被掠食動物），是由於我的自閉症。我認為我們在受到威脅時，都會產生逃跑的反應。我能理解動物的恐懼。在某些方面，我覺得動物比人還要親。

我後來逐漸發現，圖像思考的某個要素使我有能力看見別人漏掉的東西。我能夠注意到各種不對勁的小地方，有時甚至是可能造成危害的細節；我會在探討災難的第六章詳述這個部分。我並不是單純的看見某一道斜光或是掛在走道上的鐵鍊，而是那些東西使我覺得非常刺眼。如果房間裡有任何不對勁的東西，我一走進去就會立刻看見，就像語文思考者能挑出放錯位置的逗號或是拼錯的字一樣。不該出現的東西，或是稍微有點不對勁的東西，都會讓我覺得很刺眼

我後來才知道，我的能力來自圖像思考和自閉症。莫頓（Laurent Mottron）是精神科醫師，也是蒙特婁大學（University of Montreal）認知神經學與自閉症領域的研究員。他和同事貝爾維爾（Sylvie Belleville）曾與許多人研究過自閉症譜系。他們曾經研究知覺處理能力。某回他們對一位名叫 E.C. 的患者進行一系列檢測，E.C. 有學者症候群（後面的章節會詳談學者症候群），能憑著記憶畫出比例精準、充滿空間細節的圖。莫頓發現：「有自閉症的人能夠比一般人更快覺察環境中細微的變化，並執著於形態上的小細節。」莫頓後來對圖像和語文思考者進行了另一個研究，用更複雜的視覺任務來定位覺知功能。他同樣發現，圖像覺知「在自閉症認知扮演了較優勢的角色」。

發展心理學先驅弗里思（Uta Frith）認為，自閉症是一種

認知上的狀況，肇因並不是冷若冰霜的母親（當時稱為「冰箱母親」）。在她與沙阿（Amitta Shah）進行的早期研究中，他們讓有自閉症的人、「正常人」與智能障礙者用不同顏色的積木排出多個樣式。他們發現，有自閉症的人「不論年齡或能力高低，表現都優於對照組」。

我想，假如我不是圖像思考者，當時就不會想到要跳進牛隻走道。對我來說，我必須親自從牛的視角來看世界，因為那才是對世界最自然的反應。不過，那時的我依然以為所有人的思考方式和我一樣，是用相片般真實的圖像做一連串的聯想，或用更簡單的說法，像是在腦袋裡看電影預告片。

如同語文思考者難以理解這個世界上竟然有圖像思考者一樣，我也難以理解這個世界上竟然有語文思考者的存在。在那個時候，我還不知道莫頓與弗里思等人做過相關研究。我從來沒想過，人類可以研究圖像思考並加以量化，我也沒想過，我們會有一個詞彙可以用來稱呼它。在那之後，我一直在思考為何會如此。

語言世界的圖像思考

我們活在語言無所不在的文化裡，這是不爭的事實。語文思考者支配了全國的對話，範疇涵蓋宗教、媒體、出版與教育等界。廣播電視和網路充滿人的話語，這些空間幾乎占滿了傳道人、權威專家與政治人物。我們甚至把評論員稱為「名嘴」

（talking heads）。主流文化喜歡能言善道的人，他們的世界是一個充滿了語言的世界。

心理學家費尼霍夫（Charles Fernyhough）在杜倫大學（Durham University）主持「聽見心聲」（Hearing the Voice）計畫。他的著作《內在聲音》（*The Voices Within*）探討人們在心裡對自己說話的普遍情況，不僅有各式各樣的方式，理由也相當多元，例如激勵自己、自我聚焦、調節心情、改變行為。基本上，人們對自己說話是為了刻意覺察某些事。我們稍後會發現，即使是高度倚賴語文思考的人，也會使用圖像思考，不過，他們大多以語言的形式接收資訊。

然而，費尼霍夫和許多人一樣，他的研究報告呈現某些偏見。他聲稱，思考主要倚靠的是語言，「思考和語言的關係，比他之前所想的更緊密」。他承認，思考也涉及想像力、感官感受與情緒，但「那些只是其中一部分」。儘管我會在心裡對自己說話，當我極度專注於畜牧業設計案時，有時甚至會自言自語，但我的思緒並不是徜徉在文字的大海裡，而是優游在圖像的汪洋裡。

▪ 先圖像，後語言

大多數的孩童以驚人的速度把語言與他們生活中的東西連結在一起。一、兩歲的孩子除了會從父母說的話學習詞彙和句法之外，也會學習父母的語調和語氣。然而，許多屬於自閉症譜系的圖像思考者必須努力學習，才能適應這個主流文化。他們不知道，世界上其他的人是用語言文字來表達想法和感覺。語言不是圖像思考者天生會使用的工具。圖像思考者必須費很大的勁學習如何掌握語言的用法，也要學習如何把聲音調整成正確的語調、音高和語氣。

我會仔細觀察語文思考者的說話方式，藉此調整我的說話方式。語言對我來說不是自然而然就會的事，它不是我天生的能力。直到現在，我還是難以記住一長串的語文資訊。有些笑話會超出我的理解，尤其當人們說得很快或是玩文字遊戲的時候。我如果要理解那些笑話，就必須把文字轉化成畫面。如果笑話有省略字或用了奇怪的句法，我大概就聽不懂了。

長久以來，我一直誤以為有自閉症的人都是圖像思考者。但事實上，某些有自閉症的人非常善於使用語言。但根據曼徹斯特大學（University of Manchester）心理學家希奇（Graham J. Hitch）等人的看法，所有的孩童在幼年時期都傾向於用圖像思考。他研究了孩童處理資訊的方式，好判斷出他們倚賴的是記憶中的圖像線索、還是語音線索。他在年紀較大的孩子身上發現，圖像記憶「被更普遍的回憶語音元素遮蓋」，意思就是，文字很容易就會蓋過圖像，就像在舊壁紙上面覆蓋一層新壁紙一樣。

語言的優勢使它成為孩童的主要溝通方式，善於資料分析的心理學家科本諾岡扎里茲（Gabriela Koppenol-Gonzalez）對此進行追蹤研究。她發現，在五歲以前，孩童非常依賴圖像短期記憶。在六到十歲之間，孩童使用語言來回想的比例愈來愈高，到了十歲以後，他們使用語言短期記憶的程度已經和成人相似。隨著孩童的語言與視覺系統逐漸發展成熟，他們也逐漸傾向於使用語言來思考。但也有其他的研究者對成人的短期記憶進行研究，他們的結論是，並非所有的成人都優先使用語言來處理資訊，語言也不是總占最重要的地位。這結論與一般人的假設相反。

西爾弗曼（Linda Silverman）是丹佛「進階發展與資優發展研究中心」（Institute for the Study of Advanced Development and the Gifted Development Center）的心理學家，她研究天賦異稟的人四十餘年，其中有許多屬於自閉症譜系。他們的特質類群包括閱讀、拼字、組織與排序方面的障礙。然而在這些孩子當中，有許多人可以不假思索的把東西拆開，然後又組裝回去，也能解答複雜的方程式，只是他們無法告訴你，他們如何辦到。他們大多喜歡微積分和物理學，而且很會看地圖。

在教導不同類型的學習者時，常用到西爾弗曼的研究，西爾弗曼認為，這些人與眾不同的大腦並不是能力有缺陷，而是一種資產。西爾弗曼在介紹不同的學習風格有什麼差別時，會放一張投影片，上面呈現兩個人，其中一個人身旁有一個整理得井井有條的檔案櫃，另一個人的四周擺了一堆又一堆的文件。她用「編檔者」（filer）和「堆疊者」（piler）來稱呼這兩種人。你可能知道自己屬於哪一種人。你的思考方式是哪一種？

西爾弗曼指出，你不能根據雜亂或整潔的整理風格，來斷定一個人的才智和能力是高是低，不過，物品雜亂的人往往會因為刻板印象，被人認為能力較差。如果有兩個學生，一個人拿著一個整理好的資料夾，另一個人的背包裡塞了一堆紙張文件，我們一般會認為，那個有條理的學生是好學生，而且比較聰明。但事實上，他可能只是學業成績比較好而已。我們稍後會知道，真正的天才通常是「堆疊者」。西爾弗曼也指出，如果你讓堆疊者把文件都整理好，他會永遠找不到想要的東西。堆疊者知道東西放在哪裡，他們一清二楚。在他們心中，那堆「雜亂」的文件已經整理過了。

我就是這樣。辦公室堆滿了期刊、雜誌文章和草稿，看起來像是隨便亂放。但那一堆堆的東西並非亂放，每一堆都是某個計畫的原始資料。我隨時可以在某一堆文件裡找到我要的論文。能在一堆東西裡快狠準的找到一份論文，或許無法代表這個人是天才，但絕對可以告訴我們，這個人的腦袋如何運作。

不過，人們似乎傾向於信任語文思考者。拜倫科恩（Simon Baron-Cohen）是心理學與精神病學教授，也是劍橋大學「自閉症研究中心（Autism Research Centre）主任，他在《尋找模式的人：自閉症如何驅動人類發明》（*The Pattern Seekers: How Autism Drives Human Invention*）主張，全世界的發明大多出自有自閉症的人。

「這些容易情緒激動的系統化大師，連最簡單的日常社交都處理不來，像是建立並維持人際關係，但他們輕而易舉就能看出大自然裡的模式，或是透過其他人沒想到的實驗方式，看出模式。」這正是我的思考方式。但拜倫科恩也肯定語文思考的重要性，他認為認知革命使我們發現「人類擁有驚人的語言能力」。人類智識發展史的主流觀點是：語言能透過某種神奇的過程，將思想轉化為意識，而圖像思考在途中逐漸消失。

圖像語文連續體

經常有人問我，要怎麼判斷一個孩子是不是圖像思考者。有些孩子在三歲時就可以看出一些跡象，但大多數的孩子是在六到八歲時，才會顯露比較明顯的跡象。我們可以從孩子喜歡的活動來推斷他們對於圖像與空間思考的傾向。

圖像思考者通常能畫出精細又寫實的美麗圖畫，也喜歡用積木、樂高玩具和組裝玩具（例如 Erector Set）做出模型，或是用家裡隨手可得的東西（像是紙板或木頭）製作小東西。他們看到一盒一千片拼圖時，眼睛可能會發亮，他們也可能長時間待在地下室或車庫，用工具修東西或是電子產品，把東西拆開之後又組裝回去。

理論物理學家霍金（Stephen Hawking）曾把模型火車和飛機拆開來研究，長大後，他用壞掉的時鐘和電話零件做出一臺簡易型電腦。最早期的程式設計師暨數學家霍普（Grace Murray Hopper）小時候把家裡的七個時鐘都拆開過。你家的青少年如果把你的筆電拆開來研究，你或許不會太高興，不過，如果他長大後成為下一個沃茲尼克，那時你可能會覺得很開心。

如果是成人，個人建議你進行我所謂的宜家（IKEA）測試，來判別你落在圖像語言思考光譜的哪個位置。這個測試不是非常科學，但相當可靠，可以很快就把傾向用語文和傾向用圖像的人區分開來。測試如下：去買一件家具自行組裝，你會閱讀說明文字，還是參照圖示？

當我試著閱讀說明文字時，我完全不知道該怎麼做，因為我無法按照步驟依序進行。但是當我看著圖示，我的大腦會把我過去組裝好的東西連結在一起，然後我就知道這件家具看起來應該是什麼樣子。

你可能注意到，宜家的組裝說明提供的是一連串的圖示，完全沒有文字解說。當我發現創立這家公司的人有讀寫障礙、偏好圖片勝於文字，我一點也不意外。我曾聽說，有些語文思考者因為宜家的說明書而崩潰，因為他們嘗試按照說明組裝家具時，一直遇到困難。我眼中的完美地圖，卻令他們感到困惑與挫折。後來，宜家與零工平臺 TaskRabbit 合作，讓圖像思考者幫助文科畢業的人組裝書架。

我們先把書架的事放在一邊。目前還沒有決定性的測試或掃描方式，能判斷一個人是不是圖像思考者，不過，西爾弗曼與丹佛團隊耗費多年時間開發的「空間圖像識別工具」（Visual-Spatial Identifier），能有效區分她所謂的「聽覺順序」思考者（根據語言）與「空間圖像」思考者（根據圖像）。如果你想知道自己落在光譜的哪個位置，可以花點時間完成下一頁的十八個題目。

空間圖像識別工具

	是	否
1. 你主要以圖像而非語言來思考嗎？	☐	☐
2. 對於你知道的事情，你常常無法解釋你是怎麼知道或你為什麼會知道？	☐	☐
3. 你解決問題的方式和別人不同嗎？	☐	☐
4. 你有栩栩如生的想像力嗎？	☐	☐
5. 你記得你看到的東西、卻記不住你聽到的話嗎？	☐	☐
6. 你常常拼錯字嗎？	☐	☐
7. 你能在心中從不同視角看見同一個物體的樣貌嗎？	☐	☐
8. 你很不會整理東西嗎？	☐	☐
9. 你常常失去時間感嗎？	☐	☐
10.你比較偏好看地圖、而不是遵從語言文字的路線指示嗎？	☐	☐
11.你記得怎麼去那些你只去過一次的地方嗎？	☐	☐
12.你寫字很慢，而且別人常常難以辨認你的字跡嗎？	☐	☐
13.你能感受別人的感覺嗎？	☐	☐
14.你很有音樂、藝術或數字細胞嗎？	☐	☐
15.你知道的東西比別人認為你所知道的更多嗎？	☐	☐
16.你很討厭在眾人面前發言嗎？	☐	☐
17.你覺得自己隨著年齡增長變得愈來愈聰明嗎？	☐	☐
18.你沉迷於使用電腦嗎？	☐	☐

如果你有十題以上回答「是」，那麼你非常可能是「空間圖像」學習者。

請記住，這不是二分法，而是光譜的概念。所有題目都回答「是」的人非常少。我有十六個題目回答「是」，所以我非常靠近光譜的某一端。作家、編輯和律師回答「是」的題數通常少很多。曾和我一同寫書的共同作者是個極度語言取向的人，她只有四題回答「是」。大多數人會落在中間位置，代表兩種思考方式都使用。非常有創造力或是喜歡數學的人，很可能會有很多「是」。

人們常問我，圖像思考者的比例有多高。目前還沒有太多數據可以回答這個問題。但西爾弗曼的團隊進行了一個研究，以七百五十位四年級、五年級和六年級的學生為對象，涵蓋多樣的社經背景和智商分數。結果發現，大約三分之一的人非常傾向於空間圖像思考，約有四分之一的人非常傾向於聽覺順序思考，約有百分之四十五的人是兩者兼具。

當我發現自己是圖像思考者，我立刻開啟科學家模式，自己展開調查。我認為只要調查足夠多的人，問他們相同的問題，來探知他們取得圖像記憶的方式，我就能為思考方式和我一樣的人建立資料庫。神經學家薩克斯（Oliver Sacks）出版過許多著作，他針對我的圖像思考傾向搜集資料，寫了一篇文章刊登在《紐約客》（*New Yorker*）雜誌，後來他的書以文章標題命名，也就是《火星上的人類學家》（*An Anthropologist on Mars*）。薩克斯精確描述了我理解世界的方式。在所謂的正常人或是

「神經典型」（neurotypical）的人當中，我就像是人類學家米德（Margaret Mead）。與其進行某些社交連結，我寧可研究人類的行為和習慣，因為「融入」是一件很複雜的工作。我當時沒有意識到，當我透過個人調查，尋找和我一樣的圖像思考者，我其實也在尋找我的族人。

我的調查方式一開始是請人們描述他們的家或寵物。結果我發現，幾乎所有人都用詳細清楚的圖像式細節來描述自己的家或寵物。當我請人們描述日常用品，像是烤土司機和錐形蛋捲冰淇淋時，結果也很相似。大家都能輕而易舉的回想並描述這些東西的樣子。這代表他們都是圖像思考者嗎？身為科學家，我做了我一貫會做的事：分析得到的資料，並做出假設。我猜測，人們之所以能鉅細靡遺的回想，是因為他們很熟悉這些物品。

我決定聚焦在人們知道卻不會每天遇到的東西。有一天我開車經過教堂時，恰好注意到教堂的尖頂。所有人都知道教堂尖頂是什麼，而且可能偶爾會看到，但不會經常看到。即使你每個禮拜上教堂，也不一定會注意到教堂的尖頂。我遇到一些牧師，他們幾乎沒有注意自己教會的教堂尖頂長什麼樣子。當我請人們回想他們記憶中的教堂尖頂，得到的結果完全不同。

我得到了三種截然不同的回應。圖像思考者能清楚描述好幾種教堂尖頂，而且通常能說出那些教堂的名字。在他們心中的圖像毫無模糊或抽象之處。他們簡直像是盯著照片或是有如照片一樣寫實的圖片；他們就是看得那麼清楚。另一種人就像我的共同作者，他們落在光譜的語言端，他們看見的是形成倒 V 的兩條線，就像用炭筆粗略畫出來的線條，一點也不精確。一般來說，這種人是語文思考者。

不過，還有許多人的回應介於這兩種極端之間。他們描述出來的是一般的新英格蘭式教堂尖頂，這是他們把自己親眼看過的教堂尖頂，以及他們在報章雜誌或電影中看過的教堂尖頂拼湊起來的結果。這群人落在光譜的中間位置，語言與圖像混合使用。因此，我差不多打從一開始就知道，人們的思考方式不是分成兩種，而是以連續體的方式分布。

多年來，我經常向小學生與學校行政人員這兩個不同族群演講，我會進行非正式的實驗，來尋找圖像思考者。我讓每一群人看同一張圖片，圖片中有一隻小牛走在走道裡，眼睛盯著陽光照在地上的一個亮點，圖片上有一排文字說明「止滑地板非常重要」。我會問聽眾：看見一隻動物盯著陽光看的人請舉手。我得到的答案很一致，如果對象是孩童，約有一半的人舉手；如果對象是學校的行政人員，幾乎沒有人舉手，因為他們把焦點放在文字。

視覺腦與語言腦

格利克斯坦（Mitchell Glickstein）教授在人類發現視覺皮質的簡史裡提到，面對「視覺如何在大腦中產生」這道問題，有一群醫師從不同角度切入。十八世紀時，義大利帕瑪（Parma）

的醫學院學生金納利（Francesco Gennari）把人腦放在冰塊上解剖，「開啟了大腦結構學的領域：研究皮質結構的區域性差異」。1870 年代，蘇格蘭神經學家費里爾（David Ferrier）想尋找大腦控制視覺的區域，卻意外發現視覺所引導的動作或運動功能。1904 至 1905 年的日俄戰爭期間，有些日本士兵頭部被俄羅斯的來福槍子彈貫穿，卻倖存下來，日本醫師井上達二（Tatsuji Inouye）找來二十九名腦部受傷的士兵，記錄子彈的進入點和穿出點，來計算視覺受損區域的大小。同一期間，英國神經學家透過受傷的英國士兵，做出了更簡明的示意圖。

和語言功能關係最密切的兩個腦區，是以十九世紀的兩位神經學家命名，他們發現，大腦的不同區域扮演了不同的角色。

法國外科醫師布羅卡（Paul Broca）以一位失去語言能力（失語症）的病人為對象，找出了大腦的語言中樞。解剖顯示，這位病人的左腦前區有損傷。後來的其他解剖報告也證實這項發現。布羅卡區受傷的人通常能聽懂別人說的話，但自己卻無法說話。波蘭神經外科醫師韋尼克（Carl Wernicke）受到布羅卡啟發，也發現類似的損傷模式，只不過受傷區域是在顳葉後方。

布羅卡區與說話能力有關，負責形成語言，也負責理解非語言線索，像是手勢、臉部表情，以及肢體語言。這個部分很靠近指揮嘴部動作的運動皮質區。韋尼克區是理解語言的區域，非常靠近聽覺皮質。韋尼克區受損的人通常會思緒混亂，但是能夠說話，儘管他們說的話顛三倒四，讓人不知所云。這兩個區域由弓形束連結，弓形束不儲存訊息，但能結合語言和理解能力，形成思緒。人類的弓形束比任何動物都還大，這有助於解釋，人類為何擁有複雜的言語和精細豐富的溝通方式。

與此同時，有人試圖用侵入性實驗手法來找出大腦確切的功能，包括把電極接到人類或動物大腦的不同區域。在其中一個實驗中，刺激一邊的腦部，會導致另外半邊的身體產生動作。弗里奇（Gustav Fritsch）與希濟格（Eduard Hitzig）這兩位德國心理學家在治療頭部受傷的士兵時，用電流刺激患者的後腦，找出了產生自主動作的腦區；他們後來用狗進行同樣的實驗。發現運動功能的神經學家費里爾移除猴子的前額葉，結果發現這些猴子的運動功能沒有改變，性情卻發生巨變。（他也是第一位觸犯 1876 年通過的《虐待動物法》而接受審判的科學家。）

▪ 透視腦內世界

薩克斯指出，大多數的腦部研究是根據失去的能力來進行研究。欠缺某種能力的病人讓我們有機會去尋找原因，找出原因之後，藉此了解大腦的功能。鐵路工人蓋吉（Phineas Gage）或許是早期最知名的案例，一支長鐵棍由他的左下臉頰刺入頭部，然後從頭頂穿出腦殼。他奇蹟似的生存下來，能走路、能說話、也看得見，但從此性情大變，經常口出咒罵人的髒話，行為粗魯無禮。這或許是我們第一次有機會了解前額葉皮質的功能。2012 年，也就是一百七十多年之後，加州大學洛杉磯分校（UCLA）「神經成像實驗室」（Laboratory of Neuro Imaging）的研究員，結合了高科技工具與一百一十張蓋吉的虛擬頭顱影像，試圖解釋蓋吉喪失執行功能與情感功能的原因，說明腦部創傷可能造成的結果，並釐清失智症之類的腦功能退化有什麼影響。

隨著新的工具不斷開發，研究者逐漸可以不透過侵入性手法，也能透視腦內世界。從正子斷層掃描（PET）到腦電圖（EEG）、電腦斷層掃描（CAT）、磁振造影（MRI），這些新工具能生成非常精確的腦部影像，可用來診斷腦傷、腫瘤、退化、中風等等。功能性磁振造影（fMRI）在技術層面更上一層樓，能夠顯示腦部的活動。

儘管如此，功能性磁振造影能做的還是有限。我把這種技術看成是：一架飛機晚上在一個住宅區上空巡航，整個住宅區的房子由同一個發電機供電。如果某個房屋遭到雷擊，而發電機就在這個房屋裡，所有的房屋都會陷入黑暗；如果發電機不在遭到雷擊的房屋裡，其他房屋仍然有電可用，保持明亮。使用功能性磁振造影時，我們不知道「發電機」在哪裡，除非我們用電極擊中它。功能性磁振造影無法幫助我們判斷，是神經網路的哪一個節點啟動了整個系統。

我們要知道，人們對視覺的倚賴，勝過其他的感官。研究指出，不論是看見或想像某個東西，都能使大腦皮質的枕葉（負責視覺）和顳葉產生大範圍的活躍情況。這兩個區域加在一起，約占大腦的三分之一，是相當大的區塊。所有哺乳動物的初級視覺皮質都在後腦、離眼球最遠的地方。我們不知道為何如此，或許這個位置有利於深度知覺的演化發展。

基本上，大腦的資料儲存在三個地方，我把這三個地方想成是，當你要將詳細的視覺記憶存檔時，你所使用的手機、桌機和雲端。視覺資訊透過眼睛進入大腦，儲存在後腦的視覺皮質和相關聯的其他組織，包括一個負責做夢的區域。假設你正在用手機拍攝照片或影片。你想把照片儲存在桌機（中腦），稍後加以分類（狗狗、家人、樹木的照片、影片等等），還是放在比較安全的雲端？額葉皮質會將所有資料分門別類，就像你整理照片時，決定把照片存在桌機裡還是雲端上。額葉皮質不儲存任何資料，但你用它來規劃生活，這個流程稱為執行功能。那麼，所有的資訊怎麼在大腦裡傳遞呢？再運用上述比喻：透過高速網路、無線網路，或是撥接上網。

多年來，我親自參與多個腦部掃描研究，每個研究使用的都是最新技術。身為科學家，我極度渴望探索自身大腦的未知面向，看看我能否解開自閉症的一些未知之謎，或是更加了解我自己的思考方式。

我生平第一次進行腦部掃描，是 1987 年所做的磁振造影，由加州大學聖地牙哥分校醫學院（University of California San Diego School of Medicine）的庫爾切斯尼（Eric Courchesne）負責執行。在當時，磁振造影是最先進的技術，它能顯示腦結構的鮮明細節。當我看到掃描得到的影像時，忍不住驚嘆：「這是進入我的大腦中樞的旅程！」這次的掃描結果幫助我明白，我為何有平衡上的問題。我的小腦比一般人小了百分之二十。另一次的磁振造影結果可以解釋，在我還沒有開始服用抗憂鬱藥物之前，我為何非常容易焦慮。我的杏仁核（情緒中樞）比一般人大三倍。

真正令我大開眼界的掃描，出自匹茲堡大學（University of Pittsburgh）的施奈德（Walter Schneider）。施奈德發明了一種新技術，叫作「擴散張量影像」（Diffusion Tensor Imaging, DTI）。這種技術可以讓我們看見，負責將訊息在大腦不同部位來回傳送的神經纖維束。施奈德的研究獲得國防部補助，目的是開發高解析度神經纖維追蹤（high-definition fiber tracking, HDFT）技術，為腦部受損的軍人診斷病情。這項技術提供的影像比當時其他的技術更加清晰，也能區分神經纖維在何處互相連接，又在何處僅僅只是彼此交錯。

我的語言迴路比對照組小很多，這或許可以解釋，我小時候的語言發展為何比別人慢很多。但我的視覺掃描結果顯示，我的視覺纖維比對照組粗了四倍。用比喻來說，這就像是在我的視覺皮質與額葉皮質之間，有很粗的網路纜線連結。這個影像證明了我是圖像思考者。

正是這些腦迴路的運作決定了你的腦功能可以順暢運轉、或產生發展上的問題。舉例來說：當你閱讀時，你的眼球不斷移動，但紙張上的文字不會跳來跳去。這是因為大腦裡有穩定迴路，使那些文字不會動來動去。這個迴路若功能不佳，可能導致視覺扭曲或認知頻寬[1]（bandwidth）出問題，以及口吃、閱讀障礙和學習困難。

▪ 思維光譜

我想再次提醒，圖像思考的重點不在於看見東西，畢竟除了盲人以外，每個人都能看見東西。圖像思考指的是我們心智運作和覺察事物的方式。儘管我們竭盡所能的探索人類大腦，但我們對於視覺資料如何形成、儲存或取得，所知還是有限。我們知道，視知覺（visual perception）與心像（mental imagery）動用的腦結構有多處相同，但這兩者屬於截然不同的神經現象。套個淺顯的說法，我們知道生理學的硬體怎麼運作，卻不了解軟體如何執行。

李秀賢（Sue-Hyun Lee）是馬里蘭州貝塞斯達（Bethesda）美國國家精神衛生研究院（National Institute of Mental Health）的神經學家，她和同事更上一層樓，能夠根據腦部活動，來分辨一個人是看著某個物體，還是在腦海中想像這個物體。當研究員請受試者看著日常物品的照片時，功能性磁振造影顯示，視覺訊息從眼睛傳向初級視覺皮質，從輸入點進入，然後朝中腦移動，進行處理與儲存。當研究員請同一位受試者想像同一個物

1　編注：認知頻寬是指，大腦的注意力和網路頻寬一樣，都有其限度，而大腦處理每項任務時都會用掉部分注意力資源，一旦任務過多，大腦便無法負荷。

品時，他的中腦變得活躍起來。可見大腦透過不同的迴路來處理這兩種訊息。

在另一個更早的研究中，一位三十歲出頭的男性因為腦部受損，喪失分辨日常物品的能力，但他能用想像力想像那些物品。有人端了咖啡給他，但他沒有拿來喝，因為他看不出桌上物品中的哪一個是咖啡。當他去吃歐式自助餐時，他看不出眼前的各種菜色分別是什麼食物，只能看見一堆彩色的亮點；當研究員給他看一些日常物品時，他把鉗子看成衣夾。經過腦部掃描，顯示他的枕葉和顳葉可能有損傷，那區域正是處理視覺資訊的地方。這類研究可以告訴我們，我們的大腦在處理資訊時，不只仰賴視覺皮質。

在更早期的神經學研究中，有些關注人類如何思考的創新研究開始聚焦於圖像思考者。1983 年，神經心理學家米什金（Mortimer Mishkin）發表一份重要的論文，他提到猴子大腦有兩種不同的皮質活動路徑，一個路徑是分辨物體，另一個路徑是看出物體的位置。

2015 年，日本的研究檢視了跟圖像和語文思考有關的腦部活動。西村和雄（Kazuo Nishimura）等人請受試者依次回想日本的著名寺廟、黃道十二宮、某一次的私人對話，與此同時，研究員測量受試者神經系統的活動。他們發現「主觀性視覺圖像的『生動程度』與視覺區的活躍程度，有顯著相關」。腦磁圖（magnetoencephalography, MEG）顯示，圖像思考者在進行這些任務時會產生心像，而語文思考者更多倚賴自我對話。這個方

法使我們能夠測量大腦相關區域活躍時的快速變化

其他的研究似乎把圖像和語文思考與左右半腦連結。2019年，中國重慶西南大學的陳群林（Qunlin Chen）研究創造力的潛在認知機制。他夥同另一位同事，請五百零二位受試者進行四個任務：改造一個玩具大象，使它變得更好玩；畫出十個人物；想出罐頭的其他用法；看著一個模稜兩可的人物畫，列出他們想到的東西。

磁振造影顯示，能輕鬆完成這些任務的人（圖像思考者），右半腦的活躍程度較高，而難以完成這些任務的語文思考者，左半腦比較活躍。後來人們普遍接受這種右腦／左腦思考的概念。右半腦與創造力有關，左半腦和語言與組織能力有關。美國神經心理學暨神經生物學家斯佩里（Roger Sperry）所進行的裂腦實驗，為他贏得諾貝爾生理學獎。斯佩里指出，人們有偏好左腦思考的傾向，他認為人們傾向「忽略非語文形式的智能。一言以蔽之，現代社會歧視右腦」。

隨著學術研究逐漸確認圖像思考的存在，我也開始發現，圖像／語文這種結構太過簡化。圖像和語文思考並不是二分法、二擇一的情況，而是光譜的兩端，我們每個人都落在兩者之間，有些人比較靠近這一端、有些人比較接近那一端。

陳群林的研究強調，左右「半腦平衡」對語文思考其實非常重要。就心智本身，或是左右腦各自擅長的不同技能而言，這兩種思考方式之間的界線都沒那麼容易畫出來。你可能是個擅長數學的語文思考者，又或許你會發現，某個火箭科學家其實也喜歡寫詩。

▪ 有彈性的腦功能

腦科學的遺傳學又更複雜了。有些研究者假設，造成腦容量較大的基因與造成自閉症的基因有關聯，暗示一種基因體的取捨：高智力的代價，是犧牲社交與情感能力。最新的基因體定序研究指出，許多基因與自閉症有關聯。北卡羅來納的兒童精神科醫師關提耶里（Camillo Thomas Gualtieri）博士稱之為「影響不大的多個基因」。這可以解釋自閉症為何以光譜的方式呈現，程度輕的人只有少數特質，程度重的人可能喪失能力。人類基因組成的複雜性，使人類有能力適應各種情況，但代價是，有少數人會嚴重失能。

其他的取捨可以從一出生就失明的人身上觀察到；大腦的珍貴資產可以改變用途，發揮其他的功能。約翰霍普金斯大學（Johns Hopkins University）的潘特（Rashi Pant）做過研究證明，一出生就失明的人在解答數學方程式、回答簡單的「是或否」問題，以及做語義判斷測驗時，會動用一部分視覺皮質，後來才失明的人就沒有這種情形。這顯示視覺和語言系統之間存在一些溝通管道。

如果要說明圖像思考的運作方式，我認為最好的一個比喻是，有些盲人學會利用回聲定位（蝙蝠所使用的方法），來幫助他們移動行進。蝙蝠會發出高頻聲音，然後用回聲來偵測獵物以及飛行路徑中的障礙物；回聲定位讓蝙蝠能用聲音「看東西」。約有百分之二十五的盲人學會回聲定位，可以透過嘴巴發出聲音、彈手指或是用枴杖敲擊，藉由聽覺皮質和一部分改變用途的視覺皮質，來「看東西」。技巧純熟的回聲定位使用者能偵測大型物體的形狀、動作和位置。大腦能自我調整，用聲音（非視覺資訊）來執行視知覺任務。年幼孩子的大腦比較有改變用途的彈性。

另一個有趣的研究顯示，一出生就失明的人做代數題目時，他們的腦會動用初級視覺皮質，因為這些視覺皮質接收不到從眼睛而來的資訊。有視力的人就不會發生這種情況。我們的大腦在最初的時候，有相當大的比例是用來進行圖像思考。如果這些部分沒有用來進行圖像思考，就會拿來發揮其他的功能。我們的腦不會任憑珍貴資產閒置不用。這個研究也指出，大腦天生是用來創造影像的。當眼睛無法提供資訊，大腦會利用其他感官來創造影像。

一個極端的例子是惠特克（Matthew Whitaker），我透過電視節目《六十分鐘》（*60 Minutes*）知道他的事。惠特克是個早產兒，出生時只有二十四週大，沒有人預期他能活下來，但他奇蹟似的存活了。不過，他因為「早產兒視網膜病變」而失明。在他三歲時，祖父給他一臺小型電子琴。他拿到琴之後立刻開始彈奏，輕鬆彈出他聽過的歌曲，像是〈小星星〉。五歲時，他成為紐約市費洛門音樂學校（Filomen M. D'Agostino Greenberg Music School）最年輕的學生，這是一所專收視障生的學校。惠特克的老師說，有一次惠特克去聽她的音樂會，她演奏了德弗札克（Dvořák）鋼琴五重奏。結果在隔天早上，她聽見惠特克不只彈奏鋼琴的部分，還彈出另外四部弦樂的旋律。惠特克現在是職業爵士音樂家，巡迴世界表演。

林布（Charles Limb）醫生研究的是藝術家和音樂家的神經網路。林布讓惠特克彈奏鍵盤樂器、聆聽他最喜愛的音樂，以及聽一段無趣的演講，同時掃描他的腦部。當他聆聽演講時，視覺皮質沒有任何變化。當他聆聽喜愛的音樂時，整個視覺皮質都活躍起來。林布表示：「他的大腦似乎把沒有接收到視覺刺激的組織拿來使用，或許是用那個部分來幫助他感知音樂。」

在過去幾年，至少有十二個新的腦部掃描研究聚焦於圖像思考，探討大腦的不同部位如何觸發圖像思考。新一代的掃描設備能夠更快、更精確的偵測活躍的腦區。然而，由於研究方法不夠精準或不夠完整，難以精準的複製研究，使得新一代的磁振造影檢測結果仍然有偏差。

在我的專業領域，我看過研究方法遺漏了重要的細節，例如挑選研究對象的方式、豬的品種，或是飼料的成分。就像斜射進入牛隻走道的陽光一樣，這些令我困擾的細節，在我眼裡看來非常刺眼。磁振造影研究的結果之所以互相矛盾，可能是由於這類看似小小的不一致，例如提示受試者的時機，或是時間長度。不過，這種矛盾也可能是我們已經意識到的確認偏誤造成的，畢竟大多數的視覺測驗是由心理學家設計並執行，而心理學家大多是語文思考者。隨著分析的人不同，實驗結果也有可能產生矛盾或偏差。我們接下來會發現，空間和物體圖像思考者其實用不同的方式來看世界。

物體圖像思考者與空間圖像思考者

發現圖像思考和語文思考的不同，令我非常興奮。意識到圖像和語文思考的能力以連續體的關係存在，是另一個突破。科茲希尼可夫（Maria Kozhevnikov）的創新研究，進一步翻轉了我對圖像思考模式的看法。

科茲希尼可夫是哈佛醫學院的講師，也是麻省總醫院（Massachusetts General Hospital）空間圖像認知實驗室的研究員，她是最早區分出兩種圖像思考者的科學家之一；原來，圖像思考者還分成空間圖像思考者和物體圖像思考者。她在 2002 年的研究別具意義，研究中所設計的問卷和能力測驗，後來成為研究空間與物體圖像思考的黃金標準。

科茲希尼可夫運用「圖像思考和語言思考認知型態問卷」（Visualizer-Verbalizer Cognitive Style Questionnaire, VVCSQ），在加州大學聖塔芭芭拉分校（University of California at Santa Barbara）找出十七名高度使用圖像思考的大學生。這些大學生後來又接受了包括折紙測驗在內的一連串視覺測驗。這個折紙測驗在 1976 年發展出來，最初是做為能力傾向測試，用在海軍招募時的一套認知測驗中。研究者讓受試者看一張圖，圖中呈現一張折起來的紙，紙上還有一個洞，然後請受試者運用空間推理，從五張圖當中選出一張正確的圖，能顯示當那張折起來的紙攤開之後，折痕長什麼樣，以及洞會在哪裡。

在另一個測驗中，受試者會看一張示意圖，呈現某個物體的動作。當我看到那張示意圖時，我看到的是實際情況的畫面，栩栩如生，彷彿是我坐著雪橇滑下山坡的情景。數學傾向的空間圖像思考者，則把那張示意圖解讀成動作的抽象示意描述。他們沒有在腦海裡看見照片。科茲希尼可夫根據受試者在多個測驗的表現，衡量他們空間圖像思考的能力，包括處理、理解、編碼與在腦海操弄空間型態的能力。

科茲希尼可夫得到一面倒的結果：優秀的藝術家和室內設計師被測定為物體圖像思考者，而科學家被測定為空間圖像思考者。分得更細一點，空間圖像思考傾向低的人把圖表解讀為圖片，而空間圖像思考傾向高的人正確的把圖表解讀為空間關係的抽象描述。語文思考者沒有顯示出對視覺或空間圖像的明顯偏好。

科茲希尼可夫做出的結論正如我一開始的猜測：圖像思考者不能全部被歸為一類，至少可以分為兩種。一種是像我一樣的「物體圖像思考者」，我們以栩栩如生的真實畫面看這個世界。我們是平面設計師、藝術家、技術純熟的實作者、建築師、發明家、機械工程師和設計師。我們當中有許多人學不會代數，因為這個學科完全倚賴抽象後的特徵，絲毫沒有圖像化的空間。

另一種是「空間圖像思考者」，他們透過模式和抽象概念來看世界。他們有音樂和數學天分，像是統計學家、科學家、電機工程師和物理學家。你會發現，這類人當中有許多人擅長電腦程式設計，因為他們能從電腦編碼看出模式。你可以這麼想：物體圖像思考者可以做出一臺電腦，空間圖像思考者會寫程式。

西班牙維戈大學（University of Vigo）的佩雷茲法貝羅（María José Pérez-Fabello）帶領一群科學家，對一百二十五名藝術系、工程系和心理系的優秀學生進行語文、空間和物體思考的測驗，他們的研究結果證實了科茲希尼可夫的結論。接下來，科茲希尼可夫對同一群受試者進行測驗，評估他們在不同視覺思考類型下的能力。有些人有很強的物體圖像思考能力，有些人有很強的空間圖像思考能力，但沒有人兩種都擅長。兩方面同時擁有卓越能力的人，會是超級天才。大概就是莫札特去研究火箭科學的樣子。

德國杜伊斯堡大學（University of Duisburg）的霍夫勒（Tim Höffler）有個最新的研究，研究物體圖像思考者、空間圖像思考者和語文思考者的視線移動模式。他用問卷來判斷受試者的認知型態，然後讓他們進行折紙測驗。接下來，他讓受試者看圖片和文字兼具的各種說明資訊，像是如何綁一個繩結，或是馬桶水箱的運作方式。結果，物體圖像思考者花較多時間注視圖片，語文思考者花較多時間閱讀文字說明。

當我接觸到科茲希尼可夫對於兩種圖像思考者的區分之

後，我立刻知道，我是物體圖像思考者。首先，我在折紙測驗的表現很糟，我的專長在機械方面，我透過非常詳細的真實圖像來思考。與我共事的機械工程師、焊工、機械技師、設備設計師，以及那些動手做事和製造東西的人，也符合這個描述。「空間圖像思考者」這類模式思考者，能夠從物體或數字之間的關係，擷取原則和模式。儘管物體圖像思考者與空間圖像思考者之間的差異雖然很重要，但幾乎完全被圖像思考和語文思考的研究者忽略。除了科茲希尼可夫的研究之外，關於物體思考與機械能力的研究文獻，屈指可數。

後來，科茲希尼可夫設計了另一個測驗，來衡量細部的圖像思考與感知能力（一個人取得與處理資訊的能力）。這個測驗稱之為「顆粒解析度測驗」（Grain Resolution Test）。受試者會聽見兩種不同物質的名稱，例如，一堆鹽和一堆罌粟籽，或是一顆葡萄和網球拍上面的線，然後要決定何者有比較細的顆粒或密度較高。科茲希尼可夫指出，物體思考者運用畫面來解決問題的速度比較快、也更精確，他們能創造「每個物體形狀的高品質畫面」。空間圖像思考者則擅長用抽象方式想像物體之間的關係。

我在顆粒解析度測驗的表現非常好，在網球拍線的例子中，我在腦海看見的畫面是，葡萄因為要穿過網球拍上的線而被擠破。我在這個測驗的分數，比《我的大腦和你不一樣》（*The Autistic Brain*）共同作者潘奈克（Richard Panek）的分數更高，但他在折紙測驗的分數比我好很多。這些測驗結果指出，他是個空間圖像思考者，而我是物體圖像思考者。

出於好玩的緣故，我上網做了機械能力傾向測驗，這是一種定時測驗，可以衡量一般機械物體的理解能力。身為圖像思考者，我應該會得到很高的分數。這個測驗一開始要你在兩個圖片之間，選擇結構較優越的那一個，例如，長柄和短柄的大鐵剪。我立刻在腦海看見，這兩支大鐵剪的性能以短片的形式呈現。我也根據經驗知道，長柄能發揮更大的槓桿作用，可以更輕鬆的剪斷鐵線。

另一個測驗是，有兩輛車停在橋上，一輛車比較靠近橋墩，另一輛在橋的中央。如果橋的結構有缺陷，哪一輛車對結構造成的傷害更大？我立刻可以想像橋承受的重量如何分布在結構的每個地方，然後很快就知道，位於橋中央的那輛車比較危險。接下來是多選題，考的是不同物體的力學。在這個部分，十題中我只答對了七題。

我的分數反映出物體圖像思考的一個面向：有些和我一樣的物體圖像思考者需要多一點的時間處理資訊，因為我們要先連結到腦中的圖片庫，然後才能處理資訊。換句話說，我需要在腦海進行搜尋，取得圖片來解答問題。不同的思考型態各有優缺點。我的思考速度比較慢，但得到的結果比較準確。速度快的思考方式有利於面對社交情境，但比較慢、比較仔細的思維有助於藝術創作或是製作機械裝置。

對於像我這樣的物體圖像思考者來說，表達快速的語文資訊就更有挑戰性了。單口喜劇通常進行得太快，我的處理速度常常跟不上。當我想像出第一個笑話的畫面時，單口喜劇演員已經說完了另外兩個笑話。語文資訊呈現的速度太快時，我就會跟不上。想像一下，當教室裡的老師用很快的速度講課，用圖像思考的學生是什麼感覺。

新常態

現今，「神經典型」已經取代了「正常」一詞。神經典型一般指的是，身心發展以可預測的方式、在可預測的時間發生。我一直避免使用這個詞，因為定義什麼是神經典型就像想要知道狗的平均大小一樣，對我們毫無助益。什麼是典型？吉娃娃還是大丹犬？人要有多宅、多怪咖，才算是自閉？難以專注到什麼程度，才算是過動？情緒要多麼容易波動，才算是躁鬱症？上述這些都是連續性的特質。

最近，情境喜劇《宅男行不行》（*The Big Bang Theory*）裡的物理學家謝爾頓·庫柏（Sheldon Cooper），展現了科學家單調乏味的刻板印象。謝爾頓說話時語調沒有高低起伏，也沒有任何情緒。在他的宅男室友當中，他可能是唯一一個智商高到能夠拯救世界的人。其他的人很聰明，但謝爾頓是聰明到爆。在影集裡，謝爾頓的自閉特質很好笑，但在現實世界的情況通常不是如此。數學怪咖通常會被霸凌或是嫌棄。只有當怪咖成為令人刮目相看的程式設計師、數學家、創業家和火箭科學家時，我們才會開始看重他們看世界的方式。

馬斯克（Elon Musk）在學校遭到嚴重霸凌，有一次，他被一群小惡霸丟下樓梯，傷勢嚴重到需要動手術。他自學寫程式，十二歲時，以五百美元賣出了第一個電玩遊戲。為馬斯克寫傳記的作家范思（Ashlee Vance）說，馬斯克讀遍了學校和當地圖書館的書，後來只好去看百科全書，而且看了兩套。他對知識的照相式記憶以及樂於分享的個性，並沒有為他贏得朋友，也沒有影響到任何人。相反的，人們視他為「事實工廠」，還覺得他自以為無所不知。我敢打賭，他的智力一定高到破表。就在不久前，他在《週六夜現場》（*Saturday Night Live*）透露自己有亞斯伯格症候群。

我自己也是個怪咖，上中學時遭到嚴重霸凌，我一直到開始工作、進行工程專案，才真正找到我的族人。與我共事的工程師和焊工，大多是和我一樣的圖像思考者。這可以解釋，我們為何共事得如此順利、這麼處得來。因為我們使用的是相同的語言。在我們的世界，唯一重要的是技能，而不是我們的外表、背景、學歷這些東西。一旦他們看見我的作品，我的怪異之處就無足輕重了。

在我開始工作的初期，我因為能夠畫出精準正確的藍圖，而贏得他人的尊重。人們看到我的作品後，都非常驚奇。我從來不曾上過任何繪圖課。有些人認為我有學者技能。然而，有學者症候群的人能夠完美重現某個樂曲，或只看一眼就記住一大篇文字或一長串數列。（這個主題稍後在第五章〈天才與神經多樣性〉會再詳述。）可是我花了好幾個星期，才知道怎麼畫草圖。我觀察同事所畫的藍圖，模仿他所做的每件事，包括他用哪一種鉛筆和哪一種紙張。然後我拿著一套藍圖，到工廠的每個角落實地走一遍，把圖裡的每一條線對應到工廠裡的每一個實體。現在回想起來，那是純粹的圖像思考。如果我沒有把藍圖與實物連結起來，我就看不懂藍圖。

當牧場的牛隻管理員看到我在狂風中努力抓住手中的藍圖，在滿地泥濘的工廠裡走來走去，都覺得我瘋了。但我後來還是把工廠平面圖裡的抽象形狀，與實際的結構連結起來，例如，把四方形的圖形與真實的柱子連在一起。換成空間圖像思考者，可能只要看一下藍圖就有概念。我雖然費了很大的勁，但是當我親自勘測工廠之後，就能在腦海進行視覺模擬，然後精確的畫出設計圖。彷彿我照著腦海裡的畫面，畫出草圖。

我這輩子一直與像謝爾頓這樣的人共事，這一群人非常聰明，但因為是怪咖而被社會邊緣化。我曾與一位極度孤僻而且沒有大學學歷的人共事。如果他現在是個小孩，我相信他一定會被診斷為自閉症。他擁有二十項專利、一個金屬加工車間，為顧客發明客製化設備。這一切在他的腦袋裡就能完成。

我也曾與一位有閱讀障礙且說話結巴的人共事。他把設計出來的專利設備賣到了全世界。我不知道，如果在今日的教育制度裡，他會變成什麼樣。他的事業起源於學校裡的焊接課，這門課讓他有機會發揮長才。

與我共事過的人當中，有人能在腦海裡把平面圖自動轉換成立體結構，只要用手觸摸螢幕，他想像中的立體結構就出現了，跟電影《鋼鐵人》（*Iron Man*）裡的史塔克（Tony Stark）一模一樣。

韓國慶熙大學（Kyung Hee University）的趙智英（Ji Young Cho）與辛辛納提大學（University of Cincinnati）的徐朱里（Joori Suh）一同合作，研究圖像思考能力。他們衡量數學空間圖像思考能力如何影響室內設計專案的執行，藉此評估人們的空間圖像思考能力。研究員先讓室內設計系學生做測驗，評估他們的空間圖像能力，然後讓這些學生利用廢棄材料，設計一個立體遮陽結構。這些作品會由一群獨立評審打分數。

物體圖像思考者在抽象的數學空間圖像思考測驗得分較低，卻能輕鬆勝出設計比賽。缺乏數學空間圖像思考能力絲毫不影響他們的設計能力。就我合作過的每個焊接工程與營造公司來看，情況和這個結果一致。

趙智英和徐朱里的研究與科茲希尼可夫的研究沒有任何關係，但證實了科茲希尼可夫的結論。

現在，我們來檢視語文思考者的圖像思考如何表現。研究文獻的共識是，有些極度偏向語文思考的人，不知道如何處理圖片或圖表。科茲希尼可夫的一篇論文中，研究員讓學生看一張看似山丘的圖片。對於物體與空間圖像思考者來說，那個山丘毫無疑問的正在向下運動。但語文思考者完全沒有提到向下的運動，而是給出各式各樣的解讀。例如，有一個人說，他看到的是一個小女孩沿著馬路推著推車，然後把推車留在路邊。另一個人說，他看到一輛停下來的汽車。

期刊《人類行為中的計算機》（*Computers in Human Behavior*）有一個比較新的研究，是讓圖像思考者和語文思考者看著圖文兼具的資訊來學習新東西。正如預期，視線追蹤的結果顯示，圖像思考者聚焦於圖片，而語文思考者聚焦於文字。不過，當語文思考者看著圖片時，他們注視的往往是圖片邊緣，這對於了解新資訊並沒有任何幫助。

當我找到科茲希尼可夫與同事布萊茲亨可娃（Olesya Blazhenkova）在 2016 年發表的研究，我得到了解答謎題的另一片拼圖。這篇寶貴的文獻沒有用到腦部掃描、對照組、意見調查或是問卷。研究員找來一群在藝術、科學與人文學科有天分的國中生和高中生，把六到八個人編為一組，請他們畫出一個未知星球。這就是學生所得到的唯一資訊。研究員想知道，他們的作品會不會反映出不同類型的創造力。學生的作品會交給不知道研究目的的專業人士評分。

藝術型學生（物體圖像思考者）畫出了一個生動、充滿想像力的星球。其中一幅畫中有一個四方形，上面布滿了各種東西，像是金字塔和企鵝。另一幅畫呈現的是一個獨特的水晶星球，還有一個星球上矗立了一座奇幻建築物。科學型學生（空間圖像思考者）對於星球的屬性有很清楚的概念，他們畫出來的是沒有太多色彩的球體，比較像是一般人對星球的描繪。人文學科型學生（語文思考者）缺乏想像力，他們畫出來的是由一個個色塊形成的抽象畫。他們在畫上寫了一些字，後來又把這些字塗掉，因為他們覺得不應該使用文字。（語文思考者通常會遵守規則。）

科茲希尼可夫與同事布萊茲亨可娃更進一步，想要知道不同類型的思考者如何發想這個星球的點子。藝術型與科學型學生在一開始就想出「關鍵創意點子」，納入多種思考類型學生的小組也是如此。物體圖像思考的藝術型學生討論的是，這個星球看起來應該是什麼樣子。空間圖像思考型學生討論的是星球怎麼運作，像是重力、化學、生命形態。人文學科語文型學生可以說出他們畫了什麼，但無法說出畫這些東西的思考過程。這三類學生處理作品並描述創作過程的方式，與我們討論過的三種思考型態相吻合。

心盲症的奇妙世界

視覺光譜的兩端，是所謂的心盲症（aphantasia）與過想症（hyperphantasia）。有心盲症的人腦海中幾乎沒有視覺圖像。這個詞最早由英國艾希特大學（University of Exeter）的神經學家賽曼（Adam Zeman）提出。有一個人跑到賽曼的辦公室，說他失去了所有的視覺記憶，再也無法在腦海裡看見朋友、家人和不同地點的形象。問他樹葉的綠色和松針的綠色，哪一種綠色比較淺，他可以按照記憶中的知識回答問題，但在無法在腦海中看出差別。這位患者後來被稱作 MX，他的心盲可能是中風造成的。在中風之前，他能夠清楚的描繪生命中的人事物。要求他想像某個東西時，功能性磁振造影顯示，與視覺有關的腦區沒有「亮起來」。

賽曼與同事運用馬克斯（D. F. Marks）在 1973 年開發（在 1995 年更新）的「視覺心像生動程度量表」（Vividness of Visual Imagery Questionnaire, VVIQ），繼續研究心盲症，他們讓近七百個人進行這個測驗。視覺心像生動程度量表包含十六道檢視心像的題目，包括記憶、空間推理能力，以及想像不在眼前的物體。測驗採取五分量表，從一分（沒有畫面）到五分（栩栩如生的畫面）。總的來說，百分之二的學生符合心盲症的條件。（如果你對於自己落在光譜的何處感到好奇，可以在線上做視覺心像生動程度量表。）

賽曼的研究團隊也研究了心盲症與過想症之間的不同，過想症是與心盲症相對的另一個極端，指的是想像力過度豐富。認知神經外科醫師皮爾森（Joel Pearson）在《紐約時報》（*The New York Times*）這麼描述症狀：「就像做了一個栩栩如生的夢，但不確定那是真的還是假的」。研究員請參與者在腦海描述三個地方：美麗的熱帶沙灘、博物館，以及熱鬧的街市。過想症患者回憶中的畫面，呈現了極多的細節。

以功能性磁振造影進一步研究顯示，有過想症的圖像思考者在前額葉皮質與枕葉視覺皮質的網路之間，活躍程度較高。美國科普作家齊默（Carl Zimmer）在《紐約時報》刊過一篇文章，標題是〈許多人有活靈活現的「心之眼」，而其他人沒有〉，這個說法說明了，研究者如何檢視造成這兩種極端情況的腦迴路。齊默寫道：「到目前為止，該研究指出，心像產生自多個腦區互相聯絡形成的網路。」這些大腦的特性或許跟創造力和嶄新的問題解決方式有關。

不出所料，有心盲症的人往往選擇進入科學和數學領域，而有過想症的人傾向於從事視覺創意工作。然而賽曼也說，有心盲症的人還是會夢見一些畫面，這很正常。他指出，睡眠中的腦與清醒的腦具有不同的運作方式。他說，做夢是一種從腦幹「由下而上」的歷程，而清醒時在腦海看見畫面，是一種從皮質「由上而下」的歷程。換句話說，「大腦在清醒和做夢時做的是不同的事」。賽曼指出，心盲症患者有百分之六十三做夢帶有畫面，有百分之二十一做夢沒有畫面。

我的夢和我的思考情況很像，是生動的彩色影片，少有語文。我的夢大多是與平衡有關的某種恐懼或焦慮，像是站在很陡的屋頂上，從很陡的山坡上向下開車或是騎腳踏車。我也經常夢到，我想趕到機場，卻因為某個原因遲到（我搭機從來沒遲到過），例如，在 25 號州際公路上遇到一個巨大的隕石坑。我也和大多數人一樣，偶爾會夢到自己在公共場合全身赤裸或部分赤裸。

有兩個關於過想症的研究，檢視了過度栩栩如生與創傷後壓力症候群（PTSD）的關係。有些人（例如軍人或遭遇創傷的人）無法停止在腦海重複播放恐怖的畫面，他們說，那些畫面太過生動，使他們以為自己的思緒或回憶片段（flashback）就是現實。心理學家布魯因（Chris Brewin）表示，回憶片段是一種調適機制，當危險的情況過去之後，人們會先把資訊儲存起來，等待大腦來處理這些資訊。在一個關於視覺圖像與創傷後壓力症候群的研究中，研究員布萊恩（Richard Bryant）與哈維（Allison Harvey）檢視了八十一位摩托車意外倖存者的情況，發現視覺圖像（包括回憶片段和惡夢）是造成創傷後壓力症候群的主要原因。即使不是那麼痛苦的事件，也能重複引發視覺回憶。

新南威爾斯大學（University of New South Wales）研究員基奧（Rebecca Keogh）與皮爾森，在論文〈盲目的心智〉指出，不用圖像思考的人往往倚賴語文策略來回想畫面。其他的研究甚至顯示，有心盲症的人比較難記住過去的事，因為他們難以把事物轉化成畫面。如果要求心盲症患者回想他們家的客廳或辦公室，他們不是用畫面，而是用方位詞彙（例如上下左右）來描述。圖像思考者可能會說，走廊上掛著畫家馬諦斯（Matisse）的海報，他的辦公室就在海報對面。心盲症患者會說，右手邊第三間辦公室。這使我想起一位語言治療師的情況，她聽見教堂鐘聲時，無法在腦海想像教堂尖頂的畫面。她的丈夫如此描述妻子：「她腦中的相機被關掉了。」

當我回想我的童年，我可以透過清楚的圖像式記憶，看見我坐在長雪橇或是飛碟型雪橇上，從被白雪覆蓋的山坡上向下滑。我在腦海看見的是立體的圖像和影片，再加上感官的記憶。我會開始感覺到我坐在飛碟型雪橇上，在山坡的雪地一邊向下滑行、一邊上下跳動。當我讀幼兒園和小學一年級時，學校裡有一個吊掛在鏈條上的鞦韆，我可以一邊盪鞦韆、一邊向前滑行。在下課時間，我可以坐在鞦韆上邊盪邊滑，玩很多次。我寫這段文字時，仍然能看見、聽見和感受那個過程。

上小學的時候，我很喜歡刺繡課。刺繡要用一種特殊的線，叫作繡線，由三股線組成。當我回想這類細節時，常有人問我：「你怎麼記得住這些細節？」我的方法是，我在腦海啟動搜尋功能，然後看見我記憶中的畫面，藉此確認我沒有記錯：繡線是由三股線組成。如果我無法在腦海「看見」那些繡線，我就無法正確回想起繡線是由幾股線組成。我甚至能看見並感受到，當我用針從布料下方往上刺過布料時，針會把布撐起，形成一個類似小帳篷的樣子，然後再穿過布料。

我真的很感激賽曼和齊默在文章中提到：「就我所知，這並非一種疾病，它是人類經驗的一個迷人變奏。」

圖像思考的優勢

不論我演講的主題是動物行為還是教育，演講的最後都會安排一段問答時間。人們提出的問題通常分為兩種：一般問題和特定問題。諸如我幾歲開始學會說話這類的特定問題，很容易就可以回答。至於一般問題，我需要得到更進一步的資訊，才能夠回答。

語文思考者採取的思維往往是由上而下，就像用一個關鍵詞進行網路搜尋。一開始，你會搜尋到很多結果，你愈縮小搜尋範圍，就愈可能找到你想找的東西。莫頓發現，自閉症患者較少倚賴大腦的語文區。他的研究夥伴道森（Michelle Dawson）有自閉症。據他描述，道森的啟發式思維是由下而上，意思是，她只能從已知事實產生想法。「因此，她的模型永遠不會太過頭，而且幾乎是百分之百正確。」相對的，莫頓的思維是由上而下：「我從比較少的資料來源取得一般概念，加以操作形成模型，然後再回去找事實來支持這個模型，或證明這個模型有錯。在一個研究團隊裡結合這兩種思維型態，可以獲得驚人的成果。」

我的由下而上思維有點像是包含二十個問題的刪除遊戲（我小時候玩過）。例如，我經常在會議中遇到家長問，一個不會說話的自閉症孩童能不能學會說話。我需要得到更明確的資訊，才能幫助這些家長；刪除的過程讓我能夠得到最適合他們的選項。為了縮小可能性，我會問那些家長一連串的問題，例如，孩子不會說話的可能原因。

首先，我會問孩子的年紀。教三歲和五歲的孩子學說話，是完全不同的兩件事。我也會問父母的職業，藉此分辨孩子的父母是否也在自閉症譜系裡。他們是程式設計師、科學家還是數學系教授？家族裡是否有人是自閉症患者？在這個時候，有些人會突然想起，家族裡某個「奇怪」的叔叔，或是某個有認知障礙的表兄弟姊妹。我會想知道，這個孩子接受哪一種教育，做過哪些測驗。我會想知道，這個孩子吃飯的時候守不守規矩，能不能和別人輪流玩遊戲，以及透過其他的問題，來了解這個孩子是否有某些行為。

我不是醫生，但我可以透過一系列問題，來了解沉默的孩子。幫孩子找到對外的溝通方式非常重要，我們有很多選項，像是打字、圖片板、手語，以及電子語音裝置。有時候，我能建議他們採取可能有幫助的介入措施。由下而上的思考方式，使我永遠從事實出發；自閉症使我不會因情緒影響判斷。

不久前，耶魯大學孩童研究中心的查瓦斯卡（Kasia Chawarska）等人發現運用玩偶與自閉症譜系兒童溝通的功效。2016年的記錄片《動畫人生》（*Life, Animated*）動人的描繪了這項發現。記錄片的主角名叫歐文．蘇斯金（Owen Suskind），他在三歲時突然不說話，後來診斷出患有自閉症。當歐文的父親察覺，兒子所著迷的迪士尼電影可以成為開啟他心門的鑰匙，情況開始出現轉機。歐文的父親用《阿拉丁》艾格（Iago）的玩偶，試著與兒子溝通，結果歐文第一次使用語言回應他。就這樣，他們父子突破了沉默的禁錮。

我很清楚，我可能欠缺某些與情緒有關的體驗，但對我來說，不受情緒影響的思維更能聚焦於具體的問題解決方法。大多數自閉症患者（不論是哪一種思維型態）都沒那麼倚賴情緒，而更仰仗邏輯。這或許是另一種基因上的取捨，總之我不會把情緒包袱帶進任何情境中。我不會被情緒牽著走，相反的，我的腦袋會開始解決問題。這是一種優勢。

在某種程度上，可以說圖像思考拯救了我。二十五年前，我在《星星的孩子》第一次提到我阿姨的牧場。在那個時候，我不完全了解，少女時期的戀牛情結（顯然是因為自閉症的關係）如何使我走上設計師與動物行為學教授之路。當我四十歲時，我發現自己能以更清晰的方式思考（與二十歲時相比）。我翻閱 1970 年代寫的日記，很訝異自己的思考模式竟如此雜亂。

我的聯想有很多不合邏輯，是因為我的圖像資源庫裡還欠缺很多東西。我的資源庫愈大，我能做的連結就愈多。這就像是可無限增加容量的風琴文件夾。隨著成長，我得到更多經驗，解決問題的能力也跟著提升，是因為我的記憶裡有更多的圖像資料。我的世界逐漸向外擴張。

依靠圖像探索世界，通常代表我要找到視覺比喻來解釋新的情況。我到現在還是使用這個方法。最近，我特別關注新冠肺炎疫情，因為我屬於高風險的老年族群。疫情剛爆發時，為了掌握這個疾病，我採取一貫做法，發揮由下而上的思維。

我蒐集許多研究論文，想了解治療這種病毒的藥物。接下來，我將治療方法分類成抗病毒藥物和消炎藥物。然後，我的腦海浮現一個視覺比喻。我把身體想像成軍事基地。當免疫系統的士兵攻擊病毒成功時，病毒就會被擊退。如果軍事基地失控，就可能會發生「免疫風暴」（cytokine storm）。此時，免疫系統裡的士兵開始發狂。它們搞不清楚狀況，並開始攻擊基地，點火焚燒軍營。免疫風暴可能會摧毀肺部和其他生理系統。這個時候就需要消炎藥物，以免整個基地陷入火海。

儘管語文比喻常讓我感到困擾，但我的腦袋就像是視覺比喻製造機。有時候人們問我，用圖像思考是不是彷彿具備

X 光般的視力。當然不是。圖像思考指的是，從「視覺記憶檔案」看見相關聯的畫面，然後以不同方式取得這些畫面，用來解決問題、尋找前進的方向、解讀這個世界。所以，物體圖像思考者通常成為設計師、建築工、建築師、機械技師、藝術家。空間圖像思考者通常成為數學家、程式設計師、作曲家、音樂家、科學家、工程師。

許多圖像思考者就在我們眼前，只是我們沒有發現。（我們將在本書認識許多這樣的人。）我們不一定會把他們的能力歸因於圖像思考能力。我們會說，他們的手很巧、電腦很厲害、能在腦海裡計算數學，諸如此類。我們不一定會把這兩種視覺思考者解決問題的習慣，與圖像思考聯想在一起。

美國海軍陸戰隊在「創新新兵訓練」計畫中，展現了他們即興發揮的卓越能力。計畫創始人海爾賽（Brad Halsey）設計了地獄週，淘汰無法在高壓情況下發揮能力的科學家和工程師。他發現，當海軍陸戰隊的卡車機械技師和無線電維修員接二連三遇到挑戰時，他們隨機應變解決問題的能力，比史丹佛大學或麻省理工學院工程系畢業的人更突出，這些挑戰包括用一堆廢物做出一輛簡陋的車子，從無到有做出車輛追蹤裝置，以及設計手榴彈感應器。

海爾賽解釋說，一旦遇到需要迅速制定創新解決方案的情況，「工程師往往想太多」，而且表現很差。「他們不喜歡在舒適圈之外活動……他們的專業知識很強，但不太擅長執行，或者說把概念轉化成實際的東西。」我的看法是，卡車機械技師很可能是物體圖像思考者，他們把看見、製作和維修物件的能力融合在一起。當我們說某個人的手很巧，彷彿能用雙手視物，說的就是這種將多重能力融會貫通後的成果。工程師是抽象空間圖像思考者，他們是開發某些系統不可或缺的人，但可能不是散兵坑裡的最佳夥伴。

有時候，視覺比喻能解開謎團。有一個知名的故事是關於化學家克古列（August Kekulé），他夢見一條蛇咬住自己的尾巴，形成一個環形，有機化學的苯環結構就此誕生。科學作家薩頓（Mike Sutton）表示，克古列能把複雜視覺圖像保留在腦海的能力，對於他理解化學結構有極大的幫助。

一個更近期的視覺比喻來自牛津大學（University of Oxford）的納斯米思（Kim Nasmyth）。長久以來，遺傳學家知道基因組形成環狀，但他們一直想知道，當 DNA 在細胞內摺疊時，結構如何保持不變。納斯米思的嗜好是爬山。有一天，當他在弄繩索和扣環時，突然在腦海產生一個畫面。他把繩索穿過扣環的動作，使他想起把染色體連起來的 DNA 長鏈。這純粹是視覺上的聯想。它就像是波洛領帶（bolo tie）的繩線，或是我在三年級時刺繡雛菊時用繡線打的結。

哈查杜里恩（Raffi Khatchadourian）在《紐約客》有一篇文章，標題是〈太空垃圾的危險〉。文中提到，太空人在進行太空漫步時驚恐的發現，哈伯望遠鏡的圓柱形表面有許多被太空碎片打出來的坑洞，就像在高速公路開車時，沙粒擊中汽車擋風玻璃那樣。太空人費斯特（Drew Feustel）說：「太空微粒可能在任何時間從任何地方飛過來」。

為了開發出解決太空碎片的技術，衛星研究計畫「清除碎片」（RemoveDEBRIS）啟動了。工程師團隊造出一個衛星，上面搭載拋射工具，包括鈦製魚叉和強力合成纖維「克維拉」做的網子。這個打撈飄浮垃圾的做法，使我想起早期如何獵捕鯨魚。當工程師團隊觀賞這個衛星的模擬影片時，其中一位說：「身為工程師，我們想的是圖表、圖形、時間表。我不認為我們想過，這個衛星看起來應該長什麼樣子。」

工程師的傑出空間思維能做出複雜的抽象模擬影片，不過，如果團隊裡有物體圖像思考者，會很有幫助。我一眼就能看出，清除太空碎片是徒勞無功的舉動。它就像是想要清除地球上的所有石頭。人類走一小步，物體圖像思考者走一大步。

第二章

校園裡的篩選

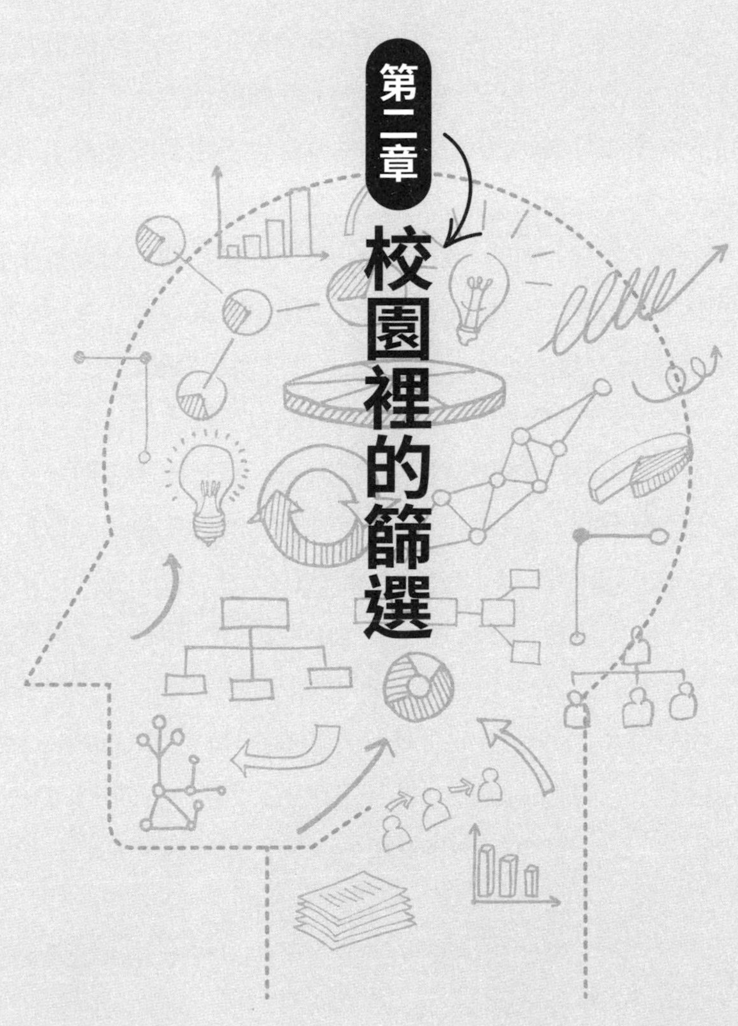

消失的實作課程

我上學時是 1960 年代。在當時，幾乎每一所學校都有工藝課。我能清楚記起小學五年級上工藝課的地方。我們的教室用的是鐵捲門，樣子很像工廠。裡面有許多木製工作檯，以及一個巨大的垃圾桶，用來裝合板和木頭的碎屑。各種大大小小的手線鋸、鐵鎚、鉗子、螺絲起子和手持鑽孔器，由大至小整齊的掛在洞洞板上。那是我最早學習使用工具與製作東西的地方。（我的處女作之一是一艘木船，只可惜那條船浮不起來。）

令我印象更深刻的，是我們對工藝教室的尊敬之心。我們必須用一絲不苟的態度來使用工藝教室。每次下課之前，我們都必須將所有的工具放回原位，並且把木屑掃乾淨，就像把理髮院地板上的頭髮掃乾淨一樣。儘管在我家，我的房間總是亂七八糟的。媽媽會一直念我，要我整理房間，她甚至威脅說，不整理房間就要減少我看電視的時間或是我的零用錢。但我對工藝教室有滿滿的敬意，而且總是遵從帕特里加（Patriarca）老師的格言：離開的時候要比進來的時候更乾淨。我很喜歡帕特里加老師，尤其是因為他讓我和另一個對實作有興趣的女生上他的工藝課。上工藝課是我一天當中最開心的時候。

另一方面，學校提供家政課給女學生。從十九世紀開始，家政課的目的是教導持家的藝術，像是烹飪、縫紉、園藝、養兒育女，以及平衡收支。大多數的人可能會認為，因為我太男孩子氣，而且喜歡工藝課，所以應該很討厭家政課。但事實上，我喜愛所有動手做的東西。

小學三年級學校教了刺繡課，我學會使用針線；可現在有些孩子不知道怎麼把針穿線或是縫釦子。我上小學四年級時，媽媽給了我一臺玩具縫紉機，它雖然是玩具，但真的可以車東西。那是我最喜歡的工具之一，我拿它縫製學校戲劇表演要用的戲服。七年級時，我們開始可以用真正的縫紉機，縫紉教室裡的每張桌子上都有一臺縫紉機。那些縫紉機讓我的技藝魂活了起來，我總是迫不及待想去上課。

我最喜愛的發明家之一是哈維（Elias Howe），他是第一個取得平車縫紉機專利的人。這種縫紉機能讓針上的線和下方線軸的線合在一起。對於出類拔萃的發明家和圖像思考者，不論他們來自什麼背景，我都稱他們為純粹的「聰明工程部」。我喜歡描紙型、在布上量出尺寸，精準裁布，然後把布料車縫起來。後來，我把這些技巧應用在家畜屠宰系統設計上；我現在還在使用的技巧，就與我小時候的縫紉課有關。烹飪課也一樣。烹飪課是流程導向的課，教我們怎麼測量食材的份量，並按照順序放入食材。不論是一杯牛奶，還是一萬六千公升的動物藥浴池，量液體的方法都相同。

我也參與戲劇活動，負責我擅長的幕後工作。在高中的每一年，我都參與舞臺布景製作。我的代表作是高三的戲劇演出，演出作品是吉爾伯特與蘇利文（Gilbert and Sullivan）的《陪審團開庭》（*Trial by Jury*），我用硬紙板和合板做出陪審團席和法官席。我稀釋油漆，創造出木頭的質感，並用黑色的線條做出鑲板的效果。這樣的活動讓孩子有機會學習技巧，並加以展現，也提供了一個地方，讓像我一樣喜歡燈光和劇場設計的怪咖孩子生活在一起。

如果你在 1990 年代之後才上學，而且上的是公立學校，你可能不會有這樣的回憶。大約在那個時間點，公立學校的課表就幾乎不再包括這類活動，還有藝術、戲劇、焊接和汽車維修課，不同地區之間有些微的差異。相關政策在 2001 年來到最高點，美國社會學家戈亞爾（Nikhil Goyal）在他的著作《受審學校》（*Schools on Trial*）中評論，「沒有一個孩子落後」（No Child Left Behind）教育改革法案「以海嘯之姿襲捲全美國」。現在，實踐式學習不僅被剝奪，還被新的理念取代：為測驗而教學。俗稱「訓練、扼殺、填鴨」（drill, kill, bubble fill）的政策普遍推行，成為標準。

過去二十年來聯邦政府的教育政策，從「沒有一個孩子落後」到「每個學生都成功法案」（Every Student Succeeds Act），留下了一種文化，一方面過度強調測驗，一方面把多元課程從教育體系拔除。

原本想透過綜合測驗來提升全國學業成績標準，結果大量扼殺了無益於標準化測驗的課程。戈亞爾寫道：「從小學三年級開始，藝術、音樂、科學和歷史的上課時數被削減，因為基本上，有考的才教，而這些學科考的東西不一樣。」2015 年，「全國教育學會」（National Education Association）主席加西亞（Lily Eskelsen García）與「全國家長教師協會」（National Parent

Teacher Association）主席桑頓（Otha Thornton）在《華盛頓郵報》（*The Washington Post*）撰文寫道：「最缺乏資源的學校最有可能刪減歷史、藝術、音樂和體育課的時數，因為考試不涵蓋這些科目。」

在我職業生涯的頭二十年，所有的工程圖和建築圖都是用手繪製。當業界在 1990 年代中期轉換成電腦製圖之後，我開始在圖上看見奇怪的錯誤。像是圓心標註不一定落在正中心，或是用來強化水泥的鋼筋消失不見。我看到的圖常常缺少細節，變成了示意圖。用電腦學習設計的人，有許多人從來不曾拿過鉛筆、或是摸過繪圖紙、或是製作過任何東西。

我曾和一位正在訓練醫學院實習生的醫師討論過一個令人不安的話題：有些實習生從來沒有用過剪刀，所以學不會縫合切口。伊利諾大學（University of Illinois）的西米歐諾（Maria Siemionow）是移植外科醫師，曾訓練過許多外科醫師。她認為這些醫師的精細動作技能，要歸功於他們小時候的實作活動，但如今，許多孩子不再用手做東西。西米歐諾醫師小時候喜歡用鉤針編織，她也會用剪刀把雜誌上的圖片剪下來，完成精巧的拼貼作品。

《紐約時報》記者墨菲（Kate Murphy）寫過一篇關於腦神經外科醫師的報導，她指出，彈鋼琴可能幫助外科醫師發展出超越常人的手指靈巧度。要培養從事精密手術的醫師，成績或許不是挑選人才的最佳方法。

▪ 實作課比電玩有趣

與家長的對談使我們發現，許多從我們視野中消失的孩子，都在家裡玩電玩遊戲。我絲毫不懷疑，如果我晚三十年出生，鐵定會對電玩遊戲上癮。快速變化的視覺刺激一定會吸引我沉迷其中。研究顯示，有自閉症的人更容易過度沉迷於電玩遊戲。要讓成癮的年輕人戒掉這個習慣，需要用對他有同樣吸引力的東西來取代電玩。我知道兩個案例，成功的用修理汽車取代了電玩。對這兩個孩子來說，修理真正的汽車並學習引擎的運作方式，比虛擬賽車遊戲更加有趣。

我聽過許多家長抱怨說，他們無法讓孩子放下螢幕裝置。我想，其中一個原因可能是，這些家長本身就是低頭族。此外，他們可能不敢動用家長的權威。我媽媽規定，我們一天只能看電視一個小時，而且要先做完功課或是家務。現在，有些家長會竭盡全力避免讓孩子情緒崩潰。孩子情緒失控是令人害怕的事，但孩子需要機會去發現他們擅長的事，將來才能找到有意義的工作。如果你不把螢幕拿走，讓孩子接觸不一樣的環境，就永遠無法幫助孩子找到答案。對我來說，那個不一樣的環境就是我阿姨的牧場。

我經常出差，不論走到哪裡，幾乎看不到有人在看書或雜誌。大人和青少年盯著手機螢幕看，年紀較小的孩子則是玩電玩遊戲。我相信有許多人都注意到這個現象，但從我的觀點來看，這種沉迷現象會直接造成國家更大的損失：訓練有素的工人、擅長用手工作的人，以及圖像思考者就此消失。孩子把時間用來打電玩，就錯過了了解汽車和飛機、使用工具、親近大自然的機會。大多數的學生從來不曾有機會去探索自己擅長什麼，而讓教育體系恢復工藝、藝術、音樂和家政課，或許可以改善情況。

▪ 校外教學的功效

校外教學是讓孩子接觸不同想法和潛在職業選項的另一個好方法。在我的成長過程中，校外教學是件大事。我小學時第一次參觀汽車工廠，氣動扳手一次把五個螺絲同時鎖在輪胎上的情景，至今還清晰的印在腦海裡。我爸換輪胎時，還得吃力的用扳手一個一個轉，先卸下舊輪胎後再裝上新輪胎。我還記得，我小時候對十字扳手、千斤頂和槓桿深深著迷，這似乎暗示，我的機械魂已經蠢蠢欲動。這些工具以神速完成了我爸花很長時間、費盡千辛萬苦才完成的事，我可以盯著它們看上數個小時。我體內的聰明工程師已經醒過來了。

校外教學是「為測驗而教學」心態的另一個犧牲者。〈校外教學為何很重要〉這篇報導引用了「美國學校行政人員協會」(American Association of School Administrators) 的一項調查結果：早在 2010 年，就有一半以上的校外教學計畫被取消。這份報導還提到，參觀博物館可以促進批判思考、歷史同理心，以及對藝術的興趣。弱勢族群學生得到的益處，是一般學生的二到三倍。校外教學愈來愈少的原因，經常歸因於經費不足。

《紐約時報》記者溫里普（Michael Winerip）報導過紐約市的一位幼兒園老師，帶班上的孩子參加「人行道上的校外教學」。當他們看到路邊的停車收費機（Muni-Meter），她就趁機教孩子認識這個裝置、數學觀念，以及「停車」和「違規」等詞彙。她的學生造訪過修車廠、公立停車場、地鐵站、市場、好幾座橋、醫院的急診室等。這個點子實在太聰明了。不一定要造訪知名博物館或紀念碑，只要學生有好奇心、校方行政人員願意讓老師透過日常事物找出學習機會，這樣就夠了。

學校網路的負責人感嘆，沒有更多老師願意採用這種人行道校外教學做法。「要按部就班考出好成績的壓力非常大，而這種做法可能無法立刻提高分數……你必須願意把眼光放遠，才有辦法這麼做。」想像一下，校外教學透過各種環境，像是工廠、農場、磨坊、配送中心、中央廚房，將為學生帶來什麼樣的可能性。這些體驗可以讓學生直接接觸他們可能從來沒想過的職業選項，同時打開一扇窗，讓學生一窺日常事物運作和生產的過程。

▪ 興趣的起點

人們常問孩子一個很沒有意義的問題：「你長大以後想做什麼？」這個含義不清的問題只有語文思考者想得出來。比較有意義的問法是具體提出：「你擅長做什麼？」那才是能培養興趣的真正起點。孩子需要接觸各式各樣的事物，來找到他們的天賦。這是我最感興趣的主題，理由有二。一方面，當我們不給孩子探索的機會，我們就對不起孩子。另一方面，在這個過程中，我們同時失去了國家所需要的健康勞動力，也喪失了勞動力的多樣性。

在我看來，取消實踐式學習是學校教育最糟的做法。無論有意或無意，此舉篩掉了一整個世代的圖像思考者，因為圖像思考者有可能在這類所謂的課外活動中，有出色的表現。如果我們讓孩子一整天都坐在座位上，他們就不可能找到擅長的事物，尤其是物體圖像思考型的孩子。此外，對於像我這種精力過剩的孩子，整天坐在座位上是一大折磨，我們情願靠著做事情、做東西來發洩精力。

打造事物的這些能力需要在孩子還小的時候就培養。若沒有實作課，就無法培養未來的建築工、工程師或是廚師，我們還篩掉設計師、發明家和藝術家。我們需要的未來世代要能夠建造和維修基礎設施、改造能源和農業型態、創造對抗氣候變遷和流行病的工具，以及開發機器人和人工智慧。我們需要有想像力的人，來創造下一代的解決方案。

算數學

本章要探討的主題是，一旦學校把孩子篩掉、使他們沒有機會擁有實現自我的未來，我們將要付出高昂的代價。對孩子進行篩選，不論是送他們到特殊教育體系，或是因為一體適用模式的正統學習觀念而讓他們失去升學機會，都剝奪了他們獲得成功的機會。只要觀察一下教室裡的孩子、或是和任何一位老師談一談，你就會知道，一體適用的情況根本不存在。

我之所以想凸顯對孩子進行篩選的危險，還基於另一個私人原因。因為我有自閉症，必須靠著堅強的毅力，來突破教育上各個層面的挑戰，包括發展、行為和學業層面。最終，我在業界和教育界都實現了與動物相處的夢想。身為大學教授，我與動物系的研究生不斷努力提升我們對動物行為的了解。這讓我感到非常諷刺：我教出很多獸醫，但我自己卻進不了獸醫系。為什麼？因為我被篩掉了。

我在學校被篩掉，是因為我不會數學，聽起來很單純，卻是事實，但實際上又不完全是這樣。我可以理解我在小學階段學的傳統算術，因為我可以把數學概念和真實世界的東西連結起來。例如，分數可以用切披薩來理解。在 1950 年代用傳統方法教的算術，我學得還不錯。四年級時，我覺得用量角器來量角度很有趣。六年級時，我學會如何把形狀分成正方形、圓形和三角形，來找出它的面積。我日後設計家畜屠宰設施時，就需要這種實用的數學。

後來，當我學習設計時，我很擅長算出圓形面積，這在實務工作上很重要，像是計算液壓和氣壓圓筒的尺寸。我的罩門是代數，怎樣都學不會。就和許多物體圖像思考者一樣，我無法理解抽象概念，而代數是純粹的抽象概念。我的高中老師費了很大的勁教我代數，但因為沒有圖像可供想像，我實在束手無策。我應該跳過代數，去學幾何學和三角學。只要問題能轉化為圖形，我就可以學得非常好，我可以靠著想像來學習三角學的概念，例如，吊橋和繩索。我需要現實世界的例子才能處理各種方程式。

所以，我被篩掉了。我必須放棄物理學和生物醫學工程的課，因為我的數學不夠好。我進不了獸醫系和工程系。我必須選擇數學程度要求較低的科系，像是心理系和動物系。今日，我可能也進不了那兩個科系，因為那些科系現在也提高了數學程度的要求。我最近收到一個學生的電子郵件，他告訴我，微積分是大學生物系的必修學分。如果是我，一定過不了這個障礙。我在高中時很喜歡生物課，學得很好，而我上大學的時候，微積分還不是生物系的必修學分。

所幸，我在大學時期能避開代數，選修其他的必修科目，像是機率、矩陣和統計。即使如此，當我第一次數學考試不及格時，我立刻去找家教——身為大學教授，我發現學生犯的最大錯誤，是拖了太久才尋求協助。上大學時，我每週會去數學教授的辦公室接受兩個小時的指導。上研究所時，我花錢請家教來幫我。如果沒有請家教，我想我可能畢不了業。攻讀博士學位時，為了不讓必修的統計學當掉，我為每一道統計題目想出一個真實研究計畫的例子。這些例子必須是我能夠想像的東西，像是比較兩種飼料對牛隻的增肉率，或是環境豐富化對豬隻行為的影響。我相信，除掉代數這個障礙，用其他的數學分支來取代，像是幾何學、三角學和統計學，可以解決許多學生被篩掉的問題。

▪ 代數是必要的嗎？

2012 年，政治學家哈克（Andrew Hacker）寫了一篇專欄文章，在教育界投下了一顆震撼彈，文章標題是〈代數是必要的嗎？〉。哈克抨擊學校為何堅持要教代數，他指出，代數在工作上根本用不到。他質疑我們為何要讓學生忍受這種「煎熬」，而且有許多學生會被當掉。他也說，他與許多教育界人士談過，大多數人認為代數是孩子無法從高中畢業的「主要學業因素」。

哈克寫道：「把數學當成必修課，會妨礙我們發現與培養年輕人才。我們想要維持高標準，但其實是在縮減我們的智力庫。」他並不鼓吹廢除基本能力或量化能力，我贊同他的看法。我雖然身為圖像思考者，但我曾與各式各樣的工程師、軟體開發師、焊接工、執行長和其他專業人士共事，所以我能了解數學的重要性。不過，數學有很多種，學習者有很多種，現實世界的應用也有很多種。重點在於，當學生進入職場後，什麼對他們有幫助。

2017 年，《紐約時報》有一篇韓弗德（Emily Hanford）的文章，標題為〈試著解決更大的數學問題〉，韓弗德提出了一些驚人的統計數據：社區大學有近百分之六十的學生需要數學補救教學，比需要英文補救教學的人數多一倍以上。四年制公立學院也差不多，有百分之四十的學生需要上至少一科補救教學課，要補救數學的就占了百分之三十三。不過，學生表現不佳點出的問題，可能不是學生學得好不好，而是我們要求他們學什麼。兩年制大專長久以來一直要求學生學代數。韓弗德說，有些政策制定者終於開始質疑這個做法是否合理。

哈克說：「是的，年輕人應該學會讀寫和長除法，不論他們樂不樂意。」讓學生學會基本能力（像是能夠寫出語意清楚的句子）非常重要。我現在有些研究生的寫作能力很差。我問其中一些人原因，發現要求他們交期末報告的老師很少，老師也從來不曾糾正他們的文法錯誤，或對他們寫的東西給予詳細的評語。這顯然是不能接受的事。不論是哪個職業，每個人都應該要有能力用文字把事情說明清楚。

為了提升這些學生的寫作能力，在他們投稿給期刊時，我會糾正文章的文法錯誤，然後讓他們重寫。不過，就像哈克所說的，我們沒有理由強迫學生「理解向量角和不連續函數的概念。數學就像是一塊巨石，我們要求每個人拉著這塊巨石前進，卻不評估這麼做造成的痛苦讓我們得到了什麼。」

艾德利（Christopher Edley Jr.）是加州大學柏克萊分校法學院前院長，他決意要除去這塊巨石。他想要取消非理工組學生必修代數的規定，藉此消除這種不公平，提高學生的畢業率。艾德利表示：「罪魁禍首是中級代數，這門課涉及高中程度的代數技巧，大多數大學生在大學裡用不到，畢業後在生活中也用不上。」

他的報告指出，加州的社區大學有十七萬名學生因為標準化測驗的結果，被認定需要接受數學補救教學。其中有超過十一萬人無法取得副學士學位[1]、或無法完成轉學到加州大學的必修學分。然而，加州州立大學（California State University）的一項實驗型計畫，允許學生用統計學代替代數。結果顯示，當代數不再是必修學分，數學學分的完成率提高了。艾德利熱切希望這個計畫能擴大實施。「不公平的情況與法律問題依然存在，因為數學必修課程有個不能說的祕密：必修往往是隨意決定的。」

▪ 討厭數學的世代

數學家拉克哈特（Paul Lockhart）在論文〈一個數學家的悲嘆〉中，提出他反對現代教育對數學的教法。當然，他所指的對象是，一聽到「數學」就皺眉頭的人、堅稱自己沒有數學細胞的人、討厭數學的人，或是像我這種只擅長某一類數學概念的人。大多數人在讀高中的時候，需要修三或四年的課，從代數開始，然後一路照順序修下去：幾何學、中級代數、三角學、微積分預備課程、微積分。拉克哈特寫道：「如果要我設計一個機制，摧毀孩子天生的好奇心與尋找模式的熱情，現行

1　譯注：副學士（associate degree）是兩年制社區大學所發的學位。

制度是我難以超越的高標——我根本想不出一種比現代數學教育更沒有道理、更枯燥乏味的做法。」

有位紐約校長引述2014年《紐約時報》的一篇文章，表達了同樣的悲憤心情：「我很擔心他們製造出一整個都學會討厭數學的年輕世代。」

唐納森（Margaret Donaldson）是愛丁堡大學（University of Edinburgh）發展心理學教授，她在論文〈學校與孩子心智的錯配〉中，研究教學與學習之間的脫節情況。她思索：為何幼兒園的孩子與小學一年級的學生每天上學都很高興，而且喜歡學習，但是到了高中，卻有許多學生覺得上課很無聊，並且上課時毫無反應。「大多數的孩子進入小學時，有很強的學習意願。這麼好的開始怎麼會走到這麼糟的結局？為何有許多孩子學會討厭上學？」

唐納森的研究結果與皮亞傑（Jean Piaget）的研究結果大不相同。皮亞傑是一位非常有影響力的思想家與兒童心理學家，他認為，孩子在七歲以前，對世界的認知理解很有限。這個看法有一部分是根據他的知名研究「守恆概念實驗」（The Conversation Tasks），他讓孩子看兩張圖片，來衡量孩子理解「相同」與「不同」這兩個概念的能力。第一張圖片呈現兩排大小和數量相同的物體，在第二張圖片中，第二排物體的位置靠得比較近，但數目不變。大多數孩子一直要到六或七歲，才能看出兩排物體的數目相同。

但唐納森與同事麥加里高（James McGarrigle）提出疑問：究

竟是皮亞傑做研究的方法、還是孩子的推理能力缺陷造成了這個結果？他們設計了一個類似的實驗，讓四歲和六歲的孩子看見一隻頑皮的泰迪熊改動了第二排物體之間的距離。當孩子看見「現實世界」版的解釋或描述，有更高比例的孩子給出正確答案，從八十分之十三，提高到八十分之五十。唐納森推測，造成差異的因素在於，頑皮的泰迪熊為孩子提供了情境脈絡，物體不再以實驗情境呈現。唐納森認為，「對人有意義的脈絡」有助於我們的思考。我們需要將概念與現實世界的例子做連結，才能理解並執行。

▪ 脈絡有其意義

維吉尼亞大學（University of Virginia）的利拉德（Angeline Lillard）教授研究學齡前兒童的遊戲行為。她說：「孩子喜歡做真實的事，因為他們想要在現實世界中有屬於自己的角色。」她的研究顯示，即使是四到六歲的孩子，比起假裝的活動，孩子更喜歡真實的活動。當老師把數學概念應用在現實世界裡的活動或個人嗜好，像是運動、購物、甚至是電玩遊戲，孩子會覺得這樣的學習是有意義的。

對空間圖像思考者來說，幾乎任何一種運動或遊戲都可以成為教具，因為計算、計分與衡量機率是遊戲的基礎。有一個很棒的例子是以西洋棋為教具，西洋棋本身就是一個動態的數學問題。若有人讓小學生玩一年的西洋棋（有人教導），然後讓他們接受數學測驗，結果會如何？

這正是丹麥研究員羅斯何姆（Michael Rosholm）等人所做的研究。他們找來四百八十二名一到三年級的小學生，把一週上四堂的數學課，其中一堂改上西洋棋。平均來說，有學西洋棋的學生數學分數都提高了。對某些孩子來說，西洋棋顯然是理解數學概念的一條路徑。職業西洋棋士昆卡（Pepe Cuenca）擁有應用數學博士學位，他認為，西洋棋有助於教學，包括計算、視覺記憶、空間推理、預測結果的能力與幾何學等等。

不過，西洋棋對另一種孩子沒有任何助益。我如果去學西洋棋，一定學不好。對於我這種物體圖像思考者來說，模式太過抽象，難以記住，但是如果要我想像一棟建築改建後會是什麼樣子，那就輕而易舉。我曾提到，如果我無法找到圖像的相關物，就無法理解概念。我需要借助多樣的輔助方式，來發展我的能力。

那麼，孩子要到幾歲才擁有處理抽象推理的認知能力？不論是哪一種學習型態的人，問題的關鍵都在於腦部發展。皮亞傑認為，孩子要到十一或十二歲才有邏輯推理能力。札格雷布大學（University of Zagreb）的蘇薩克（Ana Sušac）等人指出，從具體思考發展到抽象思考的時間，可能是青春期後期，此時，與抽象數學推理有關聯的前額葉皮質發展得更加成熟了。蘇薩克等人的研究指出，我們教代數的時間太早、進度也太快，因為從具體思考發展到抽象思考的過程需要時間。它不像是一個開關，在七年級升八年級的暑假一打開開關，就完成了。

堪薩斯大學（University of Kansas）的研究員提出一個看法，抽象推理可能要透過經驗才能發展出來，這個論點有利於保留學校的課外活動。

阿帕拉契州立大學（Appalachian State University）的教授古德森伊斯皮（Tracy Goodson-Espy）提出：「為什麼有些人能用算術方式解答問題、卻無法用代數來解答問題？」她的研究包含九種學習任務，全都是「現實世界」中的問題。就和唐納森的頑皮泰迪熊一樣，這些任務用取材自熟悉情境的例子，來提供脈絡和意義，像是租車和員工福利。古德森伊斯皮評估每個學生的問題解決歷程，然後與他們進行詳細的訪談，並將他們解決問題的過程錄影下來，好追蹤他們的內在歷程。

結果，這些學生可以分為三類。第一類學生不是靠圖像、而是用算術方法來解答問題。第二類學生倚賴圖表。第三類學生運用代數。古德森伊斯皮的研究清楚呈現了每一類學生解決問題的方式，但沒有解釋原因。

我個人的解讀是：沒有使用任何圖像工具的學生，是語文思考者；會把問題轉化成圖表來想像（但無法使用代數）的學生，是像我一樣的物體圖像思考者；至於運用代數來解題的學生，則是空間圖像思考者。古德森伊斯皮的結論是，學生需要有反思抽象能力[2]，才能過渡到代數。她寫道：「圖像是從一個反思抽象能力階段發展到下一個階段的內建要素。」而這正是

2　編注：根據已知知識，不需額外資訊就能反思出新知識的能力。

圖像思考。

然而，我們卻堅持要用抽象的方式來教數學。唐納森用「脫離現實」（disembedded）一詞，來形容缺乏脈絡或沒有直接體驗支撐的情況。她寫道，這些能力「是數學、所有的科學知識和所有的哲學理念的基礎。比起其他的人類技能與特質，我們或許過度看重了這些能力，但我們也無法棄絕它們，因為我們已經過度依賴它們了。」唐納森指出，教育制度獎勵那些「弄懂」的人，同時使其餘的人深感挫敗。而事實上，那種挫敗感的影響比我所想的更深遠。

▪ 美國最弱的一環

2019 年的「美國全國教育進展評量」（National Assessment of Educational Progress, NAEP，也稱作「國家成績單」）顯示，「十二年級生只有百分之三十七具備大學入學程度的數學能力」。國家評量指導委員會（National Assessment Governing Board）主席德里斯科（David Driscoll）表示：「這顯然是不能接受的情況……我們的孩子正在喪失他們的位置……我們應該用更高的標準來要求他們。」當然，更高的標準指的是更多的填鴨，而事實上，孩子需要的是參與和現實生活有關的活動。

即使歐巴馬總統推出「登頂競賽」（Race to the Top）政策，撥款 43.5 億美元來提升從幼兒園到十二年級教育的改革創新和學習成果，理科教育的未來依然堪憂。

德魯（Christopher Drew）在《紐約時報》的文章〈理科主修生為何改變心意〉中寫道：「大一新鮮人與其他數百名學生，在大講堂費勁學習艱澀的微積分、物理學和化學，其中有許多人會被刷掉。」有百分之四十的工程和理科主修學生轉系或休學。如果再加上醫學院預科學生，比例就會躍升到百分之六十，「學生流失率是其他科系的兩倍」。伊利諾大學香檳分校工程系榮譽教授戈德堡（David E. Goldberg）把這個制度稱作「數學科學的死亡進行曲」。

然後，像彗星般每三年出現一次的「國際學生能力評量計畫」（Program for International Student Assessment, PISA），總是會成為眾人目光的焦點。儘管這個測驗被一些教育界人士和政策制定者認為有極大的缺陷，與它有關的新聞頭條總是會引發大眾的震驚：美國人的數學能力糟透了，完全沒救。

2018 年，來自七十九個國家的六十萬名學生，參加一項時間為兩小時的測驗，裡面的問題都不能靠死記硬背來解決。它有點像是中學教育的奧林匹克競賽，而不論是金牌、銀牌還是銅牌，美國一面獎牌也沒拿到。事實上，如果它真的是奧林匹克競賽，美國的水準根本沒資格參賽。美國學生在數學領域趕不上其他的已開發國家，甚至比不上開發中國家。就最近一次的國際學生能力評量計畫測驗結果來看，在數學和科學表現最好的國家是中國，而且是遙遙領先。

雷普利（Amanda Ripley）在 2016 年《紐約時報》的文章〈美國能向其他國家的聰明學校學到什麼〉中寫道：「國際學生能

力評量計畫揭露了現今關於美國教育制度的殘酷事實：能夠可靠預測孩子未來收入水準的數學能力，持續成為美國最弱的一環，在每個收入水準階層皆是如此。」雷普利總結，十五歲的學生有近三分之一無法達到「能力基準線」。

這些報導出爐之後，我們往往採取使問題更加惡化的應對策略。有愈多學生學不好數學，我們就強迫他們花更多時間學數學、考數學。過去二十年來，這種不合邏輯的情況一直存在。

1983 年，發展心理學家嘉納（Howard Gardner）出版了影響深遠的著作《發現七種 IQ》（*Frames of Mind: The Theory of Multiple Intelligences*）。嘉納的理論源自他對腦部受損孩童與成人的研究。這些對象腦部受損後的能力與缺陷，提供了引人矚目的研究背景。嘉納發現，沒有哪兩個人的智能會是相同的，就算是雙胞胎也不同。然而，我們卻用同樣的智力測驗和標準化測驗來評量所有人。這些測驗著重數學和語文能力，對於無法透過測驗方式反應出能力的人來說，這些測驗對他們不利。

嘉納檢視了關於大腦、人類發展、演化和跨文化比較的研究結果，得出八大智能：音樂、邏輯數學、語言、空間、人際、內省、自然、身體動覺。[3] 他呼籲大眾要擴大智能的定義。「認識並培育人類各項多元智能，以及各種智能的組合，這一點至關重要。人與人之所以如此不同，主要是因為每個人擁有

3　編注：嘉納在 1990 年代時補充了自然智能，到 2000 年代又增加存在智能。

不同的智能組合。」嘉納希望可以不要再用同一種方式來評量所有的孩子，並且要找到新的切入點來幫助孩子。他指出，即使你堅持要教孩子代數，「代數可以用三種，甚至三十種方法來教。」

雖然嘉納沒有把圖像思考（包括不同類型的圖像思考）界定為智能的一種，但我和他一樣，都認為我們的教育制度沒有看見不同智能類型的價值。他寫道：「如何教育孩子，使每個人都能充分發揮潛能，仍是個還沒有找到解答的謎。」但他很確定：「我們已經沒有條件再耽誤任何一個孩子了。」

學習的快與慢

我到八歲時還不識字。如果我一直跟著學校用的「迪克與珍妮」（Dick and Jane）系列童書和常見字卡（sight-word）來學習認字，不知道我學識字的過程還要忍受多少煎熬。幸好，我的三年級老師和我母親討論出一個學習計畫，讓媽媽在家教我識字。我很想學會認字，因為媽媽幾乎每天會讀故事書給我和妹妹聽。她有時會讀狄更斯（Charles Dickens）的《孤雛淚》（*Oliver Twist*）當中某些有趣的段落。奧利佛在孤兒院長大，故事中他請求大人給予更多食物的情節，令我難以忘懷。

每天下午放學後，媽媽會花一小時教我自然發音法，也就是看到字母就知道發什麼音，她要我「發出每個音節的音」。媽媽用的教材不是「迪克與珍妮」繪本，而是《綠野仙蹤》（*The*

Wonderful Wizard of Oz）。她會讀一頁故事內容，然後在最精采的地方停下來，使我急著想知道後面的情節。她會要求我把她貼在牆上的字母唸出來。她總是要我大聲說出字母的發音，然後要我讀出書中句子的其中一個字，然後是兩個字、然後是三個字，如此不斷增加，然後她才會繼續把故事讀下去。慢慢的，她讀的字愈來愈少，而我最後可以讀完整個句子。

自然發音法、一對一教學，以及媽媽憑著她對我的了解來挑故事書的直覺，都是重要的關鍵。這樣進行幾個月之後，我的閱讀能力就提升到六年級的水準了。若沒有這個介入措施，我在學校的成績一定會很慘。

我媽媽教我學習閱讀的方式，就是現在的公立學校推出的「個別化教育計畫」（Individualized Education Program, IEP），這個計畫為身心障礙學生提供特殊協助。我上小學的年代，學校還沒有這種計畫。我得到的特殊協助與密集教導來自我的母親。

我上高中的時候，上學成了一個惡夢，因為我總是被人霸凌和取笑。我的父母有能力送我去上專為學習障礙孩子設立的特殊寄宿學校。一開始，我並不想去上那所學校，但我後來發現，那是影響我最大的人生經驗之一。主要有兩個原因：我遇到了一位願意指導我的科學老師，我照顧學校的馬學到了實務技能。在那裡，我找到了自己想用一生追求的學科，也培養出工作倫理。

▪ 慢學

庫爾切斯妮（Valérie Courchesne）等人的論文〈自閉症孩童可能被低估〉，聚焦於語文能力非常有限的自閉症孩童，探討他們的認知能力。研究人員使用「兒童藏圖測驗」（Children's Embedded Figures Test），對三十名低語文能力的自閉症孩童以及同年齡的對照組，進行四種不同的認知與智力評量。

結果，沒有一個自閉症孩童能完成標準智力測驗「魏氏智力量表」（Wechsler Intelligence Scale），但有二十六個孩子完成了「藏圖測驗」，而且完成的速度比對照組的神經典型孩童更快。

莫頓在《自然》（*Nature*）的一篇論文指出，在有自閉症的人身上可以看到，大腦的視覺處理網路比語文處理網路更加活躍。他寫道：「腦功能的再分配或許與更優異的表現有關聯。」

我們的挑戰在於，如何為物體圖像思考者提供更有效的評量與教育方式。最重要的是，我們可能低估了學不會數學的小孩，我們錯失他們擁有的能力，而這些能力是我們需要的。以某些物體圖像思考者的情況來說，自學是一個選項。經常有人問我，是否該讓有自閉症的孩子在家自學。

根據「美國國家教育統計中心」（National Center for Education Statistics, NCES）的資料，美國約有一百七十七萬名孩童在家自學，其中百分之十六的孩童是認定有特殊需求。家長選擇讓自閉症譜系的孩子在家自學最常見的原因，包括霸凌、管理行為上的問題、孩子的幸福快樂或福祉，以及對於學校提供的支持感到不滿。

這是個需要慎重看待的問題，因為做出自學決定的家庭往往要承受很大的壓力。在探討天才與神經多樣性的章節我會提到，愛迪生（Thomas Edison）小時候也在家自學。那是個浪漫的故事，愛迪生的母親曾經是老師，她用一大堆合適的書點燃了愛迪生心中的機械魂。這樣的故事很罕見，而且很有可能是杜撰的。

經常有家長問我自學的事。我如果不了解孩子的情況，就不會給建議。但我總是說，如果你選擇自學，一定要讓你的孩子有機會與其他的孩子一起參與活動。許多自學家庭加入的自學團體可以提供這樣的機會。我認為這樣的團體對家長也有益。非洲古諺說「養育一個小孩，需舉全村之力」，而養育一個有自閉症的小孩，需舉全村之力再加上很多的支持。

若想使情況完全改觀，可能要針對某個孩子與他的學習型態去找到對的切入點。學習寫出語意清晰的句子，對我而言很困難，在我那個年代，像是圖解句子這類的許多教學法，都對我沒有意義，我也無法理解。但是當我到九年級時，我的寫作能力已經勝過我現在的研究生。

我書寫時會先在腦海中看見圖像，再用文字描述。幫助我把寫作學好的方法有三個：把我寫的東西大聲唸出來，用聽的來判斷我有沒有寫對；仔細閱讀老師在我的書面報告上糾正的文法錯誤；寫讀書心得報告，我藉此學會挑出閱讀內容的重點。我的寫作能力讓期刊接受我的第一篇論文並刊登，而我寫的文章讓我找到工作。我現在寫作，是為了傳達技術或實務上的資訊，而我使用的全是我在學校學到的技巧。在我的職業生涯中，我寫了超過一百篇科學期刊文章和八本書，兩本書是我自己獨力完成的，另外六本與其他人合著。

那麼，在我的學生當中，為何有許多人無法清楚說明他們的研究方法和結果呢？由於我現在被迫要和我的碩士生和博士生回到基本功，所以我相信，如果學校不要那麼強調考試，而是更注重基本的數學和文法觀念，學生將來展開職業生涯時，會處於更有利的狀態。

▪ 快學

學校教育還透過另一種方式對孩子進行篩選。標準化課綱假定所有的學生以相同的速度發展。許多家長發現，即使孩子的程度遠遠超前，教育界人士還是堅持把他們限定在所謂的適齡教材範圍內。而且，許多家長基於社會與兒童發展的考量，不敢讓他們的孩子跳級，或是擔心會把孩子逼得太緊。1989年的誇張情境喜劇《天才小醫生》（*Doogie Howser, M.D.*）把這個兩難處境描寫得很好。影集的主角十四歲從普林斯頓大學和醫學院畢業，這位天才青少年醫師一方面要治療病人，另一方面要搞定自己的青春痘。

雖然有研究指出適當跳級的好處，但基於體制的限制和父母的顧慮，只有百分之一的學生跳級或跳過某些科目。依照帕克（Gregory Park）等人發表於《教育心理學期刊》（*Journal of Educational Psychology*）的論文〈少即是多的時候〉，長期來看，跳級的學生比不跳級的學生表現更好。他們有更大的機率獲得高等學歷，在理工領域發表論文與獲得專利，以及擁有成功的事業。

我一方面擔心數學不好的孩子被篩掉，一方面又擔心我們限制了有數學（或其他學科）天分的孩子，因為我們沒有讓他們充分發揮潛能。一個解決方法是，讓那些對某些科目特別有興趣和能力的孩子去發展天賦。

以強森（Katherine Johnson）為例，她的故事因為寫成書和拍成電影《關鍵少數》（*Hidden Figures*）而受到矚目。強森小時候喜歡數數，長大一點後喜歡計算數字，再大一點時喜歡電腦運算。當她讀小學時，老師看出了她的天分，讓她跳級。她十歲開始讀高中，十五歲進入西維吉尼亞州立大學（West Virginia State College），十八歲以最優學業成績畢業，她修過這所大學開授的所有數學課。強森畢業後成為老師，這是當時黑人女性能從事的少數工作之一。

當美國太空總署（NASA）需要更多人力、開始接納女性員工時，強森的才能有機會受到檢驗。她在 1950 年代進入美國太空總署工作，在那個時代，性別歧視和種族歧視非常嚴重。女性員工被稱作「穿裙子的計算機」，而黑人在每個場所都受到差別待遇，不論是工作的地方、吃飯的地方，還是上廁所的地方。由於當時的電腦還沒有能力處理太空飛行需要用到的複雜運算，最後靠著強森的數學計算能力，美國太空總署的載人太空飛行計畫才得以成功。她計算過水星號與阿波羅號太空梭的軌道與返航路徑。她的計算使太空人能夠平安返航。當強森正在計算軌道路徑時，我能夠想像她在腦海中看見多維模式的情景。

如果孩子的程度顯然超出同年級學生，阻止他們跳級，到底有什麼好處？如果我們讓熱愛數學的學生有機會上更多的數學課、或是在當地的大學上數學課，來加強他們的能力，那會如何？蓋茲（Bill Gates）、賈伯斯、祖克柏（Mark Zuckerberg）和馬斯克都在上大學或研究所時決定休學。他們都急著想把自己的超前能力應用在市場上，接受檢驗，朝著矽谷前進。不過，至少在賈伯斯的例子中，他希望能避開自己沒興趣的必修課。我敢說，對上述這些人來說，學校開的課顯然挑戰性不足。

考試陷阱

「這個會考嗎？」乃是所有學生發出的無奈哀號。身為大學教授，這個問題比其他問題更令我困擾。你幾乎可以聽見學生關上心門的聲音，彷彿不考的東西都是多餘的，不值得去思考。我們怎麼會養育出這一個「認為學習是為了考試」的世代？學習應該是讓學生為了人生和工作做準備才對。

在我的家畜處理程序課，其中一個作業是畫出縮尺圖。和十年前相比，現在有更多學生覺得這個作業很困難，其中有些人從來不曾學過怎麼用尺量東西。有些學生會質疑這個作業的價值。我會告訴他，如果他要買一張沙發，就需要量沙發的尺寸，來判斷放不放得進家裡的客廳。

對考試的執著使我們落入令人遺憾的處境，也就是走捷徑、作弊和失敗。哈佛教育研究所（Harvard Graduate School of Education）的教授科雷茲（Daniel Koretz）表示，實施測驗對學生弊大於利，它造成的不公平比帶給學生的好處更多。三十年來，科雷茲一直對測驗制度提出批評。他在著作《測驗的偽裝外衣》（*The Testing Charade: Pretending to Make Schools Better*）揭露，如果測驗結果沒有達標，老師可能會丟掉工作。

我們稍早也討論過，提高測驗分數的壓力，會影響哪些科目教或不教。而這個後遺症很嚴重：老師把寶貴的時間都放在考試科目上。

此外，隨著提高測驗分數的壓力愈來愈大，教學理念墮落的氛圍開始瀰漫在教室裡。大學入學考試監督機構「公平測驗」（FairTest）公共教育主任薛佛（Bob Schaeffer）見識過，人們對測驗分數的執著如何導致各式各樣的作弊行為，包括請人代考、假裝有身心障礙以便獲得更多答題時間、花錢請人事後修改或填寫答案，以及賄賂監考者對作弊行為視而不見。

兩位知名女演員花大錢，賄賂教練在女兒的大學入學申請動手腳，並因此判刑入獄的醜聞，震撼了全美國，相形之下，上述作弊行為只是小巫見大巫。此外，起訴執行長、房地產開發商與標準化測驗工作人員的案件，超過五十件。科雷茲表示，作弊行為無所不在，至於原因是什麼，他指向坎貝爾法則（Campbell's Law），意思是一旦某個量化指標被用來做為社會決策的依據，那個指標就容易被想要影響決策的人腐化。

現今，有近百分之七十的美國孩子進入大學就讀，比例較 1975 年高出許多。聽起來似乎是個好消息，然而大致來說，這些孩子只有百分之四十一能在四年內畢業。薛爾（Ellen Ruppel Shell）的《紐約時報》文章〈大學教育可能不再值得我們大費周章〉令人耳目一新，文中提到，高等教育的學生貸款高達一兆三千億美元，與十年相較，這個數字翻了一倍以上。

薛爾指出，大學輟學生中有百分之四十，收入只比高中畢業生多出一點點，所以他們幾乎還不出助學貸款。薛爾寫道：「我們已經接近一個時間點，即使對中產階級家庭的學生而言，大學學位的經濟效益已經不高了。」薛爾還追加一個令人吃驚的數據：「百分之二十五的大學畢業生現在的收入與一般高中畢業生差不多。」

「學術能力測驗」（Scholastic Aptitude Test, SAT）在 1920 年代發展出來，一開始是為了擴充智力測驗，它在 1926 年開始使用，目的是測出學習能力，並提供一個標準化的方式，評估大學入學申請者的學力。數十年來，學術能力測驗變得愈來愈普遍，儘管有人說它有文化偏差。今日，這項測驗創造出一個很大的升學產業。每年有數百萬名學生參加這項測驗，占了「美國大學理事會」（College Board）每年十億美元收入的一大部分。

現在有非常多的研究報告證明，學術能力測驗對有色人種和低收入家庭學生不利，不只是因為它有文化偏差，也因為這些族群大多比較沒有能力負擔補習費。除了測驗本身，補習業也蓬勃發展。補習業的開山始祖是卡普蘭（Stanley Kaplan），他1938年開始在布魯克林的自家地下室為學術能力測驗考生補習。大學入學補習業產值高達十一億美元，服務對象當然只有負擔得起的學生。

1959年，另一種與學術能力測驗競爭的測驗出現了，那便是「美國大學入學測驗」（American College Test, ACT）。美國大學入學測驗和學術能力測驗非常相似，只不過美國大學入學測驗的目的是測出在學校學習的成果，而學術能力測驗主要是測驗認知推理能力。美國大學入學測驗還包括學科測驗以及可選擇加考的作文題（考試時間四十分鐘）。

雖然只能透過這兩種測驗的模擬試題，才能知道學生在哪一種測驗的表現比較好。不過這兩種測驗都一樣，對弱勢和低收入家庭學生不利。總之，不是太多學生有能力兩種測驗全考，更別提有能力負擔這些測驗的補習或升學顧問的費用。

平均來說，公立學校的每位升學輔導諮商師要為478名學生服務。根據《紐約時報》記者哈里斯（Elizabeth A. Harris）的報導，這個學生人數幾乎是美國學校諮商師協會（American School Counselor Association）建議人數的兩倍。根據美國教育部民權事務辦公室（US Department of Education's Office for Civil Rights）的資料，有五分之一的學校沒有升學輔導諮商師，這意味有八百萬個孩子無法得到升學方面的協助。

美國學校諮商師協會表示：「有三十八個州沒有為有色人種或（和）低收入家庭學生提供應得的資源。」根據考試輔導機構「普林斯頓評論」（Princeton Review）的資料，教育制度崩壞的另一個指標，是低留任率。許多升學輔導諮商師在開始工作幾年之後，就選擇離開這個行業。

現代網路提供的服務和資源，是我在高中時代無法想像的，然而，要有效提供升學服務與資源，需要經驗和判斷力，網路並無法取代。如果家庭的經濟能力許可，就能聘請收費昂貴的升學顧問，教孩子怎麼填寫入學申請書、準備入學考試，手把手教孩子寫作文，建議孩子要參加哪些課外活動，以及到哪些知名企業取得暑期實習經驗。教育諮詢公司 IvyWise 是這類服務的頂級機構，他們會協助學生完成完整的高中資歷，收費可能超過十萬美元。在我看來，升學流程已經被大公司包辦，而這篩掉了一大票孩子，不只是圖像思考者。

在每個制度當中，做法上的改變往往最慢發生，但高等教育入學程序的改變，即將發生。在加州大學帶頭向前衝之下，一些大學宣布，在審查入學條件時，不再考慮學術能力測驗或美國大學入學測驗測驗分數。根據《富比士》（*Forbes*）記者亞當斯（Susan Adams）的調查，超過五百所大學（包括所有的長春藤聯盟學校）已經採取「測驗非必要」立場。這是進步的跡象。

《紐約時報》2021 年 2 月一篇文章提到，大學不再要求測驗成績之後，入學申請人數立刻爆增，尤其是長春藤聯盟學校。哈托科里斯（Anemona Hartocollis）在 2021 年 4 月的《泰晤士報》（*Times*）報導：「父母沒受過大學教育的第一代大學生、低收入家庭大學生，以及黑人、拉丁裔、美國原住民學生，以前比較不可能在大學入學申請時提供測驗成績。」

在新冠肺炎疫情期間，超過六百五十所學校不再要求測驗分數。原本可能因為測驗分數被篩掉的學生，現在有機會展示他們的優點，像是公共服務、嗜好、推薦函、工作經驗以及個人陳述。這也是進步的跡象，尤其對圖像思考者而言。

▪ 性向測驗有局限

傳統的性向測驗有許多限制，其中之一是無法測出物體圖像思考者的能力。中央佛羅里達大學（University of Central Florida）的哈希梅羅古（Erhan Haciomeroglu）做過兩個研究，顯示出高中生的微積分能力與他們屬於哪一種思考方式有關聯，結果空間圖像思考者比高度傾向物體圖像思考的人有更好的表現。哈希梅羅古同樣檢視了語文思考者的表現。高度傾向語文思考的學生也比高度傾向物體圖像思考的人有更好的表現。

研究明顯支持兩種圖像思考者的存在。這三個群體在語文能力評量的表現沒有太大差異。這些研究結果讓我非常在意，因為它們印證了我的擔憂：學校與性向測驗篩掉了有天分的物體圖像思考者。

傳統標準化測驗得高分的學生，為何往往在需要應用數理思維的複雜「現實世界」情境中，感到不知所措？學業成績吊車尾的學生，為何往往在相應的「現實世界」情境中，有非常出色的表現？南丹麥大學（University of Southern Denmark）的艾弗森（Steffen M. Iversen）與印第安納大學（Indiana University）的拉森（Christine J. Larson），用他們的研究「運用複雜數學的簡單思維 vs. 運用簡單數學的複雜思維」來回答這些問題。

兩人的研究是以南丹麥大學科學工程系的兩百名大一生為對象，這些學生全都修過中學最高階的數學課，並且是第一次修微積分。他們先獨自解題、然後以小組為單位解題，來解決「手球罰球問題」（Penalty Throw Problem），他們要根據球員的個人數據，找出方法來挑選最合適的手球員來進行罰球。這些學生需要綜合質與量的資訊、運用多種方程式、繪製圖表、找出數據的模式，以及了解手球規則，才能得到正確的解答。

這個測驗的目標之一是想了解，著重特定類型問題解決能力的標準化測驗，是否忽略了某些學生。前測分數低的學生會運用多相排名系統來為手球員排名，而前測分數高的學生則聚焦於較小的研究範圍，試圖要把數據套進既有的數學結構裡。換句話說，前測分數低的學生在解決現實世界問題時有更好的表現，因為他們的思考方式比較有彈性，而前測分數高的學生因為過於刻板而顯得墨守成規。這個研究證實，學生在教室裡善於處理的計算工作，與他們在現實世界能解決的問題，兩者之間存有落差。

▪ 學業能力不能預測成就

俄亥俄州教育政策與領導力教授貝爾德（Leonard L. Baird）在〈學業成績與測驗分數能否預測成年後成就？〉中，探討學業能力與高成就之間的關係。他找出研究各種專業人士（從科學家到中階主管）的論文，再結合研究高中生與大學生（包括天才學生）的論文進行檢視。很顯然，好的學業能力能夠讓你進好大學，得到高薪工作。我們也假設學業成績好的學生未來會有傑出的成就。但貝爾德的結論是：「學業能力強不保證有高成就。」

「伊利諾畢業致辭研究」（Illinois Valedictorian Project）追蹤八十一位畢業致辭生從高中畢業後的發展，長達十四年。研究者是波士頓學院（Boston College）助理教授阿諾德（Karen Arnold），她想要知道，高中的成就能否預測人生的成就。高中成就確實與大學成就相關，但大學畢業之後，就不一定如此了。

阿諾德發現：「學業表現最多只能間接預測剛畢業後的職業成就。」有四分之一的畢業致辭生從事收入最高的職業。四分之三的人「穩定扎實、但不是最出色的職業發展」。大多數人在傳統領域工作（工程、醫學、科學），只有少數人從事創意性質的工作。阿諾德寫道：「他們不會打破窠臼，他們只是主流中的佼佼者。」

許多特質與職業成就相關，卻可能無法透過測驗看出來，包括有韌性、有創造力、善於與人共事、溝通能力良好，以及重視工作倫理。只要統合資源，創造人們需要或想要的東西，同樣能獲得成功。

我曾與一家專業食品加工廠的老闆深談過，按照現今的教育制度，小時候的他一定會被貼上各種診斷標籤。標籤中肯定會有「愛作對」和「叛逆」，也很可能是「診斷有自閉症」。他白手起家，現在七十多歲，一開始的工作是清洗食品加工設備，後來很快就轉而維修設備。接下來，他開始製作、發明新的裝置。他是個機械天才，運用現成的設備，再加上獲得專利的原創裝置，打造出自己的工廠。工廠看起來像是用不鏽鋼製成的威利．旺卡（Willy Wonka）巧克力工廠。現在，他擁有數百萬美元的事業。我最近搭他的公司專機去參觀他的工廠。我簽了保密條款，所以我不能告訴你這位威利．旺卡製造的是什麼，不過我可以透露，他是個聰明絕頂、性情古怪的圖像思考者。

我必須說，我小時候在寄宿學校照顧馬匹的時光，幫助我培養了扎實的工作倫理。清掃馬廄很辛苦，但我比照帕特里加老師的工藝教室，仔仔細細的清掃；我還要餵馬，把馬兒弄得乾乾淨淨。獎賞是可以騎馬。對青少年來說，每天做這些工作是很沉重的負擔。但就算我覺得很累、或是需要更多時間寫功課，這些工作還是要做，一天也不能休息。照顧馬匹幫助我培養品格與責任感，進而為我贏得老師和校長的信任。

在我所從事的行業中，有些人只有高中學歷，卻擁有成功的事業，他們的「現實世界」能力超越了許多擁有多個學位的人。牧場老闆需要雇用獸醫與現場工作人員，來解決牧場和飼育場的問題，他們告訴我，學習扎實的 B+ 學生比全部科目拿 A 的學生更好用。他們的看法與我的觀察一致。

身心障礙陷阱

我的主要身分是大學教授、科學家、家畜業設計師，以及動物行為專家。直到今天，自閉症患者都只是我的次要身分。這全要歸功於我的母親。母親為我所做的事當中，最重要的或許是，她不把自己的主要角色界定為身心障礙孩童的母親。這也可以解釋，當她發現我的語言能力和動作控制出現問題時，她帶我去看的是神經學家、而不是心理學家。那位醫師把我們轉介給語言治療師，這個介入措施對我的發展至關重要。

現在，我在身心障礙研討會經常遇到許多家長，她們自稱是身心障礙孩童的媽媽；她們無法掙脫身心障礙的框架。我曾遇過幾個八歲的自閉症譜系孩子，他們告訴我，未來想要成為自閉症人權倡議者，我要他們去外面玩。我媽媽總是鼓勵我把工作放在自閉症之前。自閉症在我們家永遠是次要的事，而這種心態成了我這一生的基本態度。

如果別人為你做好每一件事，那麼你就不可能了解事物的價值，也絕對無法學會獨立。史丹佛大學（Stanford University）前院長與副教務長李斯寇特漢姆斯（Julie Lythcott-Haims）在

2015年的著作《如何養出一個成年人》(*How to Raise an Adult*) 描述一種家長，叫作「直升機家長」，指的是過度保護孩子、為孩子做太多事的家長，她提醒大眾要關注這個情況。直升機家長會養出聰明但沒有能力獨立生活的成年人。

我在1970年代上大學，我的母親從來不曾打電話給任何一位教授，詢問我的狀況。這並非因為她不關心我。對我來說，上大學是人生的一大步。但她知道，學習獨立更加重要。現在，很常看到家長聯絡教授，表達自己關切孩子的學習負荷，或是爭論孩子的成績(我遇過)。我和一些家長聊過，他們告訴我，他們甚至會打電話到孩子上班的地方，幫孩子解決問題，或是向孩子的老闆打聲招呼，並了解孩子的狀況。現在有一種家長比直升機家長更保護孩子，可說是掃雪機和推土機。這種家長無法忍受自己的孩子遇到任何困難，所以會挺身而出，為孩子掃除所有的障礙。

掃雪機家長其實並不是在幫孩子，因為孩子如果在這種不斷介入的教養方式下長大，將永遠無法學會解決問題。維吉尼亞州里奇蒙大學(University of Richmond)的藍伯特(Kelly Lambert)以大鼠進行研究，從研究結果可以清楚看出，如果讓大鼠必須靠探索挖出含糖穀物點心(家樂氏香果圈)，當牠們面對新的困難時，會堅持更久，而直接餵食點心的大鼠遇到困難時，很快就會放棄。同樣的，讓孩子進入世界並動手做事的家長告訴我，他們的孩子「富有魅力」且「發展蓬勃」。

如影隨形的照顧對神經典型孩子不好，對身心障礙孩子更不好。我看到許多孩子因為被貼了標籤而裹足不前。有些家長太過認命，甚至連可以輕鬆學會的技能都不教給孩子。我遇過一對令我永難忘懷的夫妻，他們的兒子有自閉症，希望我給一些建議。這對夫妻是程式設計師，他們說，兒子很有數學天分，但整天只想待在地下室打電玩。我問他們，有沒有想過教兒子設計程式，他們從來沒想過。

我也遇過一些家長，他們的自閉症孩子有很好的語文能力，卻太過保護孩子，以致孩子從來沒學過買東西和管理銀行帳戶這類基本能力。在我和摩爾（Debra Moore）合著的《與自閉症共處》（*Navigating Autism*）中，我們把這個現象稱作「標籤困鎖」（label locking），指的是父母沒有看見孩子的全貌。這也可能使父母不讓孩子接觸有助於發展能力的東西，像是工具、數學書，或是藝術素材。

我最近遇到一位有自閉症的年輕人，他能用樂高積木做出各種交通工具的複製品，而這些複製品也能夠運作，但不論是他的老師或父母，他們從來沒想過讓孩子接觸工具，或是上工場實習課。他們被困鎖在標籤裡。

我一天到晚看到這種情況：孩子被診斷出某個疾病後，從此不再有機會探索世界或是發掘潛在天賦。不論是神經典型還是神經多元的物體圖像思考者，有太多人能用樂高積木做出極其複雜的結構體，他們應該去建造我們的基礎設施、想出方法解決這個時代的問題，以及創作藝術作品來啟發我們。然而，對許多身心障礙者來說，這個世界有太多地方是禁區。

當父母來尋求我的忠告時，我往往能根據他們問問題的方式知道，他們對自己的自閉症孩子過度保護。他們在提出問題之前，通常會先為孩子找藉口。獨立的定義很多，不論是綁鞋帶、做三明治，還是自己搭公車上學，甚至是上大學、獨立生活。我相信所有的孩子都需要大人鼓勵他們學習與成長。當我媽媽送我去上寄宿學校時，我很不情願。但那段經歷奠定了我一生的基礎。獨立自主是人生最大的獎賞之一。

▪ 混亂的自閉症定義

自閉症的範圍很廣，某個患者可能是蘋果公司的工程師，而另一個患者可能連自己穿衣服都做不到。

1980年，自閉症首次在《精神疾病診斷與統計手冊》（*Diagnostic and statistical Manual of Mental Disorders, DSM*）中獨立出來，與思覺失調分開。必須同時存在明顯的語言發展遲緩，以及對環境和他人缺乏反應這兩種情況，才能被診斷為自閉症。

1994年，亞斯伯格症候群（Asperger's syndrome）加進手冊裡，適用於不善社交、但沒有明顯語言發展遲緩的孩子。這使得不計其數的孩子被貼上自閉症標籤，根據《紐約時報》的文章，「激增到每一百個孩子當中就有一個」。

莫頓表示，自閉症的定義可能「太模糊，以致失去意義」。我愈來愈常看到，即使是稍微與眾不同的孩子，也被貼上自閉症標籤。2013年，亞斯伯格症候群納入自閉症，自閉症成為一個超大譜系，使得標準變得更加模糊。

這個譜系中較輕微的許多版本也被貼上自閉症標籤之後，情況變得更加模糊與混亂。「怪咖」到什麼程度算是自閉？診斷方法並不嚴謹，而是一種行為特徵描述。在只擁有少數特質的孩子身上，更是如此。事實上，有些比較輕微的失調症狀，可以涵蓋在神經典型行為與能力的範圍內。多種身心障礙的人被併在一起，也是個問題。在自閉症社群裡，孩子有嚴重自閉症的家長，與認為自閉症只是神經多元的自閉症譜系者，這兩個群體的意見經常有很大的分歧。

在我看來，無法自己穿衣服的成年人，與在矽谷工作、只有輕微自閉症而且沒有被診斷出來的人不能一概而論，把這兩種人貼上相同的標籤是很荒謬的事。我認識一些家庭，他們無法上教堂或是去餐廳吃飯，因為他們有個孩子不會說話並且有其他行為問題，像是癲癇和脾氣失控。一位母親告訴我，她那不會說話的成年孩子把家裡所有的東西都摔壞了。自閉症診斷怎麼會變得如此混亂？

診斷上的其中一個挑戰是，我們難以判定哪個孩子能夠學會說話、哪個孩子永遠不會說話。在三、四歲時，這兩種情況的孩子看起來都很嚴重。密集的早期語言治療以及經常玩交替發言遊戲，使我從四歲開始能夠說話。接受同樣治療的其他孩子，有可能永遠不會說話，但或許能學會一些基本能力，像是用餐具吃飯、穿衣服和刷牙。學習守規矩、輪流、表達自己的意見也是如此，這些都是我媽媽堅持的事。這些事情並非

1950 年代的過時做法，它能教孩子必要的能力，並提供學習與人合作、溝通和妥協的必要工具。這些全都是生活能力，是打造職涯不可或缺的要素。

上高中時，心理學老師看出我對這門課不是特別感興趣，於是要我挑戰做出小型的艾姆斯（Ames）錯覺屋，這種錯覺屋會讓同樣大小的物體看起來大小不同。當時沒有人知道我是圖像思考者，儘管大多數的學校作業引不起我的興趣，但我的老師憑直覺知道，什麼東西會激發我的挑戰欲望。這個任務讓我忙了超過一個月，我用嘗試錯誤的方式找到解答：做出艾姆斯錯覺屋的關鍵在於，盒子必須是梯形。現在當我要打造新的設備或解決問題時，仍然會參考那個任務的圖像記憶。這類東西不會出現在標準化測驗裡，卻會一輩子跟著你。

我現在看到，有太多學生一遇阻礙就放棄計畫。我一直有很強的動機要把事情做好，其中一個原因是，我想向別人證明我不笨。我有時覺得，即使我在大學的成績很好，還是不受別人尊重，好比我在生物學中難度最高的子領域之一「生理學」中拿了 A。我的生理學教授是生殖生理學家，他的專長是研究熱壓力對奶牛的影響。這個領域比較傾向於抽象知識，但他用的例子大多是圖像式、而非抽象性的。這個做法或許有助於我理解概念。根據我這一生的觀察（先以學生的身分，然後以教授的身分），當學生無法理解某個概念，人們一般都認為是學生的問題。然而，並不是所有的人都用相同的方式學習。

▪ 學習欣賞不同心智

自古以來，身心障礙者總是被教育體系與社會排除在外。在古代，生來有缺陷的人遭到的對待可說是駭人聽聞。如果你想讓自己的心情非常不好，可以去了解一下古時候的人對身心障礙者的殘忍行為，包括殺嬰、將他們餓死、拋棄，以及用鐵鍊鎖起來。

柏拉圖和亞里斯多德基於經濟的考量，建議在嬰兒時期就殺死，淘汰體質較弱或不夠完美的人。古希臘醫師希波克拉底（Hippocrates）的觀念比較開明，他認為精神疾病是大腦缺陷或是環境因素造成的。美國殖民時期的人認為，人之所以有精神疾病是因為神的懲罰，所以將這些人燒死或吊死。一百多年來，一直到 1950 年代，支持優生學的人主張應該讓智能障礙者絕育，以免他們把「有缺陷」的基因遺傳給後代。

在近代，納粹德國以非人的方式對待身心障礙者。希特勒的滅絕計畫包括強迫結紮與設置「安樂死」中心，導致不計其數的身心障礙者慘遭殺害。後來，又普遍使用一些更殘忍的方法，包括注射毒物、做為實驗對象、以毒物殺害、送進毒氣室，以及把人活活餓死。如果我出生在納粹德國，一定會被認定是「沒用的米蟲」、浪費社會資源的人，然後被殺掉。

為身心障礙者爭取人權的路非常漫長、充滿艱辛。我在這一生中看到了很大的變化，以三個重要的法律為主。每一個法律都大幅增進身心障礙者受教育的權利。其中 1975 年的「特殊教育法案」（Individuals with Disabilities Education Act, IDEA）與「復健法案504條款」（Section 504 of the Rehabilitation Act）對教育產生了最大的影響，確保身心障礙者有接受免費國民教育的權利。這些法律明訂，身心障礙者有權在「最不受限的環境」接受教育，而且要盡可能與非身心障礙者在相同的教室上課。法律也規定每個身心障礙孩童都要有「個別化教育計畫」，由一群老師、教育專家（通常是學校心理學家）與家長組成的團隊，為每個學生擬訂一個教育計畫。這些法律為被診斷患有自閉症、注意力不足過動症（ADHD）、閱讀障礙、身障與其他診斷類別的學生，打開了在公立學校接受教育的大門。

身心障礙者的故事當中，我最喜愛的一個故事與史提夫·汪達（Stevie Wonder）有關。史提夫·汪達在訪談中提到他小時候和鄰居小孩一起爬樹、到處亂跑的事，這故事令我難以忘記。史提夫·汪達的母親沒有因為他看不見而限制他、把他關在家裡。他沒有掉進身心障礙心態，他在很小的時候，就接觸到許多樂器。十歲時，他自己學會彈鋼琴、打鼓和吹口琴，他也加入教會的唱詩班。學校裡有人告訴他，盲人就只能做做隔熱布墊而已。史提夫·汪達用事實證明，那些人都說錯了。

威斯特（Thomas west）是一位有閱讀障礙的作家，他說自己「非常晚才識字」，他在書中大力主張，欣賞與肯定不同思考方式的必要性。他的使命和我的使命很像：幫助人們欣賞不同類型的心智，並確保心智不同類型的人不被一刀切的教育制度篩掉。威斯特在他的著作《心靈之眼》（*In the Mind's Eye*）寫道：

「我想提出一個想法，對某一群人而言，障礙可能與天分有根本上的關聯……這個天分往往被忽視，而且被當成問題來看待。」

現在回想起來，代數這個科目不及格或許是發生在我這一生最棒的一件事。

第三章 聰明的工程師在哪裡？

消失的人才

想像一個娃娃屋，裡面全是人類中的天才。它是展示人類心智的博物館，在那裡，歷史栩栩如生的在你眼前呈現，細數人類的聰明才智。兩年前當我走進「美國專利商標局」（United States Patent and Trademark Office），就有這種感覺。我受邀去那裡演講，主題是人類的多元心智，當我親眼看見書中提到的發明模型時，我感到既驚奇又震撼。

我小時候看過一本關於發明家的書，可惜那本書在很久以前就不見了，不過，我現在依然可以在腦海中，看見我最感興趣的內容，像是發明縫紉機的哈維、使我一輩子對空氣動力學充滿熱情的萊特兄弟，還有我的偶像，持有最多發明專利的愛迪生。我的外公對我的一生影響很大，他是飛機自動駕駛功能專利的共同持有者。

美國專利局成立於 1790 年。到了 1870 年代，想要申請專利的發明家必須提供發明物的模型或原型。在專利局成立的頭一百年，它所核發的專利是關於農業（第一項專利是製造鉀鹽的新方法）、化學、水力學、電學、印刷，以及紙類製造。到了 1823 年，獲得專利的產品包括犁田機、脫粒機、水車、風車、鎖、槍、橋梁與幫浦。人們以各種方式運用蒸汽動力驅動火車、磨坊、船隻和工廠。

遺憾的是，專利局經過兩次失火，許多早期的發明模型也付之一炬。在專利局成立百年紀念典禮上，康乃迪克州參議員普拉特（Orville Platt）表示：「歷史向我們證明，一個國家的偉大、力量和榮耀，來自產業機械工藝的發展。」他把這些機械知識追溯到那些沒沒無名的聰明發明家，「鐵匠、木匠、磨坊機械維修師，以及村裡的修補匠。」在此我想補充一點，這些人毫無疑問全是圖像思考者。

在百年紀念典禮上，德高望重的專利委員米契爾（Charles E. Mitchell）回憶起過往，說他見證了牛油燈轉變成電燈、送信少年轉變成電話和電報，以及騎馬轉變成開車的過程。那個發明的年代與一群人息息相關，解決問題、改善系統、實行解決方案的方法就在這群人的腦海中顯現。當我進入專利局的中庭，第一個吸引我的是一個大砲模型，它有精巧的機構能夠吸收後座力。瞧，百分之百的聰明工程部。

那些修補匠都到哪裡去了？美國的製造業為什麼會落後於其他的國家？如果我們把鏡頭向後拉，看見更大的全球格局，我們會看見複雜政治與經濟力量之間的角力。我關注的事情比較具體，那就是重要技能的流失，理由我在前面的章節已經提過：擁有製造專長的人離開就業市場後，後繼無人；不只把低價商品的製造工廠遷到國外，連高科技產品的工廠也往外移；我們的教育制度把最適合做技術型工作的人都給篩掉了。

▪ 圖像思考者是發明家

你可能從來不曾想要了解下列這些東西：車庫鐵捲門的控制器、超市結帳櫃檯的輸送帶、印表機的感光鼓、大樓的電梯，甚至是你從不離身的手機。我們把這些東西視為理所當然，是我們生活的一部分。

你是否想過，製冰機、觸控螢幕和彈道飛彈是誰發明的？說起每個裝置的起源，故事有可能比文學巨著《戰爭與和平》（*War and Peace*）還要長，只不過，它是以數千頁的專利申請書與附圖來呈現。這些文件告訴我們，發明家創造與改進這些東西的思考過程。

然而，早在某人申請專利之前，就已經有聰明人設法想出製造與修理東西的方法，他們不一定是為了賺錢，有時只是為了讓生活更便利，或是讓一些事有可能辦得到。若沒有機械發明（始於毫不起眼的槓桿和滑輪），人類文明就無法向前推進。機械發明使人們能夠鑿井、建水壩或是修築道路，藉此取得乾淨的水、促進農業蓬勃發展，以及使貨物能夠流通。機械發明家大多是物體圖像思考者。他們能在腦海中看見，還沒有做出來的機械裝置會如何運作。

透過專利局的早期資料，你能看見物體圖像思考者的思考過程。我小時候很喜歡的那本關於發明家的書，也有提到這種人類智慧的結晶。我腦中所浮現的四個例子，都對社會產生重大影響。

- 惠特尼（Eli Whitney）發明軋棉機，把棉花種子與棉花分離，改變了紡織業。
- 麥考密克（Cyrus McCormick）發明木製收割機，利用震動的刀片來收割穀物，後來的機械收割機都採用相同原理，改變了我們的糧食供應。
- 哈維嚴格來說沒有發明縫紉機，但他結合所有的既有元素：懸臂、雙線連鎖縫法、自動送布功能，以及他自己設計的車針。縫紉機似乎只是個小東西，但和軋棉機結合在一起，就開啟了更平價、更快速的製衣時代。
- 柯爾特（Samuel Colt）發明的左輪手槍有一個用木頭削成的轉輪，能自動旋轉，讓下一發子彈自動就位，使手槍能連續發射多次，改變了戰爭的面貌。

這四位發明家都有機械長才，他們發明這些東西時並不需要高等數學。

用圖像解決問題是聰明工程師的特徵，數百年來的機械資料因此能保存下來。弗格森（Eugene S. Ferguson）是工程師暨技術史學家，他在《科學》（*Science*）發表了一篇關於圖像思考的論文，影響深遠。在他的論文中可以見到，技術知識的圖像紀錄隨著印刷術的進步，猶如雨後春筍般出現。

弗格森蒐集了十五到二十世紀藝術家和工程師的筆記本、技術工作簿和手稿，包括達文西（Leonardo da Vinci）的數千頁技術繪圖。弗格森追查出所有已知裝置與機構的詳細繪圖，每幅都記錄了人類智慧結晶的記錄。這些筆記本裡全是複雜的齒輪傳動裝置、抽水幫浦、大型鋸木機、起重機和軍事機械裝置的精細繪圖。弗格森寫道：「當某位設計師把腦海中的圖像畫在紙上，這張圖會在另一個人的腦海中產生相似的圖像，最後變成立體的金屬引擎……整件事主要倚靠這位設計師的非語文思維和非語文推理，而他是用圖像來思考。」

每個世紀都有無數的機械創新和改良的記錄。弗格森把人類技術的進展歸功於工匠、設計師、發明家和工程師，他們透過「視覺非語文的歷程」看見腦海裡的圖像。弗格森的結論是：「在我們的技術史裡，設計師的創造型思維大多是非語文的，難以化約成文字……技師將非語文知識轉化為物體……或是轉化為繪圖，讓其他人也能做出同樣的物體，他們選擇了人造環境中的形狀和許多特質。這種心智元素是非文字、非科學的，人們通常不會注意到它，因為它的源頭是藝術、而不是科學。」

弗格森 1977 年的圖像思考論文發表十五年之後，他寫下一本書，名叫《工程與心靈之眼》（*Engineering and the Mind's Eye*）。書中確認了我在業界一直觀察到的事：工程學已經拋棄了「無法用數學關係表達的知識」。弗格森提出警告，忽略圖像、非語文思考的工程學教育，將會教出不知道「現實世界和教授所教的數學世界並不相同」的工程師。

▪ 無名小卒善於創新

我最近參觀一間工廠，老闆是一位二十一世紀的圖像思考者，主要研究外太空。他設計太空探索設備，我那次參觀的是將衛星從火箭鼻錐發射出去的機構。他帶我到一排閃閃發亮的機器前，但真正吸引我的，是一個看似金色牛奶箱的東西，那是一個閃閃發光的格箱，用來儲放衛星。我很確定，他的靈感一定來自真實的牛奶箱。

他的客戶全是太空探索領域的名人。其中大多數人可能都不知道，他在學校的成績是 C，勉強從工程學校畢業，也可能不知道他設計用來發射衛星的精密機構，靈感源自打開汽車後車箱的裝置。利用這個機構，可以確保衛星不會卡在鼻錐裡。

這位發明家會跑到家得寶（Home Depot）去買鑽頭或其他工具，然後把這些東西拆開，尋找新機構的靈感。我小時候的年代還沒有家得寶，但我還記得我去五金行的情景，我會把每一種門鎖和門閂拿來研究，我可以盯著油漆攪拌機旋轉一罐油漆，一看就是好幾個小時。不是所有愛逛家得寶的怪咖都是火箭科學家，但其中有不少人是圖像思考者。

有些機械發明家可能同時也有很強的空間圖像思考傾向；直到今日，學術研究還沒有將他們與物體圖像思考者分開。但很顯然，過去數百年來，大多數的機械發明不是透過抽象思維發明出來的。發想與製作這些機械的人是物體圖像思考者，他們能在腦海看見物體運作的方式，他們能動手做東西。

擁有非凡圖像能力的人（聰明工程部的成員）改變了美國社會。谷騰堡（Johannes Gutenberg）發明的活字印刷術使印刷機產生了革命性的改變，也使文盲減少。亨利．福特（Henry Ford）雖然沒有發明汽車，但他想出方法做出讓汽車變得更好開的變速器，也將工廠的裝配線改良，改變了交通運輸工具的面貌。

物體圖像思考者擁有機械式思維；他們的作風通常是明確且務實。空間圖像思考者能理解抽象概念；他們不僅能理解，還能找出運轉這個世界的科學原則。瑞士化學家恩斯特（Richard R. Ernst）是諾貝爾獎得主，也是磁振造影技術的先驅。我最近讀到他說過的一句話，他點出了這兩種圖像思考者的核心差異：「我其實不是一般人所想的那種企圖了解世界運作方式的科學家。我是製作工具的人，不是一般所謂的科學家，而我想要把這種解決問題的能力提供給別人。」

在 1970、80 年代和 1990 年代早期，我設計了牛和豬的家畜養殖場、走道與屠宰系統，並在建造過程中到現場監工，因此，我有機會近距離見證純粹的機械發明之美。若不是許多具有天分與巧思的機械設計師參與進來，這些工作一定無法順利完成。我的說法一點都不誇張。

一般而言，食品加工業需要擁有高等學歷的空間圖像思考者，來打造需要高等數學知識的基礎設備，像是鍋爐、製冷、電力、供水系統。聰明工程部的物體圖像思考者幾乎沒有人擁有工程學位，但他們能做出每一種機械設備。在食品加工廠，設計與打造所有複雜專門機械設備的，往往是這些「性情古怪」的人。在這個數位時代，儘管設備已經由電腦控制，但這些設備大多還是機械式的。

當然，「性情古怪」是「無法融入社會」的一種委婉說法。在我曾共事過的設計師當中，有許多人不善社交，但專注力極高，他們寧可自己一個人做事，而且通常不注重衛生。我有一位同事的學業成績很差，除了閱讀障礙，也有許多自閉特質，到現在講話還會結巴。高中時期的焊接課改變了他的命運。後來，他開始製作設備，並在地方博覽會銷售他的設備，最後自己創業。現在，他擁有一家大型金屬加工廠，產品銷售到全世界。他幾乎什麼東西都做得出來，甚至不需要先畫圖。他擁有多項專利，是個純粹的物體圖像思考者。

我的另一個同事也是物體圖像思考者，同樣擁有多項專利，但他的代數很爛。他的事業始於高中的「美國未來農民」計畫（Future Farmers of America）與焊接課。「美國未來農民」是全國型的高中計畫，目的在於培育高中生發展農業、領導與公開演講的能力。學習專業技能（像是焊接和引擎維修）是「美國未來農民」計畫很重要的部分。他現在擁有一家大型營造公司，也為客戶打造大型整合式牛肉加工廠。整合式專案指的是，承包商不只建造建築物，還會提供並安裝所有的專業機械設備。

值得強調的是，這兩家公司一家仍是在地經營，另一家後來逐漸成長為員工數眾多的大公司，兩家公司都從一間小工廠起家，那是創新誕生之地。

我剛開始工作時，我以為大公司裡的大人物什麼都知道。但我後來發現，事實不一定是如此。我現在的座右銘是：無名小卒善於創新。

我對火星探測器「毅力號」（*Perseverance*）上的攝影機情有獨鍾，便努力研究了一下。發明者馬林（Michael Malin）是我的母校亞歷桑納州立大學的地質學教授，他也在「噴射推進實驗室」（Jet Propulsion Lab）和美國太空總署工作。馬林跑去向美國太空總署推銷這款攝影機的概念，但被美國太空總署拒絕，美國太空總署說，他們已經取得了所有需要的照片。

馬林並不氣餒，與其他地質學家創立了一個小公司，研究其他的行星。後來，美國太空總署決定贊助他們的研究。毅力號看起來像是沒有車殼的沙漠吉普車與變形金剛的混合體，上面有九具工程攝影機、七具科學攝影機，以及七具進入、下降、著陸攝影機，一共二十三具。每具攝影機有不同的功能。最令我感到驚奇的是超級攝影機（SuperCam），它能向機械手臂搆不到的礦石發射雷射光，分析氣化的礦石，來得知礦石含有哪些組成元素。馬林的攝影機負責取得證明火星上有水的照片，非常靈巧。

探測成功的另一個關鍵是伊利諾州的森林城裝備公司（Forest City Gear）。他們與美國太空總署一同開發轉動攝影機的微小裝置。這是個很大的挑戰，因為裝置必須保持在非常精準的耐受範圍內，才能在火星的嚴酷環境中正常運作。這種裝置要靠能夠注意到極小細節的人，才做得出來。結果，最適合做這份工作的是有自閉症的人。羅森堡（Ivan Rosenberg）博士在加州聖塔克拉麗的峽谷大學（College of the Canyons）進行一項很特別的計畫，訓練自閉症學生為森林城設備公司操作電腦化金屬機械設備。這個為期十二週的計畫結合了教室課與實作學習，教導職場所需要的職業技能。

上述兩家公司是很好的例子，他們代表了善於執行高度專業工作的美國小型私人公司。不過值得注意的是，他們的產品零件非常倚賴機械加工，而用來製作那些零件的機器來自歐洲。美國已經不再製造精密電腦化銑床機了。

毅力號的軟著陸需使用降落傘協助，雖然降落傘是在美國縫製和組裝，但所使用的高科技纖維是來自英國的希斯寇特纖維公司（Heathcoat Fabrics）。據說毅力號登陸時，紡織纖維部的主管希爾（Peter Hill）「跪在電視機前」觀看實況轉播。

毅力號有很酷的風火輪，由一塊航空器等級的鋁板加工製成。大多數人可能不知道，有一款早期的探測器在輪胎表面上藏著類似「蝙蝠洞」暗號的東西。當輪子轉動時，噴射推進實驗室（Jet Propulsion Lab）的縮寫字母 JPL 暗號會印在地面。美國太空總署稱之為視覺里程表，用來測量探測器走了多少距離。部分知情人士認為，負責設計的技術人員沒有得到允許，就擅自使用了 JPL 字樣。不過我們在稍後章節會看到，技術人員很愛炫耀自己的能力。

▪ 技術人力出現缺口

當我到展覽會參觀時，總是會詢問廠商，他們最新的機器是怎麼誕生的。我得到的答案通常是，工廠裡的某個人想出點子，然後做出原型。接下來再由擁有數理知識的工程師來完善這個產品。我剛開始與肉品公司合作時，他們有自己的工程部和設備製造廠。工程部會發明很多新的設備。在 1990 年代後期，公司為了省錢，於是逐步裁撤工程單位和延伸的金屬加工廠。員工退休後就不再補人。那些老員工的技能和機構知識從此失傳。

大多數人可能不知道，現代的工業輸送帶是美國人發明的，大家可能也不知道，美國已不再是這個領域最厲害的國家。雖然最早的專利在 1896 年頒發，但一般認為發明輸送帶的人是羅賓斯（Thomas Robins），他一開始在愛迪生的礦冶公司（Ore-Milling Company）工作，負責設計運送煤炭和礦石的輸送帶。兩年後，他從普林斯頓大學休學。他在 1905 年以改良的輸送帶獲得專利，並創立自己的公司。不過，在輸送帶產業的高自動化系統上，美國失去了優勢。羅賓斯創立的輸送帶製造公司現在屬於一個印度跨國集團。

一般而言，自動化輸送系統現在由歐洲稱霸。德國的凱傲集團（Kion Group）是製造自動化倉儲系統的領導者。凱傲正在培養一個受過技能訓練的團隊，致力於讓供應鏈輸送系統發揮最大效率。大多數的高自動化系統需要靠技術純熟的人來安裝和維修。唯有如此，快遞包裹才能以最快的速度送到你家。亞馬遜、沃爾瑪（Walmart）和菲多利（Frito-Lay）等美國公司都是凱傲的客戶。

最先進的機械化倉庫來自英國，日本稱霸的領域是自動化工具機。根據市場研究報告（Market Research Reports），工業機器人前五大製造商分別來自瑞士、日本和德國。中國除了是全球最大的 iPhone 製造地，還能做出一種能自動將霜淇淋擠在蛋捲甜筒上的機器。2014 年，歐洲在電梯現代化市場的市占率為百分之三十七，美國只有百分之十七。為大型貨櫃船裝卸貨櫃的巨型天車則來自歐洲和中國。美國人在網路上買的商品，有很大一部分是靠其他國家製造的貨櫃船運到美國。

我 2020 年在《經濟學人》（*The Economist*）看到的巨大電腦晶片製造設備，也令我大開眼界。這個不可思議的機器看起來彷彿來自某個古老而遙遠的星系。它是一個巨大的方形箱，像公車一樣高，箱子的四周有白色面板，讓人完全看不出裡面是什麼樣子。箱子裡面有許多大大小小連接於盒子、活門和電子裝置的銀色管子。當紫外線光束在多個鏡面之間折射，刻出比頭髮還要細的極細線時，腦中會不禁響起《星際大戰》（*Star Wars*）的主題曲。

這些游絲般的光束在電腦晶片上刻出電路。如果你是科技迷，你會覺得它美得不可思議，尤其是和幾代之前的晶片製造機相比，舊型機器刻出來的電路，看起來像是用一支很粗的粉筆粗略的隨便畫在上面。要打造這臺充滿未來感的裝置，需要同時動用物體圖像思考的聰明工程師，以及有數學頭腦的空間圖像思考工程師。

我很驚訝的得知，製造晶片最先進的設備來自荷蘭的艾司摩爾（ASML）。電腦晶片是美國發明的，事情怎麼會發展成這樣？

根據布魯金斯學會（Brookings Institution）匯集的全球製造業計分卡，美國的勞動力在許多方面遠遠落後其他國家。在製造產出方面，中國領先全世界，美國排名第二。但在調查的十八個國家中，製造業從業者占全國就業人口的百分比，美國排名第十六。這份研究點出一個很大的問題，美國有許多技術型職缺沒有人可以補上。研究的結論是：「設置職業訓練計畫以及致力於鼓勵人們攻讀理工科的教育制度，是當務之急。」

德國和荷蘭這些國家的學校一直保留技術課程。在美國，製造業的出走形成了手作技術工的空缺。根據美國總承包商協會（Associated General Contractors of America）2021年的報告，百分之六十一的承包商找不到合格的工人。

新冠肺炎疫情的管控規定鬆綁之後，我終於能進到牛肉加工廠裡面。其中有一個工廠的設備需要重建。那是一個簡單的鋼鐵製品，只要用標準化的現成液壓零件就可以完成。當我得知，有能力承造的金屬加工廠只有一座，而且工期已經排到八個月之後，我非常震驚。更誇張的是，加工廠找不到金屬加工技術工人來製作這個設備。我和牛肉加工廠的維修部討論之後發現，他們不知道現有的維修工人一旦退休之後，能不能找到遞補的人。我讀過的每一份報告都指出，在美國的技術需求愈來愈緊迫的時候，卻正面臨一個前所未見的技術缺口。

如果我們不解決各種技術工人的缺口，美國的就業情況將會遇到大麻煩。新冠肺炎疫情凸顯出我們迫切需要一些特殊人才，諸如醫技人員、緊急救護技術員、看護、與 Zoom 和視訊平臺有關的專業人員，以及護理助理。但這個危機不是疫情造成的，早在 2008 年，「公共衛生學院聯盟」（Association of Schools of Public Health）就已經預測，美國將會出現人力短缺危機，到 2020 年，美國將會短缺二十五萬名醫療工作者。這正是我們現在面臨的處境。

上述種種情況都意味我所謂的「啟動失敗」，我的意思是，我們沒能趁早找出圖像思考者，鼓勵這些人運用天賦和能力，朝著他們天生擅長的工作前進，進而發揮意義，此外，我們也沒能整合不同的思考方式來造福社會。這種失敗會對個人和全體造成非常現實的後果。不過，這種失敗也有個人和全體層面的解決方案。

在我們篩除圖像思考者的時候，歐洲一些國家就不斷訓練出聰明的工程師，並給他們升遷機會。

培育聰明工程師

我一直在蒐集克服種種困難之後獲得成功的真實故事。這些故事確認了我的信念：努力和獨立思考能力可以開創真正的新發現。波士頓大學（Boston University）生物學家馬古利斯（Lynn Margulis）被十五個科學期刊拒絕之後仍鍥而不捨，終於得以發表論文。她的論文證明，為動物細胞提供能量的粒線體，以及使植物能夠行光合作用的葉綠體，曾經是獨立存在的生物。這個觀點現在已經是公認可接受的理論。

另一位我非常欣賞的科學家是天文學家威廉斯（Bob Williams），他拍下了哈伯深空（Hubble Deep Field）照片。當他建議讓望遠鏡對著北斗七星附近的黑暗區域拍攝時，他的同事都覺得這是在浪費寶貴的太空觀測資源。結果，當哈伯太空望遠鏡對準一片看似什麼都沒有的區域拍攝之後，揭露了數千個星系，讓人看見宇宙的遼闊，原來在可見星體之外，還有令人驚嘆的世界。

聰明工程師的培育要從家裡做起，從早期幼兒教育開始。除了給孩子機會動手做東西並體驗可觸知的世界（透過縫紉、烹飪、園藝、組裝東西、修修補補和做實驗），我們也需要鼓勵孩子培養耐心、韌性和好奇心。

我的母親非常看重堅持不懈的精神，她也把這種精神灌輸給我和我的弟弟妹妹。對她而言，放棄或從來不開始嘗試，是人生中最令人失望的事。在我小的時候，鄰居小孩會一起騎腳踏車去附近的可口可樂工廠玩，我要媽媽開車載我一起去。她拒絕了。如果我想要去，就得自己學會騎腳踏車。我後來真的學會了！我母親的愛或許很嚴厲，但她出於直覺知道，如何在不傷害我的情況下，擴展我的世界。

在 1950 年代帶著自閉症一起成長是很辛苦的事，因為當時對於自閉症的研究和知識非常有限。為身心障礙者維護權益的運動才剛萌芽，尚未引起廣大的行動。那個年代還沒有我們現在看到的豐富資源，包括書籍、研討會、支持團體與治療指南。對於像我這樣有語言發展遲緩與其他自閉特質的人，當時的醫生一無所知而且無能為力，因此通常會建議家長把孩子送到療養院。但另一方面，小時候的我沒有受到現代的標籤和治療指南的束縛；因為我的母親天生反骨，她喜歡用自己的方式做事。

人們總認為 1950 年代很保守而且有很多限制，這個看法並沒有錯。但對我來說，那個時代也是上天賜下的祝福，幫助我超越自閉特質。如果我亂發脾氣，媽媽就會取消我看電視的時間。對我來說，能夠看最喜愛的電視節目有超強的激勵作用。

上小學的時候，我能夠參與大多數的社交活動，像是星期天到「阿嬤家」餐廳（Granny's）吃晚餐，我會乖乖坐在餐桌上，不亂發脾氣。媽媽堅持要我學會守規矩和有禮貌，使我有機會去餐廳、教會和電影院，因為我知道什麼可以做、什麼不可以做。我也在很小的時候就明白金錢的價值。父母會給我五十美分的零用錢，而我非常清楚零用錢能在小雜貨店買些什麼，於是我努力存錢，來買心中最想要的玩具飛機。

我的學業成績很糟，但我在寄宿學校的馬廄工作時，學到了工作的技能。我得到的獎勵是可以騎平日照顧的那些馬。經常有人問，我出身自美國東岸，沒有農業背景，怎麼會進入畜牧業工作。十五歲是我人生的轉捩點，我到阿姨在亞歷桑納州的牧場去玩，體驗美國西部和牧場的生活。我喜歡那裡的一切，包括馬匹和牛群、皮革製作、牛隻走道、穀倉和一望無際的天空。這一切令我深深著迷，也開啟了我的職涯。

在創業方面，我在高中時期開始繪製標誌和招牌，還賣出一些作品。（別忘了，我為學校的戲劇表演製作道具時，有機會繪畫和上漆。若沒有那個經驗，我可能不會開始畫標誌。）在大學時期，我會到養殖場、慈善商店和亞歷桑納州博覽會畫標誌、設計招牌。為了得到工作機會，我會把過去的作品照片展示給別人看。這個經驗也為我後來的工作和工作技能開出一條路。

我發現，工作成果的樣品比履歷更有說服力。所以，當我開始從事家畜屠宰設施的設計工作時，我就向潛在客戶展示我的作品集。我會攤開我畫的圖，放在客戶的辦公桌上，用照片向他們展示先前完成過的設施。我把這個動作稱為「三十秒的讚嘆」。為了進一步推展事業，我也在家畜產業雜誌上撰文討論我的設計。

這種種經驗激勵我找出怎麼靠自己做事情，使我變得更堅強、更有韌性。現在的孩子大多不再培養這個特質。達克沃斯（Angela Duckworth）在《恆毅力》（*Grit*）中將恆毅力定義為：結合熱情與毅力以達成長期目標的特質。在第一線從事創新工作的人都知道，新點子通常會遭到同事的否定。

我稍早提過，當我剛開始研究牛隻行為時，大家都認為我瘋了。他們無法相信，牛在屠宰過程中的焦躁不安會導致體重減少。我的假設不但證明是事實，後來還啟發我設計出曲線形（或是蜿蜒造型）的牛隻動線走道，這個設計現在已經獲得全世界採用。柔和流動的動線使牛隻不再焦躁不安。我的圖像思考方式以及我對動物的了解，是這個設計的成功關鍵。

▪ 標籤是把雙刃劍

我絕對可以明白，神經多樣性的概念能對我的成長過程產生多麼大的幫助，這個標籤提供的見解，能給孩子帶來更好的心理治療與教育。英國萊斯特的德蒙福特大學（De Montfort University）在 2009 年進行一項研究，由葛瑞芬（Edward Griffin）與波拉克（David Pollak）主持，研究員訪談了二十七位有學習障礙的學生。比起將自己的神經多樣性定義為「醫學上的缺失」，將自己的神經多樣性定義為「與眾不同」的學生，展現較高的自信心與職業期許，更能夠正視自己優點和缺點。

然而，我也見過孩子與家長用標籤來逃避嘗試新的事物。我母親為我所做的事當中，最重要的一件可能是，她不把我視為身心障礙的孩子，也不把自己視為身心障礙孩童的母親。當她不受這些標籤的束縛，她就能專注於處理我需要的特殊協助，例如語言治療、在家自學，以及能支持我學習閱讀、寫作和說話的教育環境。不論孩子是否有自閉特質，這種早期兒童介入措施對於孩子極其重要。我猜，許多家長和我母親有相同的直覺，但身心障礙心態可能導致他們的視野受限。

標籤就像是一把雙刃劍，即使名稱從「身心障礙」變成「神經多樣性」，還是無法消除所有的負面影響。根據我的觀察以及與許多老師和家長討論，我看到了太多標籤妨礙孩子發展的例子。有太多家長落入身心障礙心態（或是其他標籤）的限制，不再努力幫助孩子發展他們的長才。

一個人的身分認同如何形成，會影響他的職業發展和自信心。將身心障礙與神經多樣性作出區分，是很重要的事。以我的情況來說，我有得、也有失。我的一些自閉特質使我難以同理別人的情緒，但我卻能充分同理動物的感受。我學不會代數，也無法進行空間圖像思考，但我有絕佳的物體圖像思考能力，我的特質使我在動物行為研究和設備設計上有出色的表現。

我們應該更加強調每個人擅長的事情，而這要從童年時期做起。想像一下，如果一個傾向於圖像思考的孩子從小就有機會動手做東西，而且大人也鼓勵孩子這麼做，他的發展空間會擴大多少。是的，他們當然是有得有失。你的圖像思考型孩子或許無法像語文思考型孩子那樣容易交到新朋友，但他或許能發明通往火星的輸送帶。

費雪（Karla Fisher）是英特爾（Intel）的資深專案經理，她在電腦業事業有成之後，診斷出有亞斯伯格症候群（語言發展沒有延遲的自閉症）。我在《我不同，但也不差》（*Different...*

Not Less）中提到費雪的故事，費雪說，她在科技業找到了「族人」。他們都熱愛科技，社交能力不是他們人生的重點。

費雪的父親過世後，她的情緒變得很不穩定，公司老闆建議她去做哀傷輔導，結果諮商師給了她一個自閉症譜系障礙的診斷。她說，儘管她的事業已經非常成功，但她此時覺得自己好像突然變成一個社會邊緣人。費雪在英特爾的主管對她說：「我猜，你之所以會在這裡，有很大的成分是因為你從來沒有得到那個診斷。」

對於一些在成年後才被診斷出來的人來說，知道自己有自閉特質，給了他們一個姍姍來遲的答案，他們恍然大悟，原來自己長久以來在求職與人際關係上一直不順利，是出於這個原因。費雪委婉的說，如果她早一點診斷出有自閉症譜系障礙，她可能不會有如此傑出的事業成就；早一點診斷出來可能會使她畫地自限。

我們要知道，標籤就只是標籤而已，認知到這一點非常重要。標籤不代表一個人的全部，不論一個人的狀況是出在身體、精神或心理層面，標籤常常會擴大到非常大範圍的特質與行為，以致變得沒有意義。

自閉症是根據一堆特質做出的診斷，這種診斷並不精確，像是新冠肺炎 Delta 變異株的診斷一樣。我寧可把它稱為「行為特徵描述」，而不是診斷。我也贊成廢止高功能和低功能自閉症這個說法，我寧可稱之為有口語能力（verbal）和口語不足（nonverbal）自閉症。有些口語不足者具備突出的藝術、數學或音樂能力。自閉症的特質真的是連續不斷一長串，有無限多種樣貌。

我母親堅持要我學會的能力（禮貌、輪流、自我表達）雖然困難，卻是貨真價實的生活能力，也是學習與人合作、溝通和妥協的工具。若沒有這些能力，我不可能擁有自己的事業。

我願意努力學習的一個強烈動機是，想向別人證明我不是笨蛋。工作能力與學業能力截然不同。準時、有禮貌並保持整潔、在截止時間內完成工作，以及執行任務，這些雖然聽起來很基本，卻是孩子需要學會的能力。學習有禮貌不但讓你學會說「請」和「謝謝」，也可以在日後幫助你不會說同事是笨蛋（即使他們真的很笨），畢竟說別人是笨蛋通常不利於職業發展。

當我在研討會與家長和老師談話時，我很驚訝的發現，有許多被貼上身心障礙標籤的聰明孩子，並沒有機會學習做事情的方法。當我追問家長，請他們說說他們的孩子能做哪些事，我發現這些家長從來不鼓勵孩子學習基本能力，像是購物、管理銀行帳戶或是付帳單。（神經典型孩童的父母通常也是如此。）

我遇過一位自閉症青少年的母親，當我問起這件事時，她突然開始哭泣。她的兒子學業成績很好，但從來不曾自己到店裡買過東西，也從來不曾自己買過披薩和可樂。這位母親說，她就是沒辦法放手。

▪ 組織內的無形壁壘

現代人強調神經多樣性與包容，這是好事，但我也親眼看見「包容」的標籤有時會流於形式。例如，當我到大學、政府機關和大公司演講時，常常會看見身心障礙的壁壘，也就是身心障礙者只和身心障礙者交流。參加高階主管的分組討論時，邀請我參加的身心障礙團體沒有邀請非身心障礙主管，這種情況發生不只一次。這種壁壘分明的負面結果是，無法讓身心障礙者的權益透過溝通得到提升。

我曾到一家科技公司參觀，他們忘了邀請有自閉症員工的單位主管加入。我訪問的大學有時也會發生類似的情況。多元與身心障礙團體忘了我同時也在畜牧業工作。有一次，我到某大學參訪，他們沒有把消息通知給獸醫技術員課程的教授。如果要避免讓阻礙溝通的壁壘形成，就需要投入很多的努力。第一步是意識到，自己正在築起壁壘。我遇到的主辦單位沒有一個意識到，自己的組織內有壁壘。或許這正是壁壘的本質：當你身在其中，你不會意識到它的存在。

一天到晚有人問我：「我們該如何幫助身心障礙者？」這種過度籠統的問題通常是語文思考者提出的。坐輪椅的人和有自閉症的人需要的協助天差地別。我曾向許多大公司諮詢，從中理解了他們的思維。在一場身心障礙會議上，我聽到一位視障者說，他曾到許多公司應徵他有能力勝任的工作，但全都被拒絕。這些職缺都與電腦有關。我猜想，那些面試官在面對他的時候被嚇到了。他們看到他的導盲犬和手杖，就覺得他應該需要很多額外協助。

我建議這類求職者採取更有自信的做法。他可以說：「我需要的協助不多，請給我兩個禮拜的時間，讓我試試看。我只需要一種特殊的電腦軟體，其他的部分我可以自己克服。」他可以提議，在上班的頭幾天允許他帶朋友來，幫助他熟悉辦公座位的配置。

有些人主張，雇主有責任不歧視神經多樣性求職者，也應該提供這類員工所需要的所有到職協助。不過實際上，問題往往出在求職者不夠積極。求職者如果主動告知自己需要哪些協助，就能讓雇主比較安心，並大幅提高獲聘機率。神經多樣性求職者需要展示自己的能力。其中一個方法就是我用的「三十秒的讚嘆」，把作品的照片放在手機裡（以及放在精心設計的網頁上），在搭火車或飛機時，隨時可以讓身旁的潛在客戶看。

創立 SpaceX 與特斯拉（Tesla）的馬斯克說，履歷表並不是那麼重要，我一點也不覺得奇怪。他並不看重你上哪所大學（事實上，要進他的公司不一定要大學畢業），或是能說出你懂的東西。馬斯克宣稱，他之所以創業，是因為沒有一家網路新創公司願意雇用他。他提到，他曾丟履歷給網景（Netscape），並到網景公司的大廳閒晃，希望能遇到貴人，雖然他那時非常害羞，根本不敢主動找人講話。

馬斯克想要的特質是幹勁、好奇心和創造力。他要的是能做出東西和解決問題的人。我敢說，如果你的履歷附上的不是學業成績平均點數（GPA）4.0，而是一份精美的通風系統機械繪圖，可能更容易引起馬斯克的注意。

儘管如此，即使企業有觀念最進步的計畫，若失去重要支持者，也可能產生負面變化。我最近去一家知名大企業演講，主題是「人類的不同心智」。他們對於各種身心障礙者有很完善的支持計畫，由一位高階主管主導。當這位主管突然生病離開公司後，計畫就開始走下坡。舉例來說，在一次系統更新之後，一位視障員工就再也無法使用她需要的軟體。在那之前，她是客服部很看重的員工。公司的多元化辦公室沒有深入了解問題，以致不知道問題是出在系統更新。問題很單純，卻對這位員工的職業發展造成了影響。

▪ 不同思維好處多

幸好，在神經多樣性議題上，許多雇主開始真正意識到，聘雇不同思維的人，其實可以帶來好處。連鎖藥局沃爾格林（Walgreens）是這個趨勢的領頭羊。供應鏈與物流部門資深副總路易士（Randy Lewis）的孩子有身心障礙，他受到孩子的啟發，決定重新配置公司其中兩個配送中心的電腦系統，減少使用電腦時需要閱讀的文字。公司比較了不同的配送中心，結果發現，雇用身心障礙者的配送中心有更出色的績效。

好消息是，現在人們普遍知道，不同思考方式的人具備的天賦和能力可為公司帶來好處，而且好處遠勝於學習如何配合他們的需求所造成的短期不便。身心障礙者的豐富知識、鮮明記憶以及注意細節的能力受到賞識。科技公司如微軟以及財務服務公司如高盛（Goldman Sachs）開始意識到這件事實，這些公司的計畫將會啟發更多的類似計畫。

我最近參加一個會議，遇見一個有亞斯伯格症候群的年輕人。他是汽車經銷商業務，各種款式如數家珍，車輛特點無所不曉，鉅細靡遺。他說話時語調沒有高低起伏，也無法直視別人的眼睛，這些特點在汽車展示中心似乎是很大的致命傷。不過，當客戶發現他對汽車的熱情與深厚的知識，他的神經多樣性就不再重要，甚至還能為他加分，這一點從他的銷售業績就可以看出來。

毅偉商學院（Ivey Business School）的奧斯汀（Robert Austin），與哈佛商學院的皮薩諾（Gary Pisano）在《哈佛商業評論》（*Harvard Business Review*）發表一篇文章提到，澳洲國防部發現，自閉症患者在分析原始資料的模式和潛在網路資安破口的能力，「高到破表」。這是空間圖像思考者的強項。大型軟體公司思愛普（SAP）和慧與科技（Hewlett Packard Enterprise）發現，如果給予自閉症員工扎實的訓練和少許的協助，他們就能有極高的生產力。他們可能需要降噪耳機和安靜的工作環境，也可能需要更長的訓練時間，但是他們一旦學會了，就能產出一絲不苟的工作品質。在澳洲的公共服務部，自閉症軟體測試員的生產力比一般人高出百分之三十。

英國的雇主指南《待發掘人才》（*Untapped Talents*）特別點出一些自閉症特質，像是注意細節、高度專注、可靠、絕佳記憶力，以及技術能力。除了需要安靜的工作環境，他們可能也需要感覺休息時間（sensory breaks）、明確的工作指示，以及改變照明方式這些簡單的配合調整。這種員工的貢獻不只限於技術層面，他們還有兩個廣為人知的特質：忠誠和有話直說。

伯格（Dan Burger）在電視節目《六十分鐘》（*60 Minutes*）中，探索自閉症患者具備的能力。他在范德堡大學（Vanderbilt University）開發了一款名為「篩選圖形」（Filtergraph）的電腦程式，能分析美國太空總署太空望遠鏡取得的數據，協助太空人尋找太陽系外行星。這個網頁平臺後來擴大功能，對其他大規模的數據進行圖像分析。伯格發現，有自閉症的人「對圖像的模式有超群的理解能力」。他後來協助成立一個自閉症創新中心，開發檢測方法來判別圖像思考者，目的是要幫助有自閉症的人能夠長期就業。

我最近造訪一家軟硬體測試公司 Aspiritech，它在芝加哥旁邊。這家公司發現，客戶有一個分公司的業績減少了百分之二十，但沒有人能找出原因。他們後來發現，公司網頁更新時，網頁工程師把公司電話號碼中的兩碼弄顛倒了。一位自閉症譜系員工抓出了這個錯誤。這位員工對視覺細節的覺察力為客戶省下了很多錢。

公司主管要能夠接受下列事實：神經多樣性個體的面談技巧或社交能力可能很差。事實上，自閉症患者只有百分之十五有工作（不到身心障礙者整體就業率的一半）。面無表情可能使一位條件符合的人看起來很笨而且容易分心。

思考方式異於一般人的人，無法成為有團隊精神、社交型銷售員類型的那種人。不過人是可以訓練的。我們很容易忘記，隨著年紀增長，他們通常能學會處理自己的身心障礙狀況。我在十幾歲甚至是三十幾歲的許多特質，現在都消失了，像是不斷重複同樣的話，以及因為回饋處理速度比較慢而打斷別人說話。

思考方式異於一般人的人可能不假思索且比較衝動，他們無法整合我們視為理所當然的社交技能。我曾與一位非常優秀且非常成功的機械設計師共事。他什麼東西都能設計、製作出來，並能解決所有的機械問題。就是脾氣糟到不行。有一天，我造訪他的工廠，他突然開始對一位工程師破口大罵。我立刻把他帶離工程師辦公室，找個偏僻的地方讓他盡情發飆。

為了寫這本書，我回頭去看我之前完成的所有大型家畜屠宰廠設計案，聚焦於那些設計出設施又同時去監工的案子——換句話說，我花了大量時間待在現場，並且非常了解那些工作人員。根據他們本人的看法，以及我的非正式分析，我在工作現場接觸到的優秀製圖師、機械設計師和焊工，大約有百分之二十的人有自閉特質、閱讀障礙，或是有未經診斷的注意力不足過動症。這些人大多在高中畢業後就進入職場，在小工廠工作。

我曾提過，創新大多在小工廠誕生。我在前面章節提到的成功人士，其中有些人也創立了自己的小工廠。可惜的是，那些可能創立自己的小工廠、或是成為專業技術學徒的年輕人，現在都被收編到特殊教育體系，完全沒有機會學習使用工具。

我最近拜訪了緬因州一家很美的印刷廠，名叫品味獨立出版（Pickwick Independent Press）。印刷廠老闆皮絲莉（Lisa Pixley）的專長是十九和二十世紀的印刷術。她自豪的向我示範印刷流程。每一臺印刷機有自己的機械設定，她熟練的操作腳踏板和手拉桿，讓紙張從每臺機器的鼓輪跑出來。我問她，是否願意做圖像空間測驗，結果，她的分數和我一樣高：她幾乎是純粹的圖像思考者。然後我問她，她在學校的成績如何。她的數學很差，尤其是代數，後來就進入特殊教育體系。特殊教育耽誤她很多年，使她沒有機會進入學術界工作。有太多的圖像思考者最後都進到特殊教育體系。幸好，皮絲莉發現自己很喜歡版畫與古典字體印刷，後來成為印刷專家。

接觸的價值

聰明的工程師從哪裡來？

許多人從事某職業，是因為從小就接觸，例如家族經營的事業或歷代從事的職業。根據康乃爾大學（Cornell University）詹森管理研究院（SC Johnson College of Business）的資料，百分之四十的家族事業會交棒給下一代。五分之一醫學院學生的父親或母親是醫生。父母是律師的年輕人比其他人更可能成為律師，可能性高達十七倍。這可以算是直接的接觸。但那不是接觸職業的唯一方式。

我猜，大多數的年輕人不知道職業的世界有多麼寬廣。我之所以到處演講，其中一個目的就是打開人們的視野，包括年輕人、父母和老師。

對於教育和教養領域，我們往往忘了一件事：孩子需要接觸學校不會考的東西。培養興趣也能擴展一個人的想像力和內在生命。即使在最高殿堂，豐富性往往來自與學術界無關的接觸機會。密西根州立大學（Michigan State University）生理學家魯特伯恩斯坦（Robert Root-Bernstein）表示，縱觀獲得諾貝爾獎的頂尖科學家，他們的嗜好往往比一般受尊敬的成功科學家更具創造力，比例大約是百分之五十。頂尖科學家往往有各式各樣的愛好，對不同的學科深深著迷。最好的一個例子是愛因斯坦與他對小提琴的熱愛。愛因斯坦表示，音樂與演奏小提琴幫助他想出一些影響最深遠的理論。他渴望用科學思維捕捉音樂的複雜與美好。

讓我印象深刻的是，有些故事的主角只接觸少許新事物就改變了一生。阿蒙（Angelika Amon）是癌症研究領域的頂尖科學家，他在自然課的一部影片裡看到細胞染色體的分裂過程，從此對細胞遺傳學產生興趣。帕特爾（Nita Patel）博士因為有機會接觸科學與醫學教育，後來才有機會參與諾瓦瓦克斯新冠肺炎疫苗的尖端研究。帕特爾來自一個貧困家庭，當父親因為重病無法工作之後，她的處境雪上加霜。然而，父親堅持要讓她受教育。幸運的是，有一位慷慨的鄰居資助公車費，於是，這個連一雙鞋都沒有的小女孩，可以有機會功成名就。

達克沃斯提出一個問題：天生的能力和後天的努力，哪一個對成就的影響更大？許多高中生的父母會來找我交流，他們的孩子不是有自閉症、就是有學習障礙。當我問到讓孩子找工作的事，他們通常回答：「我們還在想。」我對他們說，他們需要立刻採取行動。在營造業的工作經驗教導我，在期限內完成工作有多麼重要。在營造業，顧客要求他們的案子要準時完成。當我有機會和家長與教育界人士交流時，我總是努力把這種急迫感傳達給他們。「盡早接觸，盡早介入，盡早體驗」是我的口號。

▪ 學徒制是最棒的投資

如果有一所學校免學費、有人幫你付房租、畢業後一定有工作，你想不想去？維吉尼亞州紐波特紐斯市的學徒學校（Apprentice School）就是這樣的地方。學徒學校每年有四千多人申請入學，他們只收兩百二十名學生，錄取率與耶魯或哈佛不相上下。這個計畫從 1919 年就開始，提供四年、五年和八年的造船學徒訓練。主要學科是商業、溝通、製圖、數學、物理和船舶構造。教室可能是旱塢、金屬製造廠或是螺旋槳軸維修廠。此外，也會學習生活技能，包括平衡收支、買第一間房子，以及商業場合的餐桌禮儀。

值得一提的是，學徒學校隸屬於亨廷頓．英格爾工業（Huntington Ingalls Industries），這家公司為美國海軍與海岸巡防隊（Coast Guard）設計、建造與維修船舶。政府的資金確保這個學徒計畫有良好的體質，畢竟它得確保船隊的正常運作。若不是有口袋這麼深的贊助者，大多數的公司沒有財力提供如此奢侈的計畫。儘管如此，企業可以運用這個模式，照顧、培養下一代訓練有素的員工，並留住他們。根據網站的資料，這個學徒計畫「持續供應擁有技能、知識和職人尊嚴的熟練工作者」。

長久以來，技術工作者一直是靠學徒制訓練出來的。建造歐洲宏偉的中世紀大教堂都要仰賴那些從學徒做起的人。技藝和經驗達到一定水準的工人，可以進入該行業的行會，並擁有很高的社會地位。現在，我們讓學生用 2B 鉛筆在考試卷上畫格子，藉此衡量學生的能力。我不知道，如果我們要年輕人組裝電腦、為房子做隔間，或是車縫一條褲子，要用什麼方法去衡量好壞。

在二十世紀初期，美國有愈來愈多的孩子接受義務教育，從此以後，去當學徒的人就愈來愈少了。隨著愈來愈多人繼續接受高等教育，這個情況也日益嚴峻。此外，聯邦政府不再有經費補助企業，使得提供有薪學徒制的公司愈來愈少。許多國家都有一個趨勢：某些社會階層的人瞧不起技術工作，不讓他們的孩子進入這個行業。

根據雅各布（Brian A. Jacob）為布魯金斯學會做的報告，技術學校常被視為「垃圾場」，專門接收程度差的孩子。這個錯誤觀念源自我們的偏見，認為每個人都應該上大學，因為那是獲得高薪工作的唯一途徑，另外，人們普遍認為，與需要高學歷的工作相比，靠著技能動手做的工作較不受尊敬或沒有價值。雅各布提到，接受職業與技術教育（又稱職業教育）的人數之所以驟減，是因為高中必修科目在 1980 年代增加，以及社會期待所有的年輕人都應該上大學。在 1990 到 2009 年間，美國高中生選修的職業教育學分數減少了百分之十四。

費倫史坦（Greg Ferenstein）在布魯金斯學會的另一份報告提到，學徒制難以挽回頹勢，因為「上大學已經成為二十世紀獲得高階工作的預設途徑，美國的向上流動文化不再青睞學徒制。」

對學徒制與職業學校的偏見，可以解釋美國為何不再有蓬勃的學徒文化。儘管我在前一章提到，由於高輟學率、高失業率和高學貸的關係，接受大學教育幾乎不保證能成功，但這種偏見仍是根深柢固。曼哈頓學院（Manhattan Institute）發表的一份報告發現，剛從大學畢業的人有百分之四十找到的工作不需大學學歷。不同來源的統計數據或許有一些差異，但大致來說，百分之二十八的大學畢業生無法在所學領域中找到工作。

一般而言，大學畢業生比高中畢業生賺更多錢，這是事實，但例外的情況也不少。有些高薪工作就不要求四年制大學學歷，包括技能熟練的技術工、程式設計師、實驗室技術員、設計師和影片剪輯師。

我最近在《華爾街日報》（*The Wall Street Journal*）讀到雅各比（Tamar Jocoby）寫的一篇文章，令我深受鼓舞。文章提到，對於沒有完成高中學業，以及需要接受再訓練來跟上最新技術的人，社區大學的有學分和無學分課程提供了就業途徑，同時也填補了重要工作的缺口。「長久以來，社區大學一直活在四年制大學的陰影下」，雅各比寫道。「但隨著勞動市場被自動化與企業重整翻轉之後，情況開始改變。」雅各比也指出，在全國一千一百萬名學生當中，有一半上的是預備就業課程。事實上，其中有許多課程是業界建議開課的。

在一些地方，政府帶頭創造機會，讓失去興趣（和失去方向）的孩子，有機會接觸與他們的能力、興趣和愛好連結的工作。根據 Apprenticeship.gov 的資料，全美國有近兩萬六千個學徒計畫。學徒計畫結業的人，平均起薪為年薪七萬兩千美元，留任率為百分之九十二。這個網站列出了數百個大公司的學徒計畫，其中許多計畫乏人問津。科羅拉多州立大學（Colorado State University）的化學系新大樓正在蓋的時候，專案經理告訴我，他們很缺電工。用谷歌以關鍵詞「科羅拉多電工學徒計畫」搜尋，可以找到一百多個職缺。這些入門級的工作會提供訓練、全薪和福利。

美國年輕人的失業率為 8.3%，而瑞士為 3%，完勝美國。這樣的結果主要歸功於「雙軌」學徒計畫，瑞士約有 70% 的年輕人是從這種學徒計畫畢業的。另一個原因是，只有真正有工作機會的地方才提供學徒計畫。瑞士的學徒計畫與業界密切合作，共同擬訂課綱和計畫，而瑞士的雇主會支付訓練費用，職業類型多元，從餐飲業到高科技業都有。

瑞士的學生在十四歲就要做出重大的決定，選擇未來的出路，這讓大多數美國人非常震驚。兩年後，這些瑞士學生可能會上大學，或是在就學期間加入學徒計畫。瑞士的制度允許學生轉換跑道。實習的目的是讓學生獲得能力，而不是把他們分門別類。他們一邊完成學業，一邊從事有薪工作。因此，他們不會像許多美國學生一樣，畢業後就要背一大筆學貸。這個制度的另一個優點是，讓年輕人有機會接觸成人的工作環境。《富比士》有一篇文章提到，瑞士的學徒模式「是為了滿足現代企業真正的需求而設計，這些學徒計畫將成為一些全球最大企業的重要人才庫。」

除了看輕技能類工作之外，美國還盛行一種文化偏見：不贊成太早選擇職業，以免限制一個人發展潛能。美國人深信，每個人都有無窮潛力；在美國，任何人都能成就他想做的事。有位朋友的女兒在取得大學文科學位後感嘆，她什麼事也不會做。我得知她喜歡動手做東西，代表她可能是圖像思考者。後來她去一位織品藝術家那裡工作，現在正在學習幫沙發裝上墊子。此外，她也開始研究歷史和織品文化。這些經歷為她開啟了將來創業的機會。永遠有人需要為家裡的沙發更換坐墊，所以這個技藝有市場。以我朋友的女兒為例，如果她在學校的時候就一邊讀書、一邊工作，當她畢業時，會對自己的未來比較有概念，而不是覺得前途茫茫。在美國，有多少文科畢業生有相同的情況？

世界技能大賽（WorldSkills Competition）每兩年舉辦一次，它相當於職業技能的奧運，參賽學生來自世界各地。競賽分為個人組和團體組，競賽項目不只有基礎技能，像是接水管與焊接，每次競賽還會依據現今世界的需求新增項目，包括機器人整合系統、雲端運算和網路資安。瑞士得到的獎牌數總是排在前三名。2019 年，瑞士學生贏得十六面獎牌，其中五面是金牌。

學習這類技能的機會可以改變所有年輕人的一生，尤其是圖像思考者，當他們透過動手做來學習，會學得更好。在世紀基金（Century Foundation）2015 年的一份報告中，作者張麗歐（Clio Chang）建議，建立全國的學徒制體系有助於解決技術型勞動力下降、年輕人找不到工作的困境。

這邊的學徒制並不是你爺爺時代的那種。就和世界技能大賽一樣，現在的學徒制更強調科技方面的技術，這為擅長機械概念的空間圖像思考者提供了新的出路。

金斯堡（Noel Ginsburg）是丹佛製造業的企業家，想要複製瑞士的學徒計畫。根據《大西洋》（*Atlantic*）雜誌的報導，讓金斯堡感到震撼的是，在瑞士，提供學徒計畫的行業多得超出他的想像。他說：「瑞士有兩百五十個職業路徑，從製造業到金融業都有。」金斯堡找了科羅拉多州長希肯盧珀（John Hickenlooper）來支持這項計畫。希肯盧珀知道，科羅拉多州的經濟和失業率在全美國有最好的表現，但在營造、醫療、科技以及許多其他行業一直有缺工的問題。

在政府補助，以及慈善組織和財務金融服務公司的支持之下，科羅拉多州開始推展學徒制體系，目標是讓學生體驗現實世界的運作方式，並讓他們從工作中學習，藉此填補技術與勞動力的缺口。製造業比較發達的州通常會有更多這樣的計畫。

我們需要清楚區分，有薪水的學徒和許多大學生所做的無薪實習並不同。許多學生必須要有收入，他們沒有本錢從事無薪工作。但也不是所有的實習工作都沒有薪水。總部設在科羅拉多州的大型肉品供應商 JBS Foods，就提供有薪水的暑期實習，讓學生學習品保部的管理工作。公司也期望這些領薪水的實習生有所貢獻。在肉品加工廠某一梯次的實習，學生必須找出電動拖板車充電後為何一整天都不能用的原因。結果有一個學生發現，工廠用錯了充電器。

或許，你可以設計屬於你自己的實習計畫，就像我在研究所的時候一樣。我每個星期會到史威特（Swift）牛肉加工廠待一個下午，試著找出牛隻通過走道時突然停下來、甚至向後退的原因。這樣的突發狀況會導致時間和金錢的損失。我迫切想要解決這個問題，甚至造訪了亞歷桑納州二十多個其他的牛隻養殖場，直到我得到頓悟，而那個頓悟成為我後來投身家畜屠宰系統工作的契機。

▪ 工作經驗是墊腳石

我經常輔導年輕人到當地的公司實習，即使他們只能做兼職工作，而且沒有薪水。工作經驗非常寶貴。實習能讓學生有機會接觸到對他們有吸引力的領域，以及了解現實世界的期待與責任。根據 2020 年《快公司》（*Fast Company*）的一篇文章，在找工作時，履歷表列出實習經驗的學生，得到面試機會的機率比其他人多出百分之十四。實習還使畢業後的失業率降低百分之十五，並有助於獲得更高的薪水和職級。雇主也反應說，學生時期有實習經驗的員工有更好的工作表現。「美國大學院校協會」（Association of American Colleges and Universities）的調查顯示，百分之七十三的雇主偏好有實作經驗的求職者。超過五分之四的雇主認為，完成有督導的實習或社區服務計畫的學生，未來在職場更容易成功。

拜一系列的法律判決所賜，現在有愈來愈多的實習工作有給薪水，因為法律認定工作者應該得到適當的報酬。但我想提醒大家一件事，不是所有的工作機會都會列在領英（LinkedIn）或是高中和大學的求職公布欄上。有時候，你只需要一塊敲門磚。我總是建議年輕人詢問他們周遭的朋友、親戚和社區裡的鄰居，看看他們那裡有沒有缺人，或是能不能幫忙介紹工作。

至少一半以上的好工作是透過人脈得到的，而不是透過求才廣告。薪酬數據公司「薪級表」（Payscale）最近有一篇文章指出，百分之八十向上跳槽的工作是透過人脈得到的。求職訓練計畫太過看重面談和履歷。我最近造訪一家大型科技公司，有機會與一個從中西部來的年輕人聊天，他的工作是電子硬體設計。我們在公司裡找了間漂亮的小咖啡店坐下。我問他，怎麼會到矽谷工作。他說，有位大學教授認識這家公司的人，於是就幫他牽線。

正式的實習經驗並非必要，所有人夢寐以求的谷歌、臉書和蘋果這類公司的實習機會很棒，薪水也很高，但成功機率極低。例如，某一年有四萬人應徵谷歌的實習機會，谷歌只錄取一千五百人。你倒不如自己創立科技公司，就像佩吉（Larry Page）和布林（Sergey Brin）一樣，他們從史丹佛大學輟學，創立了谷歌。

相對的，學徒制一定會給薪水，因為它走的模式是「一邊學一邊賺錢」。當我上網查詢科羅拉多州的學徒機會，有一個機會吸引了我的目光。那是樹藝師學徒計畫，它結合了在職訓練和教室課程。學徒要學樹木生物學、爬樹、疾病診斷，以及樹木修剪。薪水會隨著經驗的累積調漲，學徒結業後會收到美國勞動部發的熟練工證書。有熟練工證書的人可以承攬工作、不需要督導就能獨自工作，以及雇用非技術性工人。簡言之，你可以當自己的老闆。在我以前的同學當中，我至少可以想到兩個同學是合適人選，他們在教室裡坐不住，但他們一定願意把爬樹當成職業。

當你上 Apprenticeship.gov 網站，那裡的學徒機會多到出乎你的意料：軟體開發、蓋屋頂、製造業、水電工、飯店業、接水管、航太業等等。這些是有薪水的工作，它提供教育和穩定的就業機會，才不是垃圾場。我猜，其中有許多學徒計畫可能非常適合圖像思考者，無論他在一般學校的表現好不好。

義大利的時尚業提供了另一種模式。義大利一直是時尚設計的中心，但是擁有裁縫手藝的人才庫，跟不上設計和行銷的人才庫。時尚品牌 Brioni 執行長佩奇（Francesco Pesci）在《服飾事業經營》（*The Business of Fashion*）中提到：「一直以來，義大利擁有超凡的職人與技藝……我們必須投資訓練年輕一代的人才。我們不能有人才斷層。」這個產業意識到，手藝非凡的人正紛紛退休或相繼逝去。義大利頂級西服品牌 Kiton 執行長德麥泰斯（Antonio de Matteis）說：「我們的裁縫師快要後繼無人了。」一開始，Kiton 自己成立的技術學校很難招到學生，但現在，候補名單有一長串，主要是因為畢業生百分之百能找到工作。德麥泰斯說：「這是我們做過最棒的投資。」

IBM 這類電腦公司也展開類似的計畫，把重點放在資料分析、網路資安，以及軟體工程，這是空間圖像思考者的大好機會。科羅拉多布隆菲的皮拉圖斯飛機公司（Pilatus Aircraft）根據瑞士的雙軌模式，成立了學徒計畫，允許學生到不同部門工作，尋找他們最感興趣的部門。學徒結業後不但沒有學貸，還擁有市場需要的技能。

就業博覽會一直是大學畢業生找工作的主要場所。「全國大學與雇主協會」（National Association of Colleges and Employers）指出，91.7% 的大學就業輔導中心會舉辦就業博覽會。傳統上，他們提供的是財務金融服務、諮詢顧問、醫療、非營利組織與網路服務的工作。

2014年，密西根理工大學（Michigan Tech University）的三個學生開發出一個實習與求職平臺，名為「握手」（Handshake）。它就像是虛擬的就業博覽會，有超過五十萬名雇主在上面登錄工作與實習機會。它也提供建立人脈的機會、研討會，以及一種類似「給老師評分」的雇主評分功能。我最喜歡的部分是，學生有機會探索工作機會，接觸到他們可能從來不知道的工作。突然之間，全美國成了家中的後院。「握手」的目標不只如此；共同創辦人想打造一個公平競爭的環境。喬治亞州立大學（Georgia State University）副院長奧德里奇（Jason Aldrich）在《快公司》中說：「它讓學校裡的每個人公平的得到更多機會，尤其是家裡的第一代大學生，以及來自代表性不足的少數族裔學生。」

就業博覽會這種正式管道和人脈這類非正式管道肯定有幫助，但它們並不是得到工作經驗的唯一方式。我在職場裡看過許多從基層做起、一路向上爬的例子。在一家大型牛肉食品廠，有一位條件不太好的女性（很可能有未經診斷的自閉症）在肉品處理區工作。在那裡工作的男性為了要把她趕走，給她最爛的工作。但她咬牙堅持下來，並在幾年之內一路晉升到主管職，管理大約一百名員工。

我再舉幾個例子。有一位男性到社區大學選修電腦製圖課；當地的一家公司徵人時，他拿自己畫的調水閥設計圖給他們看，立刻錄用，不久之後，他已經在設計整座大型牛肉加工廠。還有一個人，一開始在工廠的生產線工作，十年之後，已經升為廠長。有一位專案經理十五年前在工務部工作，現在，負責管理一座新工廠的建案。

我在自家產業觀察到的事，同樣適用於其他產業。我們來做一個想像實驗。假設有人拿魔杖向我一揮，我突然重返十八歲，因為代數不及格無法從高中畢業，也沒有辦法做沒有薪水的實習工作，而且對學徒計畫一無所知，但我還有累積了七十年的知識。我會立刻跑去亞馬遜或類似的公司。亞馬遜、沃爾瑪、肯德基（KFC）和其他的大公司會幫你付學費，讓你取得「普通教育發展證書」（GED）[1]。

我的目標是，設計未來的自動化倉儲系統，或是加入亞馬遜的太空探索部門。我的第一步是學習倉儲中心的每一種職務，賣命工作。一開始，我必須忍耐，去做我不喜歡的工作，幫卡車卸貨，然後，我會慢慢轉到機器人區。我知道這有可能發生，因為我曾和一位家長聊過，他的孩子本來在亞馬遜的倉儲中心工作，但他在餐廳和工程師混熟了，後來就轉到火箭設計部門。有時候，你要先把腳伸進去，然後進去看看裡面有什麼東西。

我們是否願意在教育制度裡開一條嶄新、像是學徒制這樣的路？我們能否培養出二十一世紀的勞動力，不論他們有沒有

1　譯注：相當於高中同等學歷證書。

大學學位，不論他們屬於語文思考型、圖像思考型或神經多樣性？我們能不能把眼光從測驗移開，轉而鼓勵孩子多多學習？我們能否為物體和空間圖像思考者提供發揮所長的學術與職業路徑？一旦失去聰明的工程師，我們就無法掌握未來。我們的政府能找到經濟和政治決心，重建國家的基礎設施嗎？更重要的是，我們能找到人才並培養他們來做這些事嗎？

美國社會普遍沒能發現圖像思考者並培養他們的能力，這會在個人和系統層面產生各種可能的影響。在個人層面，家長、老師和雇主有很多事情可以做。系統上的解決方案則需要仰賴大眾接受一個事實：多元的思考方式可以讓我們所有人受益，忽略非語文思考者會造成悲劇，讓我們所有人蒙受其害。

我經常想起小學四年級的一次校外教學，我們去波士頓美術館（Museum of Fine Arts）參觀。所有的小朋友都對木乃伊很感興趣。我們順著動線到不同王朝的展覽區參觀，從最古老的到最近的時代。我注意到法老棺木的頭部裝飾隨著時代的演進變得愈來愈簡單粗糙。我問老師為什麼會這樣，她的回答至今令我難以忘懷：「他們的文化逐漸崩壞了。」現在當我看到美國逐漸崩壞的基礎建設，看到許多人的天賦被白白浪費，就會想起這句話。我憂心如焚。有太多事物正在分崩離析，太多的孩子被遺漏，他們的天分和能力被埋沒了。

聰明的工程師在哪裡？就在我們眼前。

第四章 互補的頭腦

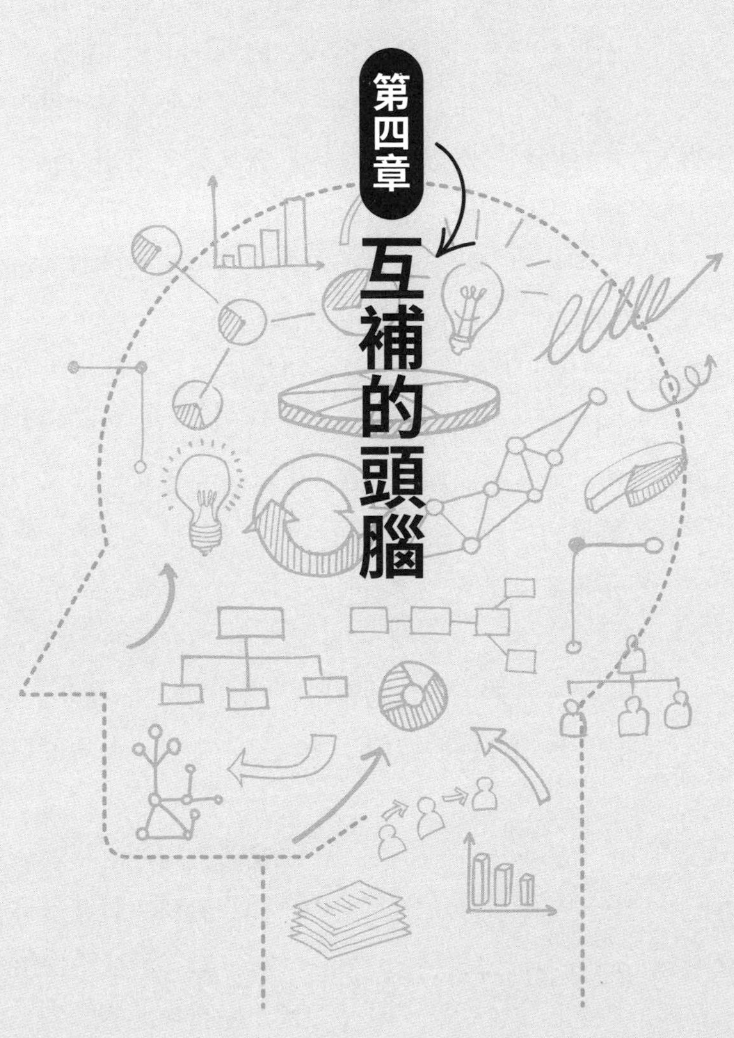

要讓思考方式不同的人順利合作，第一步是要承認，人有多種思考方式。這似乎是個顯而易見的道理，但人們往往以為，其他人看世界的方式和自己相同，就像二十歲以前的我一樣，一直以為所有人都用圖像來思考。一旦人們發現，世上的人分為語文、空間和物體思考者，他們會比較知道如何讓不同類型的人互補。這個道理適用於許多領域，從科學研究與電腦科學，到工程與藝術。我小時候經常聽母親說起外公與人合作發明的事，那些故事一直留在我的腦海裡。

在 1930 年代，大型航空工程公司想要開發飛機的自動駕駛系統。他們認為，飛機的轉向機械系統如果和羅盤的指針連結，就能分辨南北。有道理。不過，如果你用過羅盤，就大概會注意到，羅盤的指針能指出方向，但無法定住，它會一直晃動。你一定不希望車子的定速巡航系統與一根不斷晃動的指針連結在一起，因為車子會一下子加速、一下子減速，忽快忽慢，走得很不順。飛機上的自動駕駛系統也面臨類似問題。不過，工程師的思維無法跳脫羅盤，所以無法從另一個角度看事情。

我的外公波弗斯（John C. Purves）畢業於麻省理工學院，是一位土木機械工程師，他決定要採取不同的做法，就與安特尼奇安（Haig Antranikian）合作，安特尼奇安想出了一種不使用羅盤指針的飛機自動駕駛系統。當時美國軍艦有類似的裝備，是斯佩理（Elmer Sperry）開發出來的陀螺羅盤，它可以穩定的指出方向，但是體積非常大。因此，需要將它輕量化，才能用在飛機上。

安特尼奇安在 1936 年取得磁場方向與強度測量儀的專利。但這個發明被飛行儀表製造商拒絕了；發明雖好，卻無用武之地。後來，安特尼奇安遇到了我外公。我母親卡特勒（Eustacia Cutler）告訴我，外公當時說：「安特尼奇安想出了概念，但他不知道該怎麼做。而我知道如何讓它運作。」

外公後來又找了兩個夥伴，馬林汀（Richie Marindin）與畢區（Lennox F. Beach），他們四個人所做的事，在今天叫作車庫創業。他們在麻州春田市一個電車車廂維修廠的樓上工作。就他們想開發的裝置來說，背後的概念很大膽、也很單純。裝置（通量閥）裡面有三個小線圈，能使它在旋轉時依然能感應地球磁場的方位。它安裝在機翼上，當飛機轉向時，線圈依然能感應地球磁場的方位。外公他們進行測試時，有時成功、有時失敗，一直找不出規律或原因。

後來，外公找出了問題的癥結。工作檯下方的金屬電車有時候會發動，導致磁場改變。那些電車就像是機場的安檢金屬探測器。當他們把通量閥拿到空曠的戶外去測試，就一點問題也沒有了。在大蕭條期間，他們把安特尼奇安的專利用在這個裝置上，不斷努力改進，終於在 1945 年獲得這個裝置的專利，第一發明人是我外公。當自動駕駛系統首次啟用，引導一架飛機從一個大城市飛到另一個大城市，他興奮得不得了。我母親還記得，當她接到外公的電話時，外公說，那是他這輩子最開心的一天。

這個四人組是物體與空間圖像思考者合作的經典範例，他們各自的能力發揮了互補作用。然而，接下來發生的事就和許多發明者遇到的情況一樣，他們有發明的遠見和技術，但沒有製造和行銷的能力，也沒有銷售或授權的商業頭腦。

這幾個人辛辛苦苦打拚好多年，當班迪克斯飛航工程公司（Bendix Aviation Corporation）來跟他們接洽，他們以三百美元就把使用許可賣給對方。班迪克斯立刻把這個裝置稍微改名成「通量閥門」，然後拿去賣。外公和他的夥伴天真得令人難以置信。他們沒有和班迪克斯打官司。那時發生了第二次世界大戰，外公他們認為，在戰爭期間打這場官司是不愛國的行為。美國空軍需要靠自動駕駛系統來打仗。

所幸，斯佩理公司後來和我外公簽定有法律效力的合約，外公他們終於得到了補償。重新命名的斯佩理陀螺同步羅盤（Sperry Gyrosyn Compass）廣泛運用在二戰後期的戰鬥機上。當我找到 1945 年的廣告時，我興奮極了，上面的標語是「有磁性的方向性陀螺」。

根據我母親的回憶錄《我口袋裡的一根刺》（*A Thorn in My Pocket*），外公認為，原創的點子來自像安特尼奇安這樣的「獨行俠」。但如果沒有外公和另外兩個人，安特尼奇安可能永遠停留在待在地下室做實驗的階段。毫無疑問的，是因為他們四個人的互補能力，以及他們都對這個重要計畫深感興趣，才促成通量閥的誕生。通量閥是電子學領域的重要發明，它的專利在 2006 年以前一直被新的專利引用。

遺憾的是，安特尼奇安在通量閥大賣之後並沒有過得很好。他後來住進紐約市治療精神疾病的貝爾維（Bellevue）醫院。根據他的獨行俠習性、高度傾向圖像思考的頭腦，以及發明的能力，我猜，他可能因為自閉症譜系障礙而深受折磨。我們將在天才與神經多樣性的章節看到，天才有可能要付出很大的代價。後來，他的狀況穩定下來，又和外公一起開發彩色電視。不過，這一次沒有做出成果，他們兩個人後來都沒有再發明任何東西。我母親說：「他們兩個人的火都熄了。」

這四個人當中，只有畢區後來受斯佩理公司雇用，繼續有很好的事業發展，獲得多項專利，他設計的是船舶穩定系統。外公經常有點論斷意味的說，原創點子不會來自上班族，因為上班族的思考方式都很類似。他們能把想法加以發展、精進和推銷，但無法產生原創的新點子。全球五大科技公司之中，有四家公司是從車庫或大學宿舍起家，兩顆聰明的腦袋一起碰撞出火花、一起做夢：賈伯斯與沃茲尼克創造了蘋果；蓋茲與艾倫（Paul Allen）創造了微軟；布林與佩吉創造了谷歌；祖克柏與薩維林（Eduardo Saverin）創造了臉書。

1930 年代晚期，斯佩理公司雇用了羅素．瓦里安（Russell Varian）與西格．瓦里安（Sigurd Varian）兩兄弟，他們是互補頭腦這個概念的好例子。西格熱愛冒險，他從大學輟學，據說是因為他覺得大學太無聊了，就和賈伯斯、蓋茲、祖克柏與馬斯克一樣。羅素和西格相反，他個性害羞，有亞斯伯格特質。西格從小有閱讀障礙（一般人認為他不識字，因為在當時，大多數人不知道有閱讀障礙這種病症），以及其他的學習障礙，而且很愛惡作劇，把他對電子學的好奇心，拿來利用彈簧和門把去電擊別人。

（有自閉症特質的人通常喜歡惡作劇，他們可能不懂，一般人開的玩笑是在某種社交界線之內。沃茲尼克在青少年階段很喜歡用電擊來惡作劇。根據艾薩克森〔Walter Isaacson〕為賈伯斯寫的傳記，沃茲尼克「從惡作劇找到發洩苦悶的管道」。沃茲尼克高中時曾經在某個置物櫃裡裝了一個電動節拍器，發出類似炸彈倒數計時的滴答聲，置物櫃的門一打開，滴答聲就變得愈來愈快。他被送去少年觀護所待一個晚上，結果，他教導被關在那裡的其他少年，怎麼把天花板電風扇的電線接到牢房的鐵欄杆上，讓人一碰到鐵欄杆就會被電到。我在高中時期受到威爾斯〔Orson Welles〕小說《世界大戰》（*The War of the Worlds*）的廣播劇啟發，用一個塑膠圓蓋加上一個小燈泡，做了一個飛碟。我爬到宿舍屋頂，在另一個同學的房間窗外擺盪那個飛碟，把她嚇個半死。不過，我沒有被逮到，但我在學期末把那個飛碟送給了那個同學。）

西格開始對飛航產生興趣之後，兩兄弟開始研發夜間飛行偵測技術。他們成立了瓦里安公司（Varian Associates），後來率先開發出微波和放射線治療裝置。艾德華茲（John Edwards）在《電子產品設計》雜誌（*Electronic Design*）寫道：「靠著羅素的理論與技術知識，以及西格的機械製作能力，他們開始開發一種信號偵測裝置，可以偵測幾英里之外的飛機反射回來的信號。」

瓦里安兄弟後來把公司搬到帕羅奧圖（Palo Alto）的史丹佛工業園區，成為矽谷最早的高科技公司之一。他們在那裡發明了調速管，這是一個運用地球物理學的早期裝置，是雷達的前身。這個調速管夠精巧，可以放在飛機上，透過微波技術在雲霧裡和夜間進行導航。這項技術再加上為發射器提供電力的磁控管，為同盟國在二次大戰奠定了空中優勢。瓦里安兄弟一個害羞、一個外向，一個鑽研細節、一個熱愛冒險，空間圖像思考者加上物體圖像思考者，兩人成為互補的絕配。

互補思考者的觀察

當我把碩士論文的大綱交給動物科學系，表明我想研究家畜屠宰業使用不同種類的牛隻固定架有何效益，系上比較保守的教授認為，「研究設備」不適合做為學術研究的主題，我如果要寫這篇論文，就需要找兩位外系指導教授，系上才能通過我的提案。

當時我已下定決心，無論系上支不支持，我都要進行這個研究；我心想，至少我可以把研究結果發表在畜牧雜誌上。當時，學校的藝術系有一幅海報吸引了我的目光，我到現在還記得那張海報，上面寫著，「當你不再注視你的目標，就會看見重重困難。」海報上沒有注明是誰說的，但它給了我向前的動力。我後來得知，那是亨利．福特說的話，他是工業設計師，也（很可能）是圖像思考者。

營建工程系的波頓（Foster Burton）教授是第一個幫我背書的人。他不認為我的想法太瘋狂。相反的，他覺得我的想法有原創性，值得進行。接下來幫我背書的是工業設計系教授尼爾森（Mike Nielsen）。很可能是圖像思考者的尼爾森教授一眼就看出，評估現存設備的效能是很有價值的研究。

多年之後，我在網路上看到一個很有趣的影片，是在討論工業設計師與機械工程師的不同。看了影片後我領悟到，我的設計方法從研究所時代就開始形成。工業設計課程非常注重技術和製圖能力，不太重視數學。工業設計者要發想一個產品應該要有什麼功能，或是外觀應該長什麼樣。機械工程師則要檢視壓力測試與外力的數值，計算產品的能力。設計師設計產品，工程師使產品能夠運作。在我的職業生涯中，我一次又一次看見這兩種能力發揮互補的作用。

我的事業是從遇到吉姆．伍爾（Jim Uhl）之後正式啟動。吉姆曾經是海軍陸戰隊隊長，他看到我在研究所畫的一些工程圖，便主動來找我。那時我快要畢業了，而他正在為他的新公司尋找設計師；他的公司在亞歷桑納州蓋牛隻屠宰設施。我起初不太想接受這份工作，因為吉姆要我設計設施，也要我做業務工作，幫忙拉生意。可是我從來就不擅長講話，比較喜歡在幕後做設計工作。

在那個時代，人們還沒有在聘雇領域使用「多樣性」這個詞，但我現在看得很清楚，吉姆不在乎一個人有沒有身心障礙，我們從來不曾討論我的自閉症。他很看重我的設計品質，而他認為我應該去第一線做銷售工作。我很快就發現，如果想向新客戶推銷我的設計案，最好的方法就是展示我畫的圖和設施的完成照。我讓自己的圖像能力為我發言。

我和吉姆從 1970 年代中期開始合作，那時我還沒有意識到，世上有不同類型的思考方式。現在當我回顧我們豐碩的合作成果，我清楚看見，吉姆和我用不同的方式解決問題。根據我現在的知識，我幾乎可以確定，吉姆是個語文思考者。

當我們討論新工廠的規格時，他需要把所有的東西以線性方式排列出來，然後花好幾個晝夜把每一個門的鉸鍊分類，計算所有的數字。而我是根據過去完成的案子，按照比例（除以幾倍或乘以幾倍）來想像。例如，新案子需要的人力、鋼材和水泥的數量，相當於隆恩山（Lone Mountain）牧場的兩倍，或是紅河（Red River）藥浴池計畫的四分之三。這兩種方法都能得出正確的結果。我們的合作非常成功，而我們兩個人都不知道，我們為何用不同的方式做事。

吉姆是個傑出的管理者，他的工作倫理無可挑剔。他非常重視各種人的多元思維，不只是我的想法，還有一位退休的當地生意人，以及一個高中畢業的年輕人。這個年輕人名叫亞當斯（Mark Adams），現在已經是那家公司的副總裁。吉姆的長才是領導，他雇用各種類型的人來完成案子。公司有一個很有才華的年輕人，包辦我的藥浴池計畫大部分的營造工程。他的個性有點瘋狂，然而，即使他撞壞了公司的卡車，吉姆還是告訴我，他要繼續把這個年輕人留在公司，因為他太有才華了。由於吉姆的營造辦公室位於鹽河皮馬馬里科帕印第安社區（Salt River Pima-Maricopa），他也雇用了一位當地的美國原住民。

吉姆是我的重要導師之一，他讓我的事業開始起步。如果沒有他的教導和支持，我不知道自己會不會有信心自行創業。我們合作了十年，在 HBO 根據我的人生拍攝的電影當中，那個藥浴池也是我們的作品。

亞歷桑納州的農業在 1980 年代開始走下坡。在傳統營建案的領域，吉姆無法與大型營造公司在價格上競爭，於是他開始讓公司轉型，專門蓋大公司不想做的複雜水泥結構，因為既耗時又費工。那時我在伊利諾州攻讀動物科學博士學位。當我回去看他時，他自豪的帶我去看一個大型灌溉系統用來放置幫浦和設備的複雜水泥結構。吉姆不知道怎麼設計這個結構，但他繼續發揮他的長才，集結各種人才一起完成工作。

▪ 互補協作是成功的要素

中心軌道輸送帶系統的設計案，是互補頭腦協作的絕佳案例。這個設計案始於 1970 年代康乃迪克大學（University of Connecticut）的一項研究計畫。讓動物兩腿叉開站在輸送帶上的點子來自貝朗傑（Paul Belanger），貝朗傑是個圖像思考者，在試驗場的工廠工作。他什麼都造得出來，有資格列入這項專利的原始發明人，不過，列為第一發明人的是擁有大學學歷的工程師普林斯（Ralph Prince）。普林斯與另外兩位學術研究員韋斯特維特（Rudy Westervelt）和吉傑（Walter Giger）進行研究，藉由觀察行為與測量壓力荷爾蒙濃度，證實這是一種約束羊隻和小牛的人道方法，可減少動物承受的壓力。

研究團隊用合板製作了一個工作模型，用舊的帆布消防水帶當作輸送帶。這個模型後來送到金屬加工廠，做成金屬版本。它安裝在舊有設備的旁邊，如此一來在測試兩種設計時，工廠仍能繼續運作。等到我們抵達現場，才發現大學研究員漏掉兩個重要的設計元素，一個是在入口處，另一個是根據動物體型大小調整寬度的方式。他們請我解決這個問題。

某天，當我正在用合板製作寬度調整裝置的實體模型時，有一個畫面突然在我的腦海浮現。我看見了入口的解決方法。這個例子完美說明了我的圖像思考是如何運作的。我的腦子將所有的相關圖像從細節到整體整理過一遍之後，就浮現一個完整的解決方案。我可以看見那個畫面。

為了鼓勵動物每次都正確的把腿放在輸送帶的兩側，我設計了一個高度幾乎可以碰到動物肚子的腿部安置棒。以前用的棒子比較低，所以都失敗了。高一點的棒子可以給動物安全感，添加一個防滑入口斜坡也有同樣的作用。比起較低的棒子，牛隻可以更順利的走到較高棒子的上方，因為較高的棒子可以讓牛隻自然的把腿放在對的位置，並讓牛隻保持穩定。所以，我為這個團隊注入了另一種思維。

這個案子之所以能夠成功，是因為工廠的人想出點子，科學家加以測試，焊工製造設備，圖像思考者看出並修正重大瑕疵，當然，還要有一個讓設備保持正常運作的維修小組。

四十年之後，我已經為美國和加拿大的大型牛肉加工公司設計過許多家畜養殖場和牛隻屠宰設施。最多公司採用的家畜屠宰系統，是中心軌道輸送帶系統。在進行這些專案時，我和我的導師吉姆一樣，必須仰賴具備各種能力的人。我繪製詳細的工程圖，以及設計機械約束裝置中與動物接觸的部分。團隊裡的其他成員設計了液壓動力設備和支持鐵架。

我到過許多大型肉品加工廠的建築工地。物體圖像思考者設計所有的複雜精細設備，像是包裝機；工程師運用他們的數學思維，算出結構規格，以及設計鍋爐和冷藏設備。我們所有人一起創造了許多複雜的大型食品加工廠。

當其他人可能將問題過度複雜化，物體圖像思考者通常能想出簡單的解決方法。韓德倫（Sara Hendren）是奧林工程學院（Olin College of Engineering）的設計研究員，她在《身體能做什麼？》（*What Can a Body Do?*）提到一位失去手指的女性。韓德倫發現，這位女性自己想出來的簡單方法，比花俏的手掌機械義肢更好用。她喜歡自己發明的方法，像是綁在抽屜把手上的電線，玩牌時放紙牌的架子，以及黏在玻璃罐蓋子上、讓她能把蓋子打開的牆壁掛鉤。人們設計的高科技手掌可以做每一件事，但很多事都做不好。

現在有愈來愈多工廠開始使用機器人，因此，我們也需要有更多聰明工程部的人，發揮創意，想出應用機器人的新方法。食品加工業開始使用機器人去做原本靠工人拿刀子處理的工作。許多工程師犯的錯誤是：把人類使用的工具，接在機器手臂上，複製人的動作，去完成人所做的事。我看過一些真正為機器手臂設計的創新工具，用全新的方式執行人類的工作。這些工具通常更簡單、效果更好，而且更容易清洗和保養。要達到這樣的結果，需要仰賴物體圖像思考者開發工具，以及空間圖像思考者設計機器人程式。

經理人與技術人

多年來，我曾與許多企業合作過。根據我的觀察，公司裡的問題通常可以簡化為經理人與技術人之間的戰爭。我是技術人，但我一直和經理人處得很好。我不一定同意他們的看法，但我進入職場不久之後就明白，若要把事情完成，需要「對專案忠誠」。做出最棒的成果並把工作完成，這個目標遠比展現自我更重要。

就我所知，專案之所以失敗，往往是因為有太多人想要展現自我。我想，這句話可以代表大多數技術人的心聲：我們為了完成專案會堅持到底。那是我們最主要的目標；我們的忠誠是針對專案，不是管理階層。我們會坐在休息室抱怨管理者是個笨蛋，但我們會把工作做好。如有必要，要我趴在地上把工作完成我也願意。驅使我的並不是自我，而是對專案百分百的忠誠。

我注意到，大多數的時候，技術人很討厭經理人，而經理人願意容忍技術人。技術人通常不喜歡經理人，是因為經理人不想知道事情是怎麼做出來的。一心只想把工作完成的語文思考型經理人，常常會過於籠統，這一點令技術人難以忍受。概括籠統是技術人的大忌，因為每個不起眼的細節都能造成巨大的影響。概括籠統最嚴重的後果或許是：低估了完成專案需要的時間。經理人的自我感覺愈強，他們造成的傷害就愈大。

經理人與技術人的另一個差異是，經理人的工作動力來自金錢和獲利，當然，為了讓企業活下去，他們必須看重這些事。不過，經理人為了達到季度財務目標，往往會違反安全規定，刪減成本，無視工作倫理。我曾目睹因為工廠的生產線加快速度，或是故意漠視安全措施，導致有人失去了手或腳。我也觀察到，技術人通常有更強的社會正義感。對經理人來說，做壞事是個抽象概念，比較容易合理化。對技術人來說，無論是具體的工作細節或是同事受重傷，這些事一點也不抽象。

我舉個例子，有一個業務出身的人晉升為工廠的主管，負責管理工廠的改建工程，後來出了嚴重的差錯。他很有魅力，會說話、有說服力、口若懸河。我很確定，這是他晉升為工廠主管的主要原因。管理階層希望刪減成本，而他告訴管理階層，他可以辦到。為了省錢，他無視公司裡圖像思考者的警告，沒有讓廢水處理系統擴增到必要的規模，結果超出了工廠的負荷。市政府下令關閉工廠，導致數百萬美元的損失。我看得出來，他是個很優秀的業務員，但是當他成為營建主管，卻是個大災難。技術人與經理人似乎有互補的頭腦，因為他們需要依賴彼此，但事實上，他們往往相看不對眼。

在我的職業生涯中，有很長時間是和同一群人一起工作，其中也包括一些經理人，不過他們的流動率還是比技術人稍微高一些。工業設計師和我在某些方面就像是老夫老妻，不需要說太多話就知道對方在想什麼。漫長的職業生涯總有回報，你可以找到互補的頭腦。

不久前，我開車經過一個已經荒廢的建築物，黃色的浪板牆髒兮兮的，建築物的高度只容得下基本的金屬加工設備。我三十年前曾和一位焊工一起打造小型牛隻屠宰系統，這是他起家的工廠。就和我一樣，代數不是他最擅長的科目。幸好，他在高中的工藝課接觸到焊接。一開始，他幫我做小型專案。不論我給他的設計圖是什麼規格，他都做得出來。多年後我才想到，他是個圖像思考者。我們也有相同的工作倫理。他絕不用廉價的材料，絕不趕工，他的工作品質永遠讓人放心。他百分百對專案忠誠。現在，他搭私人飛機飛來飛去，建造大型肉品加工廠。

另一位與我共事過的人專門製造肉品切割鋸和其他設備。他的產品銷售到全世界。他開的是跑車，曾用公司的飛機載我去他的工廠參觀。飛機一落地，我們就直奔他的機械工廠，不喝咖啡、不寒暄。他一點也沒變。他全副心思都在工作上，和我一樣。我們對彼此有深刻的理解。

團隊的組成決定專案的成敗

德國建築師葛羅培斯（Walter Gropius）有句名言：「工程的終點是建築的起點。」他的觀察道出這兩種場域和所屬地位的巨大分野。你可能說得出幾位知名建築師的名字，像是萊特（Frank Lloyd Wright）、貝聿銘和強生（Philip Johnson），但你大概說不出任何一位工程師的名字，除非你本人認識他。

雖然建築領域需要建築師和工程師，但建築師通常因為他們的建築膽識或充滿美感的和諧設計，得到更多關注與讚許；想出方法落實建築設計，確保建築物的安全，這些工作就落在工程師的身上。根據我的經驗和觀察，建築師通常是物體圖像思考者，能在腦海看見他們設計的建築物，而工程師通常是空間圖像思考者，他們的數理頭腦能計算電力系統，以及結構體對風和雪的承受力等等。

為了弄清楚機械工程師和工業設計師是否用不同方式看世界，南澳大學工程學院（University of South Australia School of Engineering）的克羅普利（David Cropley）與康乃迪克大學尼格教育學院（Neag School of Education）的考夫曼（James C. Kaufman），以一百二十位工程系和工業設計系大學生為對象，進行一項研究。受試者要根據不同型態的椅子的照片，在功能性、創意和美感三方面，從一分到五分打分數。椅子的設計款式涵蓋的範圍很廣，從頂級人體工學辦公椅、懶骨頭豆豆椅、到看起來像是雕塑作品的椅子。

對機械工程師來說，「好看與實用似乎同樣重要。」他們對每一張椅子在功能性和美感的給分差不多。不過，工業設計師會區分功能性和美感。換句話說，工程師比較難以區分形式與功能，而設計師較擅長區分美感與功能性。

對我來說，功能性指的是舒適度。對於那張高檔辦公椅，我在功能性給高分，美感給低分。我在功能性和美感都不欣賞的椅子，是一張用彎曲的合板做成的戶外椅。我上網一查，那張椅子竟然是現代藝術博物館（Museum of Modern Art）的收藏品！

研究結果顯示，美感和功能性可以讓東西分出高下，而且非常主觀，因人而異。若進一步解讀，我們可以推斷，機械工程師是數理思考者，而工業設計師是物體圖像思考者。

現代摩天大樓之父詹尼（William Le Baron Jenney）是建築師也是工程師，這可以說明他為何夢想蓋出一幢十層樓高的建築，同時有機械工程能力支撐那個夢想。芝加哥的「家庭保險大樓」（Home Insurance Building）是美國當時最高的大樓，率先用鋼鐵和鋼梁取代磚頭和石材，形成內部支架。這棟大樓是從厚重的承重牆轉變為開放式輕結構支架的先驅。它也以防火功能、現代化管路系統、奧的斯電梯（Otis）自豪。貝克（Kevin Baker）在著作《心靈手巧的美國》（*America the Ingenious*）中提到，建築史學家康迪特（Carl Condit）將家庭保險大樓稱為「自十二世紀哥德式大教堂以來最重要的建築創新。」

對我來說，家庭保險大樓看起來像是工程師設計的，它是一幢著重功能性的高聳四方形建築，不注重審美。我猜，詹尼雖然是一名建築師，但有更大成分是數理型空間圖像思考者，他最有興趣的是計算與建構一個不會倒塌的鋼鐵結構。

奧臣（Clare Olsen）與麥克納瑪拉（Sinéad Mac Namara）在他們合著的《建築與工程的協作》（*Collaborations in Architecture and Engineering*）指出，建築學和工程學教導方式的差異，可以象徵這兩個專業的明顯分野。就連教室也展現了這兩種學習風格的差異。工程系的教室裡是一排排的制式課桌椅，裡面一塵不染。在建築系的教室裡，學生以一個大型工作檯為中心分散坐著，牆上釘著許多手繪作品，看起來比較像是藝術工作室，而不是教室。工程系的課表已經訂好了，學生要一項一項學習技術能力。建築系的課表比較開放自由，強調的是創意。

一直以來，建築和工程各自留守自己的領域。建築師有願景，工程師將它付諸實現。若要表達一個弧形，工程師用一條線和一道數學公式來說明這個曲線的形狀，建築師則畫出立體的幾何圖形。奧臣與麥克納瑪拉寫道：「成功的協作與設計團隊的組成，能決定專案的成敗。」你如何讓思維天差地別的人一起共事？席蒙茲（Peter Simmonds）是機械工程師，曾參與紐約市建築師事務所模弗西斯（Morphosis）的庫伯廣場 41 號（41 Cooper Square）建案，他說：「你必須與建築師討論，拿一大堆數字給他看是沒有意義的，不會有結果。他們追求概括性的大方向或是藝術性的解決方案，你必須學習如何和他們溝通。」

聖特（Andrew Saint）的《建築師與工程師：手足相爭之研

究》（*Architect and Engineer: A Study in Sibling Rivalry*）蒐集了大量資料，書中提到，在中世紀後期，建築業的專業技術並沒有做太大的區分。石匠和木工是主要建造者，他們受有經驗的工匠或工頭指揮。聖特認為，建築師與工程師的區分始於十八世紀中到二十世紀初，主要因為大型機具的發展，加上開始出現新建材，也就是鋼、鐵和鋼筋混凝土。

聖特寫道：「許多有機械操作技術的人從建築技術分別出來，或是兩者兼具，尤其是木工。有能力設計建築物的人，可能也會設計建築機具。」工程師與建築師分家是逐漸發生的，而且是愈來愈專業化的結果。聖特以火車站為例，火車站是「多功能的」，需要靠工程師「打造火車頭、鐵軌、土木工程、橋梁與車站。」在理想的情況下，建築師、工程師、承包商與裝配工同心協力，一起完成工作。

另一位很有名的工程建築師是艾菲爾（Gustave Eiffel），因巴黎艾菲爾鐵塔舉世聞名。艾菲爾的事業從鐵路橋梁的裝配承包商起家。聖特認為，這個經驗讓艾菲爾熟悉機械和結構技術，以及各種機具。當 1889 年世界博覽會宣布要在巴黎舉行後，艾菲爾與克什蘭（Maurice Koechlin）和另一位工程師繪製了艾菲爾鐵塔的草圖。這場誰能在世界博覽會代表法國建築師與工程師的競逐，由艾菲爾和索維斯特（Stephen Sauvestre）以及另外兩位建築師得標。

聖特指出，人們認為艾菲爾鐵塔是「鋼鐵的勝利，因此也是工程師的勝利」。艾菲爾把鐵塔的優美結構設計歸功於索維斯特，艾菲爾說：「建築美學的首要原則是，建築的主線條與目的應該要有完美的契合度。」在我看來，這是物體圖像思考者（索維斯特）與空間圖像思考者（艾菲爾）的結合。

在全盛時期，建築師與工程師發揮了驚人的綜效，並合作了數十年。巴爾蒙德與庫哈斯就是這樣的團隊。他們一同完成了許多建案，包括鹿特丹的庫索藝術中心（Kunsthal）、西雅圖中央圖書館（Seattle Central Library），以及葡萄牙的波爾圖音樂廳（Casa da Música）。隨著更多有企圖心的結構、新技術和新建材的出現，這兩個人的協作愈來愈合作無間。

巴爾蒙德接受費正元的訪問時提到，與他合作的頂尖建築師能夠明白他的腦袋如何運作。「我對工程可能性的建築感受力吸引了他們」，巴爾蒙德說道。「建築與工程在抽象地帶交會。」

在《紐約客》的人物側寫〈違反重力的人〉中，巴爾蒙德進一步說明，打從他們一開始合作，「庫哈斯覺得光是有建築學還不夠，而我覺得結構工程能做的事是有限的。」他們想解決不足之處的渴望，使他們成為互補的絕配。他們找到了共同的語言，或是按照庫哈斯的說法，「是一種心有靈犀的溝通。」

▪ 兩個怪咖比一個好

我是個美國太空總署迷。我在很久以前就注意到一件事，美國太空總署太空站裡的每一樣東西都純粹為了功能性而存在，一點也不在乎美觀。事實上，那裡看起來像是垃圾場，顯示器、電線、纜線、插頭和面板混雜堆放，彷彿被颱風掃過一樣。其中一臺健身機看起來像是某人在自家工作室做出來的。很顯然，太空站的設計者是一位毫不在意美觀的工程師。

馬斯克登場。2020 年，馬斯克的 SpaceX 準備發射載人天龍號太空船（Crew Dragon）登上國際太空站，你能想像，當我得知這消息時，我有多麼興奮嗎？我屏氣凝神全程緊盯轉播畫面。從我看到空橋的那一刻，我就知道我們進入另一個宇宙，進入一個純粹圖像思考者的腦袋裡。

天龍號太空船的空橋看起來像是電影《2001 太空漫遊》（*2001: A Space Odyssey*）的場景。相形之下，美國太空總署的空橋看起來有如建築工地的鷹架，像玩具一樣組裝起來。當你進入 SpaceX 太空船，裡面的一切都是白色的，儀表板是大型的觸控螢幕。美國太空總署太空人的頭盔與戰鬥機飛行員的頭盔相似；馬斯克用的頭盔受到法國電音團體「傻瓜龐克」（Daft Punk）啟發，太空服的設計者是費南德茲（Jose Fernandez），他是好萊塢服裝設計師，曾為好幾部漫威電影設計過服裝。

馬斯克堅持要租用 39A 發射臺（Launch Pad 39A），因為那是阿波羅太空船登陸月球所用的發射臺。我發現，馬斯克非常在意每個細節傳達出來的訊息。他希望與歷史連結。當太空船升空時，我激動得快發瘋了。

我認為，馬斯克不只是圖像思考者。很顯然，他是非常罕見的既能設計、又能建造的那種人；就像詹尼，既有願景、又有執行能力，也就是兼具物體與空間能力。我從新創公司育成中心 Y Combinator 最近與馬斯克的訪談得知，馬斯克將百分之八十的時間花在 SpaceX 與特斯拉中，負責開發下一代產品的工程與設計部門。「我的時間幾乎全花在工程團隊……處理美學和界面外觀的事。」關於他的火箭，他無所不知。對他而言，重點在於做出能發揮作用的好東西。

馬斯克最令我佩服的一點，是他的視覺想像力。太空船上的一切都要看起來很酷，使人像孩子般不禁發出讚嘆——許多人目睹阿波羅 11 號登陸月球時也有同樣的感受。我不知道馬斯克怎麼能一方面管理 SpaceX 和特斯拉，另一方面又把大部分的時間用來和工程師在一起。後來，我發現他有個得力助手，名叫夏特威爾（Gwynne Shotwell），她是第七個加入 SpaceX 的員工。

夏特威爾在 2002 年就進入公司，現在是總裁兼營運長。她管理公司的日常運作，包括預算和法務。有些文章認為，她的厲害之處在於懂得應付馬斯克的善變個性，但我認為，關鍵在於她懂馬斯克的腦袋，一部分的原因在於，她擁有機械工程學士學位和應用數學碩士學位。她懂科學，馬斯克的願景令她深受鼓舞，但她最想做的，是讓火箭按照計畫準時升空。夏特威爾接受美國太空總署「強森太空中心口述歷史專案」（Johnson Space Center Oral History Project）採訪時表示：「我的身上沒有一絲一毫的創造力。我是個分析師，而我喜歡分析。」兩個怪咖比一個好。

賈伯斯對審美的狂熱，以及把形式與功能合而為一的執著，在 iPhone 一覽無遺，但這份執著始於他對字體的著迷。「字形學真是有意思，不但優美，且蘊含歷史和藝術涵義，這些都是科學捕捉不到的。真是太有趣了。」這是賈伯斯對史丹佛大學畢業生致辭的一句話，當時他談到，他從大學輟學後，到里德學院（Reed College）旁聽字形課。很顯然，他很享受對一群即將畢業的大學生大談從大學輟學的事，他也強調，改變一切的不是學校規定的必修課，而是他自己選擇上的課。

字形之美大大影響了賈伯斯早期開發蘋果電腦的設計觀。蘋果電腦富有美感，而且一般人憑直覺就會使用。賈伯斯對畢業生說：「我們的設計重點，在於使消費者憑本能就知道怎麼用。」賈伯斯的成就在於，使電腦不再只是電腦愛好者才能使用的科技裝置，而是人人都能使用的消費型產品。

要讓充滿美感的電腦發揮功能，需要仰賴技術人設計電子電路，讓電腦動起來。沃茲尼克是賈伯斯的完美搭檔。艾薩克森寫道：「除了三十二年前惠立（Bill Hewlett）進駐普克（David Packard）住的公寓車庫工作室，矽谷科技史上最值得記錄的一刻，大概就是當賈伯斯遇上沃茲尼克了。」沃茲尼克在自己的著作中寫道，他只想設計電路，並「想出聰明的點子，然後拿來應用。」艾薩克森對於這個組合的描述是：「賈伯斯喜歡蠻幹，這種精神讓他……有時很有個人魅力、甚至相當迷人，但有時也冷酷無情。反之，沃茲尼克害羞、內向，你可在他身上發現一種甜美的稚氣。」談到他們兩人的合作，艾薩克森引述賈伯斯的話：「沃茲在某些領域非常聰明，但他幾乎像個學者，因為當他和不認識的人相處，就會變得很幼稚。我們是絕配。」

在 1970 年代，他們兩個人為了開發第二代蘋果電腦第一次吵架。賈伯斯想要把電腦簡化，變得更容易使用，只提供兩個連接埠，一個接印表機，另一個接數據機。沃茲尼克想要有八個連接埠，以便未來功能升級時可以使用。賈伯斯堅信，電腦如果要變成家用裝置，就不能太複雜。根據艾薩克森的描述，賈伯斯想要「完整的使用者體驗」。技術人想要把所有的功能都加進去，但賈伯斯知道，對大多數人來說，額外的功能只會造成困擾，使電腦變得更難以使用，而且降低美感上的吸引力。他想要的產品是：一拿出盒子、插上電，就能使用。形式與功能之爭來到了十字路口。

因此，賈伯斯與沃茲尼克在合作十年之後分道揚鑣，並不令人意外。蘋果繼續推出引發使用者熱烈討論的電腦款式，以及讓人滑個不停的 iPhone。蘋果粉絲的忠誠度極高，每當新款手機上市，人們會大排長龍搶購。締造如此盛況的新組合是賈伯斯與強尼．艾夫（Jony Ive）。艾夫後來在 1997 年成為資深設計副總。艾薩克森寫道：「賈伯斯在艾夫身上找到了追求純粹簡約、而非僅表象簡化的心靈伴侶。」賈伯斯告訴艾薩克森：「如果我在蘋果有一個心靈伴侶，那一定就是強尼了。大多數的產品都是強尼和我一起想出來的，然後才是把其他人找來問道，『你們覺得這個東西怎麼樣？』強尼不但掌握得住大方向，而且還看得到每一項產品最微小的細節。」

跨界合作

我曾提到，成功協作的第一步是「意識到世界上的人用不同的方式思考」。聽起來很簡單，但要改變思考方式或是理解別人的想法，並不容易辦到。人們之所以習慣按照既有方法做事，是因為這個方法源自他們看世界的方式。這不只涉及習慣或訓練。不過，習慣和訓練確實會使我們的思考方式更加根深柢固。

我聽過一個很糟糕的例子。有一群顧問進入一家運作不良的公司，目的是讓各個部門之間能更順暢的溝通。於是，這群顧問把不同部門的人放在一個小組，要他們進行各種活動，包括以社群為基礎的計畫、幫雞蛋做降落傘，以及信任練習（一個人向後倒，讓另一個人接住）。這些非常不自然的練習讓員工很反感，反倒使他們更加沒有合作的意願。幫雞蛋做降落傘跟如何更有效率的讓產品上市之間有什麼關係？

要幫助不同部門的人能更順暢的共事，我優先使用的方法是，讓人們開始彼此尊重。即使讓經理人和技術人向後倒在對方的懷裡，也無法讓他們從此和平相處。我會建議不同部門的人去見習彼此的工作，了解別人的工作流程。我建議讓不同部門的人拿他們的專案向彼此做簡報。改善溝通可以解決很多問題，但首先你要意識到，每項專長都有它自己的語言。技術總監與負責算數字的人，基本上活在不同的世界裡。所以，經理人往往因為不了解為什麼需要靠高階掃描機（或是這類東西）來提高生產力，就把技術類預算刪光光。

諾登（Richard Van Noorden）在《自然》雜誌發表的一張圖表指出，有些學科會進行更多的跨學科合作。例如，比起臨床醫學的專業人員，健康科學的研究員與更常與外界合作，原因之一是必要性。一個名叫「研究卓越架構」（Research Excellence Framework）的專案評估了英國不同領域研究的強項。結果顯示，學術研究對外界的影響愈大，就愈需要進行跨學科合作。不過，在高度專業的領域內，職涯發展的企圖心往往會使許多科學家不想跨界合作，因為他們擔心這種合作會耽誤職涯。

在另一個關於合作的研究，研究員想知道，把物體圖像思考者和空間圖像思考者配對，會不會締造更好的成果。來自哈佛和史丹佛的伍莉（Anita Williams Woolley）等人做出假設，團體成員的功能就像是大腦，需要運用不同的系統來處理資訊。不同類型的思考者一同合作，就像是腹流與背流視覺系統合作。前者負責處理形狀和物體（以及顏色和質感），後者負責處理空間關係。研究員將參與者兩兩配對，形成一百個團隊，要他們完成視覺迷宮、標記小精靈的遊戲。有些團隊由思考方式相同的人組成，另一些則由思考方式不同的人組成。走出迷宮、記住位置需要動用空間圖像思考者，而標記小精靈需要用到物體圖像思考者。

在混合兩種思考方式的團隊裡，空間圖像思考者往往會負責使用搖桿走迷宮，而物體圖像思考者負責用鍵盤標記小精靈。研究發現，由不同類型思考者組成的團隊，表現往往比由相同類型思考者組成的團隊更好，「顯示擁有多元特定任務能力的好處」。事實上，團隊的同質性愈高，表現往往愈差，成員會花更多時間進行無益的討論。如果你曾經參加過開會開到天荒地老也得不到結論的會議，你就能體會那種挫折感。

研究結果指出，團隊若由不同神經優勢的人組成，往往比較可能成功。此外，如同我先前討論過的，物體圖像思考者通常不擅長空間圖像思考，反之亦然。哥倫比亞大學（Columbia University）地球觀測中心研究員凱斯頓（Kim Kastens）研究空間思考在地球科學研究扮演的角色，發現了物體圖像思考與空間圖像思考的價值。例如，物體圖像思考者一般擅長分析衛星影像、找出岩石與礦物，以及解讀聲納影像。擅長數學思考的空間圖像思考者比較適合將立體資料視覺化，不論是用數字還是圖表呈現。

美國太空總署有兩個令我深受激勵的合作案例。一個例子是一群女裁縫師與自學工程主管的合作，另一個例子是關於聰明而不受重用的電腦工程師。

一般人可能不知道，國際乳膠公司（International Latex Corporation，是生產女性內衣和塑身衣的倍兒樂〔Playtex〕的母公司）在 1965 年擊敗另外兩家公司，負責設計並生產阿波羅太空人穿的太空衣。蒙查克斯（Nicholas de Monchaux）在 2011 年出版了一本書，披露阿波羅任務太空衣的歷史，這個事實才開始有比較多人知道。當時的太空衣設計有兩個主要挑戰。首先，太空衣必須從內部充氣並加壓，而且要能夠承受外部的極端溫度。同樣困難的是，這件太空衣必須要有彈性，《快公司》的一篇文章寫道：「一位官員說，手套的部分應該要讓太空人能夠撿起一枚硬幣。」CBS 新聞臺如此報導：「由大型政府承包商，像是立頓工業（Litton Industries）與漢彌頓標準公司（Hamilton Standard）設計出來的原型太空衣，厚重且不易彎曲，看起來像是古代盔甲騎士加拉哈德（Sir Galahad）與巴斯光年（Buzz Lightyear）的綜合體。」

國際乳膠公司設計的太空衣比較有彈性，更勝一籌。在美國太空總署的大男人主義風氣之下，由女性內衣製造商贏得合約這件事，男性工程師可能難以接受，還可能把這件太空衣稱為「倍兒樂太空衣」。然而，倍兒樂除了彈性布料，還有另一個祕密武器：專業女裁縫師。

國際乳膠公司解決問題的方法，與習慣使用數學的美國太空總署工程師截然不同，雙方經常意見不合。工程師想要精準的繪圖，而國際乳膠公司雖然使用紙型，但裁縫師有時卻不完全按照紙型來車縫。一位裁縫師告訴美國太空總署技術團隊：「那張紙上的形狀看起來可能沒問題，但我車的不是那張紙。」

倍兒樂的裁縫師縫製登月太空衣時，展現了細緻的車工，她們在很久以後才得到這個功勞應有的榮譽。CBS 新聞報導說：「每件太空衣由二十一層輕薄布料縫製而成，精度容許公差為 0.4 毫米。」一位裁縫師坦承，她幾乎每天都哭著入睡，因為她知道，她做出來的太空衣會決定太空人的生死。這群圖像思考者創造了這款太空衣。

藍寧（Hal Laning）是一位電腦科學家，擁有化學工程與應用數學學位，他在麻省理工學院的辦公室很亂，還因為不喜歡吸引眾人的目光而鮮少發表論文。阿波羅 11 號能成功登陸月球，他的發明是一大功臣。藍寧和強森一樣，從小就對數字非常著迷。每個星期天，他會用教堂外布告欄公布的詩歌編號，給自己出數學題目。他的同事費拉雪（Donald Fraser）說：「他可以輕鬆解讀一大堆十六進位的數據，就像我讀小說一樣輕鬆。當他遇到瓶頸時，他會開始背圓周率，至少背到前三十位。」

在阿波羅 11 號任務中，有兩個重要的發明至關重要。其中之一是藍寧所使用的又小又輕的積體電路晶片（積體電路晶片的發明加速了微晶片技術的發展，而我們現在視微晶片為平常的技術）。在那之前，一臺電腦的大小相當於好幾臺冰箱。有趣的是，中央處理器的核心也是用縫的，這次借助雷神技術公司（Raytheon）女員工的編織經驗才得以完成。

藍寧構思了一個相當簡陋的電腦系統，它可以處理登月模組運作所需的代數方程式，這個編譯器能有效的把方程式變成可理解的電腦語言。藍寧大方承認，電腦程式是別人寫的，但他的三階處理系統可以決定任務的優先順序，這使得阿姆斯壯（Neil Armstrong）能在系統過載時操控一部分的模組、把雷達調整到對的設定，然後斷開連結，以免電腦過載的情況更加嚴重。基本上，藍寧的編譯器教電腦如何讀取和解讀代數方程式，然後以極快速度在不同任務之間來來回回執行多工作業。代數編譯器是個創新的概念，使記憶體有限的電腦能夠運作。如果少了它，登月任務就無法完成。

登月任務的成功取決於思考類型截然不同的兩種人：科學家和裁縫師。

語文與圖像相遇

我的編輯貝西・勒納（Betsy Lerner）還記得，二十五年前當我寫《星星的孩子》時，當時她的辦公桌和地板上堆滿了一疊疊的紙張，辦公室的牆上貼滿了便利貼。我是純粹的圖像思考者，而貝西活在文字的世界裡。幫助我以線性方式表達我的想法，對她是一大挑戰。我透過圖像和聯想來思考。我的腦袋產生的是一塊塊的圖像資訊與聯想。對語文思考者來說，這些聯想看起來或許毫無規則可言，但我其實一直在腦海中將圖像分類。

貝西與我相反，她完完全全是個線性語文思考者。一個句子必須文法正確，她才看得懂，然後她才能繼續讀下一個句子。貝西和我知道，我們兩人的思考方式截然不同，而那個差異卻成為我們後來合作的基礎。對於和我不熟的語文思考者來說，我的初稿看起來一定像是一段段不連貫的想法。貝西把我的圖像變成有次序的文字。

我們的合作過程如下：我先把初稿寫出來，貝西會重新編排文字，每一章都這樣進行。她是資訊管理大師，能從我的技術寫作中梳理出故事，我很喜歡她的方法。語文思考者熱愛故事；當他們可以看出故事的開頭、中間和結尾，他們才看得懂這個故事。身為物體圖像思考者，我把迥然不同的圖像資料湊在一起，在腦海組織起來；而空間圖像思考者是透過代碼、模式和抽象概念來理解世界。貝西會問我很多問題，尤其是關於事物的運作方式。那些東西對我來說簡直明顯到不行，但她的問題讓我知道，語文思考者如何處理資訊，這幫助我知道，向他們說明科學與工程觀念時，要聚焦於哪裡。

理解語文思考者和我做事的方式有哪些不同，是一個學習的過程。貝西使我變得更會解釋事情。不過，第一步是接受以下事實：每一種思考類型的人都以獨特的方式解決問題與增進知識。

▪ 解碼羅塞塔石碑

羅塞塔石碑（Rosetta Stone）是一塊非常有名的石板，上面刻了三種文字：古埃及象形文、埃及草書和希臘文。這些文字能解讀出來，全靠兩個天才。石碑上刻了美麗的鳥、獅子和蛇，中間穿插一些非圖像的符號。多尼克（Edward Dolnick）在《神祇的文字：解碼羅塞塔石碑的比賽》（*The Writing of the Gods: The Race to Decode the Rosetta Stone*）中，記載了這些象形文字的解碼過程。

楊格（Thomas Young）和商博良（Jean-Francois Champollion）兩個人是神童，很小的時候就能讀書識字。他們兩人可能都有自閉特質。

楊格接受醫學訓練後成為醫生，但他也發表過有關光波物理學的重要研究。他可以輕輕鬆鬆用數學方法解決科學問題，就像在玩解謎遊戲一樣。他對古埃及學並不是特別感興趣。他在解碼羅塞塔石碑時只使用數學方法，類似破解電腦密碼的方式。他發現有些象形文字代表語言的發音。但他的運算式做法只能解開一部分的謎團。要將羅塞塔石碑完全解密，還需要另一種知識。

商博良在法國長大，他靠著聽別人吟頌天主教彌撒詩歌，將他聽到的聲音與禱告書上的文字加以比對，自己學會閱讀。他十六歲時精通六種語文，十九歲時已經是大學教授。他不喜歡數學，只醉心於與埃及有關的一切，只要和埃及沾上邊的東西他都喜愛，不論關聯是多麼牽強。

商博良用聯想的方式解開了羅塞塔石碑剩下的謎團。他有種直覺，覺得科普特文（Coptic）可以成為希臘文與象形文字之間的橋梁。科普特文源自古埃及文，借用希臘文為文字，在阿拉伯人征服埃及之後，成為在埃及使用的語文。商博良根據他對埃及歷史與科普特文的淵博知識，發現獅子的圖形會因為敘述的脈絡有三種不同的意思：可能是指「獅子」、或代表字母L，或是諧音字「兒子」。商博良也根據他對埃及宗教的知識，找出靈鳥朱鷺的象形圖案象徵什麼意思。

楊格用數學方法（空間圖像思考者的典型做法）提供了必要的基礎；商博良的聯想方式（包括將聲音視覺化的能力，這是物體圖像思考者的典型做法）使解密任務大功告成。如果他們兩人能一起合作，羅塞塔石碑之謎可能會更早解開。（當然，他們也可能彼此看不對眼！）

我在靜音模式嗎？

新冠肺炎疫情期間，我幾乎完全活在線上世界，除了教課，有時還參加由各種奇怪網站舉辦的科學會議。我對視訊會議使用者界面的體驗和多數人一樣，從「容易使用」到「糟糕透頂」都有。有一次，為了在科學會議上演講，我必須花一個小時學習如何使用一個很糟糕的軟體，其中有半小時花在登入系統。有許多界面太複雜了。這個世界需要物體圖像思考者來創造更好用的版本，因為他們能想像使用者的使用情況。谷歌會成為全球第一的搜尋引擎，有一個原因：簡潔的白色畫面上只有一條空白搜尋欄。我第一眼看到這個畫面時心想：「哇，受教了。」

基於同樣的理由，Zoom 成為疫情期間最廣為使用的線上工具，因為不需要學習就可以使用。在疫情爆發封城之前，不論是出差還是上實體課，我從來沒聽過 Zoom 這個東西。我是從同事那裡聽到這個工具，他們不是用 Zoom 就是用微軟的

Teams。Zoom 的成功故事告訴我們，既存公司無法創新，給了新公司崛起的機會。袁征原本是思科（Cisco）的 Webex 視訊會議平臺的總工程師。他請思科改善 Webex，但公司不聽，於是他自行創業，提供更好、更容易使用的服務。袁征在疫情的頭六個月就賺進一百二十億美元。

湯普森（Clive Thompson）在《程式設計師》（*Coders*）指出，在網站前端從事使用者界面工作的人，常被「貶低為只是在做門面，不是真正的寫程式」。有數學頭腦的空間圖像思考者會被寫程式或抽象的東西吸引。湯普森表示，在那個年代，女性大多成為前端設計師，而男性大多去寫程式。

然而，湯普森在《紐約時報》的文章〈女性程式設計師祕史〉中提到，在電腦發展史的早期，有不少女性從事程式設計工作，不過在後來的幾十年，人數就漸漸減少了。1950 年代，性別障礙與偏見還沒有出現。湯普森說：「需要程式設計師的機構只透過性向測驗來評估應徵者的邏輯思考能力。」雇主通常只給應徵者做模式辨識測驗，尋找擅長邏輯思考、數學和細心的人。他們在尋找的人才，當然和性別無關。他們在找的是空間圖像思考者。

不過，即使是最出神入化的數學程式，如果使用者界面亂七八糟、難用得要命，也沒有用。

不計其數的人湧進 Zoom，是因為它很容易使用。沒有哪個使用者想要花一個小時學習怎麼使用軟體。有一次我用 Zoom 要連到巴西，不巧伺服器當機，於是我們改用

StreamYard。我從來沒用過那個軟體，但我不需要學習就能順利使用。瞧，優質的使用者界面就該像這樣。

農夫與牛仔

許多人說，他們會把感情與某些歌曲連結在一起。我的圖像思考大腦則會把歌曲與我聽到這首歌的地方，以及它引發的聯想畫面串在一起。我被斯科特斯戴爾（Scottsdale）養殖場踢出去的那一天，我聽到的是「桑尼與雪兒」（Sonny and Cher）的〈牛仔的工作沒有做完的一天〉（A Cowboy's Work Is Never Done）。我在史威夫特牛肉加工廠四處巡視的那天，我記得腦海裡不斷播放「賽門與葛芬柯」（Simon and Garfunkel）〈沉默之聲〉（The Sounds of Silence）中的一句：「先知的話寫在地鐵的牆上和廉價公寓的走廊上。」我在《星星的孩子》提到，當我開車離開肉品加工廠時，聽的是「齊柏林飛船」（Led Zeppelin）的〈天堂之梯〉（Stairway to Heaven）。

不過，我從小就喜愛的音樂是音樂劇裡的曲子。無論是小時候還是現在，我對那些歌曲的喜愛始終不變。我的高中室友會循環播放《旋轉木馬》（*Carousel*）、《再見伯迪》（*Bye Bye Birdie*）、《奧克拉荷馬！》（*Oklahoma!*）等音樂劇的曲子。我在高中曾參加才藝表演，演唱《奧克拉荷馬！》裡的〈農夫與牛仔〉（The Farmer and the Cowman）。在高中畢業典禮上，我朗誦《旋轉木馬》裡〈你永遠不會獨行〉（You'll Never Walk Alone）的歌詞：

> 度過風暴時
>
> 把頭抬高

這首歌使我想到我的未來。前方或許有風暴，但是度過風暴之後，就會看見光明的未來。我敲開並穿越了許多扇門，在穿越那些門時，我總是會想起這首歌，以及在未來等著我的金色天空。

我喜愛的音樂劇，有許多是由作曲家羅傑斯與作詞家漢默斯坦這對搭檔所創作，包括《旋轉木馬》和《奧克拉荷馬！》。我研究這對組合時發現，他們是互補頭腦的完美範例。他們相識時，羅傑斯在百老匯已經非常有名氣。漢默斯坦雖然不是那麼出名，但也受到許多人的尊敬。中年才開始合作的例子在劇場界並不常見，不過，在這兩個人決定要合作的那一刻，神奇的事發生了。

諾蘭（Frederick Nolan）在《他們的真善美》（*The Sounds of Their Music*）引述羅傑斯的話：「奧斯卡（漢默斯坦）和我之間起了化學作用。把對的元素放在一起，就能引爆火花。奧斯卡和我開始討論《奧克拉荷馬！》的那一天，我們一拍即合。」那是他們的第一次合作。羅傑斯說，當他收到漢默斯坦為開場歌曲〈喔，多麼美好的早晨〉寫的歌詞，不到十分鐘，腦海裡就產生了無法忘懷的旋律。「當奧斯卡把歌詞交給我，我一讀，內心就歡欣激動不已，因為歌詞美妙得無與倫比。」

他們的合作並不是「兩人一起創作到半夜，鋼琴上的菸灰缸裡塞滿菸蒂」那種模式。漢默斯坦大多在賓州的家裡創作歌詞，羅傑斯大多在康乃迪克的家或紐約市的公寓裡作曲。漢默斯坦先寫出歌詞，然後寄給羅傑斯，由羅傑斯譜曲。

普敦（Todd Purdum）在全國公共廣播電臺（NPR）《新鮮空氣》（*Fresh Air*）節目的某次訪問中表示，羅傑斯與漢默斯坦其實並不熟。桑坦（Stephen Sondheim）說，這兩個人之間沒有任何交情。這並不重要。他們之間是共同創作與事業合作上的關係。羅傑斯在他的回憶錄寫道：「我對音樂劇一直有一種看法，一齣劇能成功，是因為每個部分都能互相契合與補足。沒有哪個部分壓過其他部分……它是許多人的心血結晶，但給人的感覺卻是，它是由一個人創作出來的。」

根據普敦的描述，這兩個人都採取「對專案忠誠」的態度，他們所有的作品都使用相同的音樂編曲家、合唱編曲家與劇場設計師。若把他們想像成摯友，是他們的親密關係使這個百老匯傳奇能夠不斷延續，倒不失為一段佳話。不過我們應該知道的是，真正把互補頭腦連結起來的，可能是工作本身與工作倫理，而且參與其中的人一致認為，兩人的合作是一加一大於二。桑坦總結說：「漢默斯坦才華有限、靈性無限，而羅傑斯才華無限、靈性有限。」我的說法是：語文思考者與空間圖像思考者一起創作出美妙的音樂。

未來需要互補的頭腦

任何關於未來技術的決策，例如運用核融合技術產生潔淨能源，都需要物體圖像思考者參與。核融合將會是終極的氣候友善能源，用來取代核能與石化燃料發電廠。擅長數學的空間圖像思考者正在努力使理論物理學變得可行。私部門已經產出四個不同的設計，看起來像是下一部強檔科幻電影的場景。最近的《自然》雜誌有一篇文章〈追逐核融合能源〉，介紹了這四個設計，每個都運用強大的磁場來約束比太陽溫度更高的電漿。問題在於，哪一項技術最後能走到商業發電的那一步？

首先，我們需要確定，潛在投資者不會被漂亮的簡報騙得團團轉。過去已經有投資者被看似有前景但其實行不通的技術騙倒，例如血液檢測公司賽拉諾斯（Theranos）。賽拉諾斯開發了一款血液檢測機，只要用一滴血就可以進行多種診斷檢測。投資者從來沒想過要把這種新機器的結果，拿來跟傳統商業實驗室的結果比對。數百萬美元就此投入一個無效的技術，而事實上，潛在投資者只要刺一下自己的手指，就能輕鬆檢驗這項技術的效果。賽拉諾斯的創辦人霍姆斯（Elizabeth Holmes）後來被起訴十一項詐欺罪名，四項罪名定讞。

我看了四種不同的核融合反應爐設計，心想，我會投資在哪一個上面？私部門的大型投資機構已經投入數百萬美元在其中兩種設計上。我用谷歌搜尋這兩種設計的圖片時，我清楚看出，它們可以用工業機械廠的標準方法做出來。

第四種設計稱為仿星器（Stellarator），外觀美極了，看起來像是被妙妙圈包覆的線圈，一個閃亮的新玩具。不過，它的形狀非常複雜，很難用傳統的金屬加工方法製造。而最早出現的設計叫做托卡馬克（Tokamak）。在國際原子能總署（International Atomic Energy Agency）的刊物中，皮克特（Wolfgang Picot）對托卡馬克和仿星器這兩種設計的看法是：「托卡馬克更能讓電漿保持在高溫狀態，但仿星器更能讓電漿保持在穩定狀態。」

穩定是商用系統的要素。就長遠來看，充滿美感的仿星器有太多優勢，即使金屬構件的獨特造型會帶來工程上的挑戰，我還是會選擇投資在這個設計上。這些構件需要用 3D 列印做出來。3D 列印機就和仿星器一樣，也需要依賴兩種人。空間圖像思考者能寫出電腦程式，列印你能想像的任何東西，從樂器、義肢、整棟房屋，甚至是仿星器需要的複雜形狀金屬構件。

然而，這些機器都是所謂「難照顧」的玩意兒，不是按個按鈕就能做出來的東西。它需要花費心血細心照料，而我敢保證，我們需要靠物體圖像思考者的靈巧頭腦製作出這些精確的金屬元件。在現今這個複雜的世界，我們需要倚賴思考方式不同的人，同心協力找到潔淨能源的解決方案。我們的未來全押在這上面了。

第五章

天才與神經多樣性

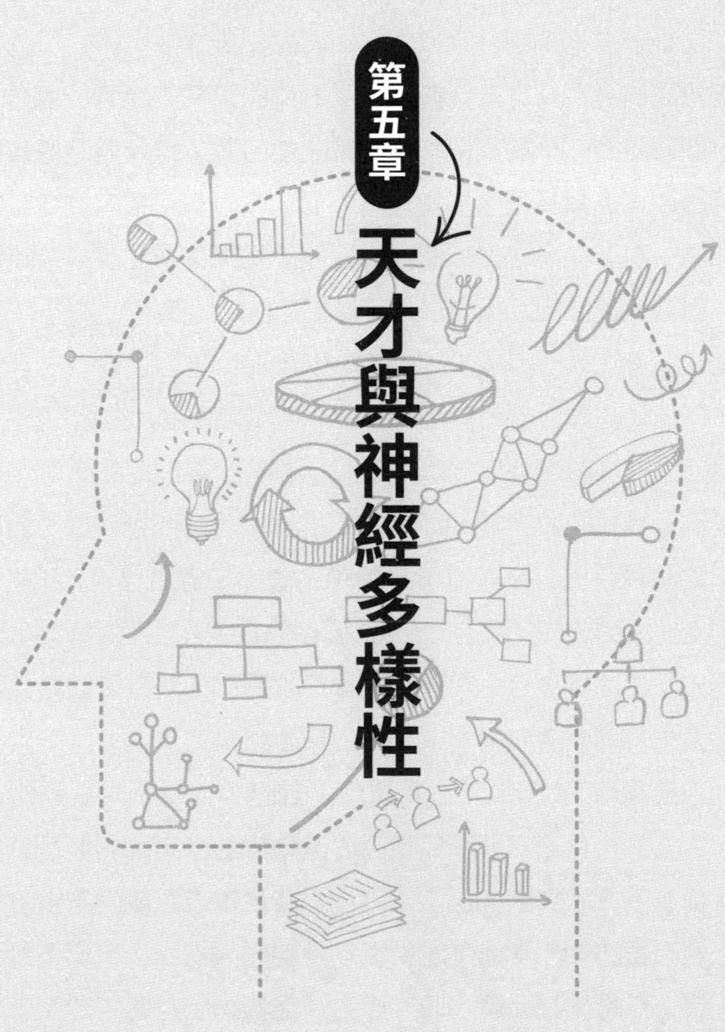

我在小學階段第一次接觸到天才，當時我迷上一本關於知名發明家的書。我讀了一遍又一遍，深深著迷於他們的故事和發明。他們當中有許多人和我一樣，是「難搞的小孩」，他們展現出我們現在稱之為亞斯伯格或自閉症譜系的特質，像是過動、閱讀障礙、學業成績不佳、社交能力差，以及對某些事物容易分心，但對另一些事物有驚人的專注力和熱情。許多發明家和我一樣，從小就喜歡把東西拆開，然後再裝回去。

對我來說，萊特兄弟有一種特別的親切感，他們在取得小鷹飛行器（*Kitty Hawk Flyer*）的專利之前，進行了近一千次測試，不斷修正與改善他們的飛行器。我會用紙折飛機和風箏，然後一次又一次調整，當其他「正常的」孩子開始覺得無聊時，我還是繼續做實驗，不斷的一折再折，想要創造最大的升力。當時我還沒有被診斷出自閉症，也不知道自己為何「與眾不同」，但我後來發現，我和萊特兄弟有一些相同的特質，像是一心一意的專注力、對涉及機械原理的東西格外著迷，以及驅動力來自邏輯而非情感。

我最佩服的發明家是愛迪生。他擁有 1,093 項新發明專利，成為二十世紀初期呼風喚雨的人物。他對美國的創新做出一些極為重大的貢獻，在發明燈泡以及發電廠系統，把電力帶進人們家裡之後，愛迪生成為家喻戶曉的人物。他用從不疲倦的創業家熱情，發揮驚人的想像力。他的潛能在童年時期就顯而易見，當中也包括我們現在視為自閉症譜系的特質。

不管怎樣，在人死後才對他做診斷，或是為他的創造力來源貼上標籤，都是一件危險的事。然而，雖然證據只來自觀察和傳聞，仍有不計其數的傳記和研究試圖解釋，藝術界和科學界天才的天賦是怎麼一回事。愛因斯坦的大腦在他死後七小時被取出來，成為無數人研究的主題。也有不計其數的人想要解開莫札特、貝多芬、達文西、米開朗基羅、牛頓、克普勒、達爾文和莎士比亞的天賦從何而來。原因很簡單：天才讓人很感興趣。改變世界的人自成一類。

我將在本章探討神經多樣性、天才和圖像思考的交會點。我們會看到極具創造力的人與聰明的圖像思考者在學校過得很痛苦的例子，像是愛迪生。我們會探討有多少聰明人具備物體和空間圖像思考能力，瞧瞧有關創造力和遺傳學的概念，以及某些天才是不是屬於自閉症譜系。我的目的不是找出這個世界的愛因斯坦，我只想透過一系列的側寫，窺見神經多樣性在我們認定的天才的身上，是如何呈現出來。

與眾不同的朽木

從各種傳記的描述看來，愛迪生具有一些自閉特質：他的額頭凸出（自閉症的特徵之一是頭很大），他知道鎮上每一條街道的名稱，他會打破沙鍋問到底。從兩件事可以看出，他比較缺乏情感（例如同理心）。第一個事件是，他把父親的穀倉燒掉，另一個事件是，他和朋友去河裡玩水，當他的朋友溺水時，他卻丟下朋友自己跑掉了。在上學階段，愛迪生在班上的成績墊底，被認為難搞、很容易分心，以及「發展延遲」。傳記作家摩里斯（Edmund Morris）引用愛迪生的話：「我在學校不知道怎麼跟別人相處。我不知道上學是為了什麼，我永遠在班上墊底……父親認為我很笨，以致我差點也認為自己是蠢蛋。」

在今日的教育體系，近七分之一的美國男孩經診斷患有注意力不足過動症，愛迪生可能也會被貼上同樣的標籤。像愛迪生這樣的機械取向思考者，常會覺得以語文學習為主的教室課很無聊。這類孩子需要動手做東西，我們在教育的章節〈校園裡的篩選〉探討過這個主題。

愛迪生的母親曾經當過老師，當她得知小學老師說愛迪生「腦筋不好」，就不再讓愛迪生去上學，開始在家自己教。她讓愛迪生看各式各樣的書，包括派克（Richard Green Parker）寫的《自然與實驗哲學綱要》（*A School Compendium of Natural and Experimental Philosophy*）。摩里斯說，這本書教會愛迪生許多知識，包括當時已知的六十一種化學元素，以及滑輪、槓桿、楔子、螺絲、斜面板、輪子等六個基礎工具，為愛迪生奠定了發明的基礎。這些基本的機械工具啟發了這個聰明的年輕人，使他後來成為聰明工程部的一員，我完全不意外。

愛迪生在十二歲開始到大幹線西部鐵路公司（Grand Trunk Western Railroad）當報童。他小學復學之後為何又輟學的原因，眾說紛紜，但他的創業天分在教室之外如魚得水，蓬勃發展。他找到方法，在底特律與休倫港之間的區間車上把生活雜貨賣給客人，並賺取一點利潤。他把電報訊息編排在一張大紙上，稱為《每週先驅報》（*The Weekly Herald*），每份賣三分錢。他在家裡的地下室建造實驗室，裡面擺了兩百多瓶化學物質。有一個廣為人知的故事是，他在大幹線火車的半空行李車廂做化學實驗失敗，造成失火。到十四歲時，這位有創業精神的發明家已經羽翼豐滿，蓄勢待發。

接下來，愛迪生遇到了兩個貴人。第一位是麥肯錫（James MacKenzie），他是電報主管兼火車站站長，教愛迪生摩斯電碼以及操作電報機的方法。

第二位是波普（Franklin Loenard Pope），他是電報員、電力工程師、發明家和專利律師，所撰寫的《現代電報實務》（*Modern Practice of the Electric Telegraph*）後來成為業界標準手冊。情況有可能是，求知慾旺盛的愛迪生讀過這本手冊，主動找上波普。波普比愛迪生大七歲，他後來成為愛迪生的導師和半個贊助人，提供薪水和住的地方給愛迪生。他們一同成立了波普愛迪生公司（Pope, Edison & Company）。愛迪生在二十一歲取得第一項專利「電子投票計數器」，不久之後，他申請了另一項專利「單線印刷機」，基本上就是股價收報機。這為接下來「雙向傳輸電報」的發明鋪了一條路，它的電磁流能夠支持雙方同時運作，因此可以進行雙向通話。

愛迪生和波普為何在一年後拆夥，沒有人做出明確解釋，但我們不難想像，多產又有才華的愛迪生在學會如何申請發明專利之後，想要單飛。

毫無疑問，愛迪生的故事告訴我們，天才不是從石頭裡蹦出來的。如果沒有別人教導以及多方面的接觸，最聰明的人也可能找不到才華的出口、或是成功的途徑。愛迪生的母親用心教育他，他在童年和青少年時期有許多機會使用機械和電氣設備。他在當火車小販和報童時，培養了很強的工作倫理，而他的創業熱情得到波普的鼓勵與贊助。

這些優勢都與愛迪生的天生能力相契合。他強烈的好奇心（我相信是天生的），加上他看世界的方式（我相信他是物體圖像思考者，因為他喜歡動手做東西），雖然使得他的小學階段過得不愉快，最後卻促成他成為發明家。我之所以認為他是圖像思考者，是根據一個有力的線索，戴爾（Frank Dyer）與馬丁（Thomas Martin）為愛迪生寫的傳記引用了愛迪生說過的一句話：「我可以雇用數學家，但他們不能雇用我。」根據他自己的說法，他的機械頭腦（他的天賦）遠遠超過他的數學能力。

像愛迪生這樣不守規矩的孩子以及有學習障礙的孩子，他們的故事總讓我感同身受。現在，終於有一個運動敦促人們承認，那些在某個情境下（例如教室）看似缺陷的特質，在另一個情境下有可能視為才華。

神經多樣性

「神經多樣性」一詞源自自閉症社群。在自閉症社群裡，這個詞號召所有長期因為與眾不同而被邊緣化的人，呼籲大家團結起來。支持者竭力想要改變「把人簡化成診斷或標籤」的醫療模式。記者布魯姆（Harvey Blume）在《大西洋》把這個概念濃縮成：「就重要程度來看，神經多樣性對於人類，可能和生物多樣性對於所有生命一樣。有誰能說哪一種思考方式在任何情況下都是最好的呢？」神經多樣性後來又擴大範圍，納入閱讀障礙、注意力不足過動症、感覺處理失調、學習障礙、過動症、妥瑞氏症、強迫症、躁鬱症、思覺失調症，以及各種型態的自閉症特質。

新冠肺炎和癌症可以透過實驗室檢測得到清楚的診斷。但神經多樣性不是這樣。輕微的思覺失調症可賦予一個人極大的創造力，而最嚴重的情況可能導致妄想，毀掉一個人的心理健康。

納許（John Nash）是普林斯頓大學（Princeton University）快速崛起的年輕數學家，他以兩年時間，在二十二歲取得博士學位，並為賽局理論做出重大貢獻。賽局理論是一種數學工具，可以用來分析人們在某些互動情境下可能採取什麼行動。賽局理論可以用來解決任何領域的衝突，最廣為人知的是應用在經濟和政治領域。就和許多傑出的科學家一樣，納許從小就展現了他的聰明才智。在娜薩（Sylvia Nasar）為納許寫的傳記《美麗心靈》（*A Beautiful Mind*）中，納許四歲就自己學會閱讀，把自己的臥室變成實驗室，「把收音機、電動裝置拿來玩，還做化學實驗」。

納許熱愛奇幻小說和科學作品。和愛迪生不同，納許在學校的成績非常優秀，父母在他高中的時候還讓他到附近的大學修課。但納許生性孤僻，總是獨來獨來，沒有朋友。他心態幼稚、社交能力很差，不斷提出關於科技和自然界的問題。他在學校說話總是不得體。（我以前也會這樣，現在有時還是這樣。打斷別人說話會被視為粗魯或沒有禮貌，但是自閉症譜系者天生就是如此，這是不善解讀社交線索的結果。）化學老師在黑板出題目時，其他學生會拿出紙筆來解題，但納許會盯著黑板看，當他在腦海中得到答案時，就會直接說出來。

長大之後，納許開始產生妄想，他相信共產黨要迫害他。思覺失調症通常會在青少年階段表現出來，神經網路從這個時候開始出現問題。納許在三十歲時開始出現精神病症狀，終其一生，他多次精神崩潰。不過，他還是親自去參加諾貝爾經濟學獎的頒獎典禮，他因為促進了賽局理論的數學原理而獲獎。我們無法知道，他年紀輕輕就爆發的才華，是不是思覺失調症出現之下的產物。

神經多樣性背後的中心思想是，找出思考神經系統失調的新典範，包括廢止「失調」這個字眼。支持者主張，不要把自閉症之類的狀況歸於病態，而是將它視為正向的與眾不同之處。約克大學（University of York）的斯皮金斯（Penny Spikins）提出一個理論，輕微的自閉症、躁鬱症與注意力不足過動症可能賦予人類演化優勢。斯皮金斯認為，認知差異的出現會帶來篩選上的好處，包括對個人和社會。她推測，自閉症對於冰河期的歐洲人有益，因為寒冷的氣候使人更依賴技術。

斯皮金斯在她的著作《自閉症的石器時代起源》(*The Stone Age Origins of Autism*)寫道:「我們之所以是『人類』,不是由單一種『正常』心智所造成,而是不同心智彼此複雜互相依存的結果,在這之中,自閉症扮演了重要的角色。」

能夠整合「差異之處」的群體將擁有優勢,這都要感謝自閉症譜系者和圖像思考者,要歸功於他們執著的專注力、對細節的留意,以及有時強大到令人害怕的記憶力。此外,有輕微躁鬱症的人可能促進了群體的社會化。

事實上,斯皮金斯提出,這些特質之所以一直存在,是因為輕微的版本至今依然持續帶來優勢,好比技術創新的才能。若少了神經多樣性,人類的演化史與現今的世界可能看起來會很不一樣。

2018年,科羅拉多大學醫學院(University of Colorado School of Medicine)的席克拉(J. M. Sikela)與加州大學舊金山分校的奎克(V. B. Searles Quick),在論文〈基因體的取捨:自閉症與思覺失調症是人類大腦付出的過高代價嗎?〉,提出一個有趣的論點。他們認為,自閉症可能是大腦某些基因序列過度發展的結果,而思覺失調症是基因序列發展不足的結果。從大腦發展的觀點來看,這兩種情況是相反的,表現出來的狀況也有很大的個別差異,從嚴重失能到輕微的個性差異都有。

席克拉寫道:「演化是機會主義的、但也是中立的。物種的基因體發生的變化可能對某些個體產生危害,但對整體有利。因此,演化通常會涉及基因體權衡(trade-offs),多數人的益處會勝過某些個體受到的損害。」我相信，不論我有什麼不足，我的高度圖像化能力推動了我一生的工作與我能做出的貢獻。這樣的權衡我說什麼也不想改變。

我最近在《紐約時報》讀到一篇報導說，加州某個啟聰高中美式足球隊的比賽成績所向披靡。教練說：「失聰球員的敏銳視覺使他們對動作有很強的警覺性。他們的視覺能力極強，能更為敏銳的覺察對手在球場上的所在位置。」教練也把成就歸功於球員之間的溝通方式——手語。比起聽力正常的球員，他們能以很快的速度比出手語、一點時間也不浪費。「不要輕易覺得自己擁有優勢，」一位被打敗的球隊教練說：「他們的溝通比我帶過的任何球隊都更優異。」在我看來，這很像是一種基因體權衡。

奧克拉荷馬州立大學（Oklahoma State University）教授莫爾（Curt Moore）對於有／無注意力不足過動症的創業家進行研究，所得到的結果支持上述觀點。莫爾發現，某些形式的神經多樣性在職場中可能是一種資產。莫爾寫道：「我們的研究指出，注意力不足過動症的神經多樣性，與某些創業思維呈現有意義的相關。有注意力不足過動症的創業家使用更傾向直覺的認知型態，並展現更高的創業敏銳度。」有注意力不足過動症的創業家更傾向於尋找機會，並展現很強的動機。

有大量資料顯示，在科技業工作的人當中，屬自閉症譜系的人數高到不成比例，不過，有許多程式設計師很不想被貼上自閉症的標籤。某位在科技業工作的匿名軟體工程師相當符合自閉症譜系的特徵：他在一次訪談中表示，他小時候自己學會寫程式；他對少數事物的高度專注讓他的家人不太高興；他的學業成績很差，主要是因為學習環境太僵化、學習內容沒有挑戰性。他現在是一家知名高科技公司的資深軟體工程師，事業成功，他覺得自己的能力得到了應有的獎勵。「科技業是世界上對亞斯伯格症最友善的環境之一。軟體工程師的社交需求，大多只涉及與同事一起做出產品。」

麥克法蘭（Matt McFarland）在《華盛頓郵報》寫道：「具有全部特質的亞斯伯格症候群或自閉症會阻礙事業發展，但少許的特質對於孕育改變世界的創新至關重要。」

PayPal 創辦人提爾（Peter Thiel）指出，我們的社會環境偏好風格一致，不鼓勵大膽的創業精神。《商業內幕》（*Business Insider*）對提爾做了一期人物側寫，提爾表示，矽谷有許多成功的創業家是自閉症譜系者，「這對創新是一種利多，而且創造了許多偉大的公司」。他表示，雇用員工時，他會避免聘雇有企業管理碩士學位的人，因為這些人高度外向且缺乏信念，這些特質的組合會導致「高度盲從的思維與行為」。

許多人認為祖克柏屬於亞斯伯格譜系。人們對他的描述是：呆板、不善社交，以及極度專注於少數事物。根據麥克法蘭的說法，祖克柏「每天都穿灰色 T 恤，他說他想把所有精力用在臉書的決策，而不是挑選服飾。」有人認為他是發明全世界最大社交網路的天才。諷刺的是，讓全世界人類互相連結的平臺，創造者竟然是一個眾所周知不善於與人連結的人。或許，那正是真正的原因。

自閉症社群裡對於神經多樣性有不少爭論。在光譜的一端是能力受到極大損害的人，他們不會說話、不會自己穿衣服，也沒有發展出一些基本能力。在光譜的另一端是在微軟公司工作的工程師或創新者。大多數的自閉症譜系者落在兩個極端中間。神經多樣性的概念給了自閉症譜系者一種正向的觀點，來看待自己的與眾不同之處。希伯曼（Steve Silberman）在著作《自閉群像》（*NeuroTribes*）主張，我們應該將神經多樣性視為不同的運作系統，而不是透過診斷式標籤來看待。他寫道：「小時候被取笑是怪咖和漫畫人物『魔神腦』（brainiacs）的人，長大後會成為建構世界未來的人。」

另一個出乎意料成為眾人矚目焦點的人物，是一個有亞斯伯格症候群的瑞典少女。童貝里（Greta Thunberg）說話的語調沒有高低起伏，也很少與人有視線接觸，因此很難讓人想像，她能發表震驚世界的演說，並激起新一代的環保運動。不過童貝里說，她的與眾不同之處正是她的超能力。

當我向自閉症團體演講時，我很喜歡跟他們分享一篇我最喜歡的科學研究論文〈獨居哺乳動物為自閉症譜系障礙提供動物模型〉，作者是南加州大學（University of Southern California）的瑞瑟（J. E. Reser）。這篇論文精采描繪了神經多樣性如何在動物王國展現出來。我們將在最後一章探討，動物研究能夠啟發我們對人類神經多樣性的認識。

動物大腦的發展跟人類一樣，要麼著重於社交或情感處理能力，要麼著重於認知處理能力。在一個物種中，有某種範圍的差異性是很正常的事。不過，如果我們觀察不同的物種，差異性就可以看得更清楚。

以大型貓科動物為例，有些物種非常社會化，有些物種喜歡獨居；獅子是群居動物，而老虎和豹是獨居動物（交配期除外）。靈長類動物中，黑猩猩喜好群居，以社群為單位一起生活，紅毛猩猩則是獨居動物。狼過的是群體生活，而條紋鬣狗是獨自生活。

瑞瑟檢視許多來源的資料後發現，獨居動物的基因和荷爾蒙，與自閉症譜系者有相似之處。比起群居動物，獨居動物的催產素（影響社交行為的荷爾蒙）濃度較低。比起同物種中較社會化的個體，有自閉症的人與獨居動物在獨處時顯得較不焦慮。在大型貓科動物家族中，如果豹或老虎是人類，基於他們的不合群行為，他們可能會被診斷有自閉症。牠們有缺陷嗎？豹有失調症嗎？在動物王國，我們不會使用這些標籤。

天才的遺傳學

不論想探討的主題是心理學、腦部發展、遺傳學或是文化對個別差異的影響，不計其數的研究都圍繞一個基本的問題：什麼因素決定了一個人的發展？是什麼因素使人們成為現在的樣子？例如，為什麼某個家族成員會遺傳家族疾病，像是心臟病或癌症？為什麼一個家庭裡的某個孩子樣樣順利、另一個孩子卻多經苦難？家族的弱點會如何，以及在何處、何時顯露出來？我還想問，為何家裡的某個成員是圖像思考者、另一個人卻是語文思考者？為何某個家庭的所有成員都成為會計師、另一個家庭的所有成員都成為律師？

這是個古老的爭論，爭論的核心是：一個人的能力有多少成分由先天遺傳決定，有多少由後天學習決定？我上大學的時候，人們普遍相信，所有的遺傳特徵遵循一個簡單的模式，其基礎是孟德爾（Gregor Mendel）的遺傳原則。孟德爾種植了各式各樣的豌豆植物，結出來的豌豆表現出不同的遺傳特徵。

當時的人不認為自閉症與遺傳有關，而一直認為是後天養育，或是缺乏照顧造成的。人們根據貝特罕（Bruno Bettelheim）廣為人知的理論，把原因推給缺乏母愛的「冰箱母親」。這個殘酷且毫無根據的觀念橫掃 1940 到 1960 年代，直到心理學家林姆蘭（Bernard Rimland）站出來反駁。林姆蘭的兒子有自閉症，他從生物學找到了自閉症的源頭。

在接下來的二十年，有許多研究逐漸扭轉情勢，使科學家開始相信，自閉症是遺傳因素造成的。弗里思進一步發展這套理論，提出自閉症是一種帶有遺傳性質的神經生物疾病。但自閉症並不遵循孟德爾的遺傳學模式，這代表自閉症不是由某個「自閉基因」造成的。事實上，有多個基因會互相影響，導致自閉症症狀。現在的研究者認為，可能有一千種基因與自閉症有關。

我們現在知道的事實是：胎兒在發展階段會快速產生大量

細胞，形成大腦皮質。大腦皮質除了處理語言之外，還要負責感官資訊、智力、思想、記憶、覺知、運動功能與執行功能。這些未分化的細胞在胎兒體內會逐漸長成骨細胞、皮膚細胞、腦細胞等等。從一開始的細胞分化，到人類胎兒或動物的完全發展，這個過程全由遺傳自父母的基因控制。腦部功能如此複雜，基因不可能指揮每個腦細胞到達正確的位置，因此永遠會有一些變異發生。更高階的大腦皮質發展，也不是單純用孟德爾定律的顯性或隱性基因就能解釋，畢竟父母兩人都提供了許多微小的遺傳密碼和變異。

雖然大腦的形成過程極其複雜，但是大多數的時候會發展成神經典型。然而，在胎兒的發展階段，遺傳與非遺傳因素都會影響胎兒的生長，包括母親的飲食、環境、壓力因子和整體健康。有些自閉症譜系的症狀可能是基因變異造成的。

遺傳密碼由四個字母兩兩成對，形成 DNA 梯形鏈的橫擋。我會這麼跟學生解釋：二進位電腦程式碼可以把每一本書、每一份工作表或是每一部電影轉換成二位碼。在基因體學中，創造人類、植物或動物的完整藍圖，以四位碼寫成。一小段相同的四位遺傳碼可能在基因體裡重複出現多次。這個變化機制稱作重複序列。在胎兒發展階段，相同序列的數目可能增加或減少，這個過程對不同的特質發揮「數量控制」作用，這可以解釋，為何手足不一定有相同的膚色和身高等特質。

我們的特質大多是由多基因控制，這代表我們的特質會受許多基因的影響。理解個別差異的另一個機制是單核苷酸多型性（SNP）。每一個單核苷酸多型性指的是，DNA 梯形鏈的某個橫擋可能被取代。有時梯形鏈的某個橫擋會平白無故出現變化，這種情況稱作新生突變，會出現在一小部分自閉症患者身上。

要探討遺傳，就一定會遇到雙胞胎研究。長久以來，科學家喜歡對雙胞胎進行研究，因為他們提供完美的樣本，可以觀察先天與後天的影響力。同卵雙胞胎的基因是百分之百相同，異卵雙胞胎的基因有百分之五十相同，這比例和其他的非雙胞胎手足一樣。高爾頓爵士（Sir Francis Galton）博學多才，他是統計學家、發明家和社會學家，也是最早對雙胞胎進行科學研究的人之一。他獨創的「天性與養育」說法，至今依然是我們思考「哪些東西是天生就會」和「哪些東西是學習得到」的方針。

高爾頓爵士在 1875 年發表的研究論文〈雙胞胎的歷史〉寫道：「雙胞胎特別能引起我們的注意，因為他們的成長過程提供我們一種方法，區分什麼是一出生就具有的傾向，什麼是成長環境加在他們身上的東西。」他研究了三十五對同卵雙胞胎，並做出結論，有一半的雙胞胎極度相像，另一半是非常相像，包括生理特徵與性格特質，像是勇敢與膽怯，情緒化與冷靜。高爾頓根據研究結果形成他的優生學理論，將種族與階級優越感進一步升級。他那個部分的理論已經遭到唾棄，不過他也為其他人指出方向：透過雙胞胎來尋找遺傳密碼的線索。

現在的雙胞胎研究多了 DNA 樣本、基因型鑑定、腦部造影的輔助。即使貝特罕沒有根據的指控已過了六十年，仍有一些母親對於孩子的任何發展問題感到內疚。為了平定怪責母親的聲浪，耶魯大學研究員使用近五十對同卵和異卵雙胞胎的胎盤，來確認孩子的發展異常是否源自遺傳。他們發現，導致發展異常的細胞增生，出現在同卵雙胞胎的頻率很相似。

這個研究的第一作者克里曼（Harvey Kliman）寫道：「本研究指出，發展異常比較可能是源自孩子的基因，而不是母親的失職。」我們現在還不知道的是，這些「異常」如何在某個人身上變成不利的包袱，在另一個人身上卻成為天分。

都柏林聖三一大學（Trinity College Dublin）助理教授米謝爾（Kevin J. Mitchell）表示，遺傳學研究能精準衡量各種人格特質，像是衝動性、語言能力、性傾向、吸菸、反社會行為，以及包括自閉症與思覺失調症在內的神經精神失調。例如，如果雙胞胎中有一人有自閉症，另一人為自閉症的機率，在同卵雙胞胎為百分之八十，在異卵雙胞胎為百分之二十，這支持一個理論，認為大腦的發展不是完全由遺傳變異導致。米謝爾寫道：「基因體不是決定一個人的密碼，它只是編寫了如何做出一個人的程式，而這個潛在能力唯有透過發展的過程才能實現出來。」

明尼蘇達大學（University of Minnesota）心理學家布查德（Thomas Bouchard Jr.）將雙胞胎研究向前推進一步，他研究出生時分開養育的雙胞胎。在知名的〈人類心理差異的源頭：分開養育雙胞胎明尼蘇達研究〉中，布查德找到 137 對在出生後就分開的同卵與異卵雙胞胎。他的結論是，分開養育的同卵雙胞胎展現的共同人格特質、興趣和態度，與一起養育的同卵雙胞胎相同，代表「到目前為止，我們所研究的每個行為特質……幾乎都與遺傳變異有關。」

腦部磁振造影技術在 1980 年代發明，當時我檢視兩對同卵雙胞胎的掃描影像，這些影像看起來很相似，但我能看出他們的胼胝體（連絡左右半腦的結構）形狀有些微的差異。環境和經驗（養育）造成了結構上的差異。

瑞典卡羅林斯卡學院（Karolinska Institute）神經學系的德曼扎諾（Örjan de Manzano）進行一個同卵雙胞胎研究，他比較雙胞胎的腦部掃描影像，研究員找來幾乎不會鋼琴的雙胞胎，然後教其中一人彈鋼琴。他們的腦部磁振造影影像顯示，音樂訓練會使聽覺皮質與控制手部運動的腦區增厚。使用這些腦區顯然能使腦部組織增生，這就是養育的影響。

巴黎索邦大學（Sorbonne University）的林納韋伯（Gerit Arne Linneweber）進行的果蠅研究顯示，在神經系統的發展過程中，「非遺傳干擾」（不受遺傳密碼控制的因素）會造成行為與構造上的差異。林納韋伯發現，果蠅視覺系統自然發生的構造差異，會改變果蠅的行為。這就像是成長中的植物。遺傳密碼無法指揮每個發展中的神經元，在每個人身上到達相同的地方。

是什麼因素造成些微的差異呢？假設有兩輛相同的福特汽車剛組裝完成。款式相同、品牌相同、內裝相同。它們完全相同，但開起來的感覺卻稍有不同。因為每輛車都有它的特殊之處。此時我的腦海浮現了工廠組裝線的畫面，以及哪些環節可能有變異的空間。或許某個工人在某輛車的車門密封條上塗的膠，比另一輛車多了一點點；或是有一支迴紋針從工人口袋掉出來，留在車身板件裡，使車子會發出異音；或是有某個螺絲沒有鎖緊。

現在我們想像，這些特殊之處與變異發生在腦部的發展過程中，這就可以說明，為何大多數人都是泛泛之輩（福特汽車），只有少數人是天才（法拉利跑車）。

史丹佛大學的賀加提（John P. Hegarty）等人最新的磁振造影研究顯示，腦部的大小和絕大部分的結構是由遺傳決定的。無論是有自閉症的同卵雙胞胎或神經典型的同卵雙胞胎，都是由胎兒的幹細胞數量決定。研究也指出，自閉症大腦對環境的影響比較敏感。用比喻來說明，大腦（控制語言功能的腦區）就像是一條馬路，基因決定會它是四線道還是單線道。以我的情況來說，精密的磁振造影顯示，我的語言「通道」比較窄，這是遺傳因素決定的。不過，環境（密集語言治療）可以決定我能不能學會說話，經常訓練說話會使那些狹窄的通道變得稍微寬一點。

有不少研究員也以學者症候群患者為對象，想要了解他們的超凡能力是不是源自基因。（有自閉症的人當中有百分之十具有學者特質，相形之下，一般人當中只有三百萬分之一具有學者特質。）

學者具有超乎常人的能力，例如，在很短時間內學會多種語言，聽過複雜的音樂編曲一到二次，就能照樣彈奏出來，能夠記住栩栩如生的畫面，以及展現強大的記憶力，像是記得日曆和其他數學計算公式。

崔佛特（D. A. Treffert）醫師是流行病學專家，專長是自閉症譜系障礙。他把學者能力描述為「零碎天賦」，雖然記憶力很強大，但能力局限在很狹隘的範圍內。萊姆克（Leslie Lemke）是崔佛特的研究對象，他有學者症候群，在六個月大的時候失去視力，同時有腦部損傷和腦性麻痺。當他十四歲時，他的養父母發現，他從電視聽過柴可夫斯基第一號鋼琴協奏曲一次之後，就能彈奏出來。萊姆克無法讀樂譜，也沒上過鋼琴課，但任何曲子他只要聽過一次就能彈出來。他後來到世界各地開演奏會，展現他的驚人能力。令人稱奇的是，他不會說話，在彈奏鋼琴時卻能唱歌。

林姆蘭推論認為，在這樣的例子中，大腦的部分缺陷將左半腦整個關閉，更聚焦於右半腦，左右半腦之間不需要取得平衡（這使我們想到光譜分布的概念），右半腦毫無阻礙的全速前進，使人擁有超高水準的精湛技藝。這些能力通常需要用巨大的代價交換，包括欠缺社交能力和極度孤僻。用另一種方式描述，擁有單一絕技的人活在半個腦袋的世界裡。

有些人認為，學者沒有創造力，是因為他們只是把音樂或視覺藝術作品做精準的複製。在精準複製之後，學者可能會注入一些小小的變化，如果他們得到鼓勵，有些人可能可以在音樂和藝術方面展現創造力。例如，萊姆克後來也開始即興演奏。不過就我們所知，學者無法創造出曠世巨作。

石頭裡的雕塑

所有文獻對米開朗基羅的描述，都說他是個獨來獨往的人，就像豹一樣。他在十二歲輟學，三年的學徒制只完成一年就中止，因為他覺得已經沒有東西可以學了。比起與其他藝術家和工匠一起，他寧可獨自工作。米開朗基羅是自閉症譜系者嗎？英國精神科醫師阿莎德（Muhammad Arshad）與都柏林聖三一大學精神醫學教授費茲傑羅（Michael Fitzgerald）都認為他是。他們都點出米開朗基羅「心無旁騖的工作習慣」與糟糕的社交能力。

與米開朗基羅同時代的康迪維（Ascanio Condivi）曾為米開朗基羅寫傳記，他表示：「米開朗基羅的才華與作品的核心，是內心澎湃的獨處。」米開朗基羅對於吃的東西毫不在意，吃東西只是為了止飢。在創作「大衛像」（*David*）的那三年，他離群索居，極度專注於創作，連澡都不洗，睡覺時也沒把鞋子脫下。（自閉症譜系者衛生習慣不好是很常見的事，這通常是因為他們的感受太過敏銳，使他們覺得洗澡很不舒服。）另一位傳記作家喬維奧（Paolo Giovio）提到，米開朗基羅的「生活習慣骯髒透頂」。

我想我們都同意，米開朗基羅是個極端的圖像思考者。他在二十歲出頭受委託創作「聖殤」（*Pietà*）。他二十六歲開始創作「大衛像」，三十歲開始進行「教皇尤利烏斯二世陵墓」（Tomb of Pope Julius II）的工程，三十三歲開始進行西斯汀禮拜堂（Sistine Chapel）的工作，並在三十八歲開始創作摩西雕像。這些只是他偉大創作的一小部分。米開朗基羅在很年輕的時候就離開學校，從此開始不停的工作，他腦海中的圖像不斷驅使著他。他在六歲喪母，從此和奶媽一起生活，因為奶媽的丈夫是石匠，所以米開朗基羅有機會接觸這個行業。「除了奶媽的奶水，我還得到了使用鑿子和槌子的訣竅，我靠著這些技巧，創作我的雕像。」康迪維如此記錄下米開朗基羅的話。

米開朗基羅的一生中有兩位貴人。第一位是吉爾蘭達（Domenico Ghirlandaio）。米開朗基羅在十三歲時成為吉爾蘭達的學徒，雖然他只學了一年就離開，但他在這段時間接觸了製作濕壁畫的方法和製圖技術，包括利用縮短的線條來創造直線透視法（愈遠的景物就愈小）。或許這個聰明的青少年自己學會這些技巧，但毫無疑問，在佛羅倫斯成長對他的幫助很大，因為這座城市裡處處是藝術傑作，以及許多受到高度評價的濕壁畫。

米開朗基羅的第二個貴人是極有權勢的羅倫佐．德．麥地奇（Lorenzo de' Medici）。羅倫佐把年輕的米開朗基羅帶到家裡，提供環境讓他的能力得以發揮。魏納（Eric Weiner）指出，羅倫佐是培養米開朗基羅的大功臣，他看出這個年輕「無名小卒」的才華，並「採取大膽的行動培養他的才華」。

我們只能推測，米開朗基羅心無旁騖的專注力以及他對社交生活的厭惡，證明他有亞斯伯格症候群。身為一個物體圖像思考者，他用照片般真實的細節創作平面繪畫（他最傑出的作品，是西斯汀禮拜堂屋頂濕壁畫裡栩栩如生的立體人物）。他利用空間圖像能力，以照片般真實的細節創作了包括「大衛像」在內的多個雕像。這個他在三十歲以前完成的不朽雕像，是人們認為的曠世巨作，有可能做為文藝復興時代高級藝術的最佳代表。

如同我們已經知道的，在大多數的情況下，物體或空間圖像思考能力是一個連續的範圍。目前為止的研究顯示，這兩者是截然不同的思考方式。有沒有可能，有少數人兩者兼具，並且達到最極致的高水準？

或許，一旦我們遇見某人（像是米開朗基羅這樣的人）使用不同的媒介展現驚人的才華，我們眼中所看見的，就是空間與物體思考能力交會的罕見天才。魏斯特在《心靈之眼》提到，達文西的空間圖像思考能力非常強大，所以才能在解剖學、生理學、機械工程與天文學等領域，預見科學和科技一百年的進展。韋斯特寫道：「在科學、工程、醫學和數學領域某些重要的例子中，空間圖像思考者是最高水準的原創工作不可或缺的人。」

其他的雕塑家拒絕了米開朗基羅用來雕塑大衛的那塊大理石，但米開朗基羅看見了藏在石頭深處的雕像。

圖像思考、閱讀障礙與天才

電影導演史蒂芬．史匹柏（Steven Spielberg）直到六十歲才診斷出有閱讀障礙。他的作品包括《E.T. 外星人》（*E.T. the Extra-Terrestrial*）、《辛德勒的名單》（*Schindler's List*）和《大白鯊》（*Jaws*），證明他是一個用圖像思考說故事的人。史匹柏的閱讀速度很慢，學業成績很差，但他從來不曾被貼上標籤。他在一次訪談中承認，國中是他最難熬的階段。老師認為他不夠努力。此外，就和其他有神經多樣性特質的人一樣，他是同學霸凌的對象。

海斯科（Molly Haskell）在史匹柏的傳記中寫道：「當他手握攝影機，不但能把周遭所有的恐懼拒於門外，還能用自己的方式對付其中一種恐懼——不受歡迎。」史匹柏的家裡有一臺電影攝影機，史匹柏深深受它吸引。一開始，史匹柏嘗試拍攝家庭聚會的影片，很快的，他就離不開這臺攝影機了。

史匹柏十二歲時完成了他的第一部電影。十八歲時，他拍了一部名叫《火光》（*Firelight*）的電影長片，成本不到六百美元。這部電影的主角被外星人綁架，相關主題在後來的《E.T. 外星人》有進一步探討，也就是接納與我們不同的人。史匹柏以普普通通的成績勉強撐過高中。後來他申請南加州大學，一所頂尖的電影學校，不過被拒絕了。當他接受學習障礙維權者布萊德利（Quinn Bradlee）的訪問，他在影片中表示，電影是他的避難所，「把我從羞愧中拯救出來」。

史匹柏與攝影機形影不離。他用圖像語言來表達想法，其他的人則是透過藝術、時尚、裝飾和其他圖像創意領域來表達自我。

閱讀障礙與大腦右額葉的活動有關，這個區域同時也是進行空間圖像思考的地方。麥克布萊德（Joseph McBride）在他為史匹柏寫的傳記指出，史匹柏的「強大圖像感受力或許是閱讀困難的補償」。人們常將基因體權衡的觀念用這種方式來解讀，來理解資產與負債、得與失。魏斯特指出，人們以線性觀點看待智力，因此只能將史匹柏這樣的卓越圖像能力，解讀為閱讀障礙的補償。我同意魏斯特的看法。人們永遠不會說，某個偉大作家的文學才華，是糟糕圖像或數學能力的補償。

有閱讀障礙的人當中，有些人是物體圖像思考者，有些人是傾向數理的空間圖像思考者。不過，這些研究還是沒有把這兩種類型的人做出清楚的區分。有些空間圖像思考者和有閱讀障礙的人非常善於思考大格局；他們能在腦海看見立體的物體，並將它旋轉。

我曾與有閱讀障礙的金屬加工工人共事，他們很有創意，能設計和建造巨大而複雜的飼料工廠。物體圖像思考能力則用來設計複雜的系統，包含輸送帶、幫浦和飼料混合設備。空間圖像思考者會負責讓這個系統動起來。另一個有閱讀障礙的同事在校成績很差，現在的工作是操作道路施工用的挖路機，他常常需要修正空間圖像思考工程師犯的錯誤。在某個營建案，當時有一條隧道在高速公路底下開挖，他的知識避免了坍塌發生。他的創造力與貢獻沒有得到該有的讚許。

「英國閱讀障礙協會」（British Dyslexia Association）執行長波登（Helen Boden）在《執行長雜誌》（*CEO Magazine*）告訴記者圖

斯蘭（Finbarr Toesland）：「有閱讀障礙的人擅長探索資訊」。有閱讀障礙的知名商業人士包括維珍集團（Virgin Group）的布蘭森爵士（Sir Richard Branson）、名廚奧利佛（Jamie Oliver），還有宜家家居創辦人坎普拉（Ingvar Kamprad）。坎普拉為了管理倉庫存貨，創造了一種他可以輕鬆圖像化的命名系統。大型家具使用瑞典地名；中型家具（像是桌子和椅子）使用男性的名字；戶外家具採用瑞典島嶼的名稱。

有證據顯示，閱讀障礙與創造力可能有關聯。據畢卡索（Picasso）表示，他到十歲才識字，也記不住字母的順序。根據奧布萊恩（Patrick O'Brian）為畢卡索寫的傳記，畢卡索上學時，閱讀和數學的成績很差。「他的藝術天分很早就萌芽，但在教室則不然：終其一生，他都不熟悉字母的用法……他有自己的字彙拼法。」嘉納在《創造心靈》（*Creating Minds*）提到，畢卡索有「早熟的空間智能，但學術智能非常薄弱」。我最喜歡的是美國作家史坦（Gertrude Stein）的觀察：「其他的孩子用筆寫字，畢卡索用筆繪畫……繪畫是他唯一的表達方式。」

另一個研究指出，與其他科系相較，大學的藝術系有更多學生有閱讀障礙。魏斯特認為愛迪生、愛因斯坦、福樓拜（Gustave Flaubert）與葉慈（William Butler Yeats）有閱讀障礙或某種形式的學習障礙。

2021 年，《紐約客》有一篇人物側寫的主角是奮進經紀公司（Endeavor）執行長伊曼紐（Ari Emanuel）。這篇文章指出，在好萊塢呼風喚雨的伊曼紐其實有閱讀障礙。他到小學三年級才識字，同時經診斷有閱讀障礙和注意力不足過動症。他小時候經常被人取笑，但他會反擊。華盛頓特區的「實驗學校」（Lab School）專門幫助有學習障礙的孩子，這所學校在 2007 年頒獎給伊曼紐。他在頒獎典禮的感言比魏斯特的看法更鏗鏘有力。他說，閱讀障礙是一個禮物，能給他們「在生活與商業環境中找到創新解決方法的洞見，這些方法是其他人在相同處境下可能永遠想不出來的。」

1982 年，二十一歲的耶魯大學建築系學生林瓔（Maya Lin）擊敗了 1,420 位參賽者，取得資格來設計位於華盛頓特區的「越戰紀念碑」。她的設計包含兩片 60 公尺長的黑色拋光花崗石牆，豎立在由地面向下挖 3 公尺的溝裡，兩片石牆以 125 度的鈍角相接。設計概念相當激進，遭到一些人的強烈批評。批評者認為，紀念碑向下沉是對陣亡將士的不敬。兩片石牆上刻著超過五萬八千名在越戰陣亡或失蹤將士的姓名；名字的排列不是按照字母順序，而是陣亡日期。這正是「林瓔設計的絕妙之處」，負責設立紀念碑的越戰退伍軍人斯羅格斯（Jan Scruggs）如此說。「按照時間順序排列可以讓參與越戰的退伍軍人看見，他們的同袍在紀念碑上長相左右。」

在認識林瓔之前，我有機會去看越戰紀念碑，那個經驗讓我激動不已。我的表哥在越戰陣亡，他的名字也在牆上。那天悶熱潮濕，退伍軍人義工幫助我找到表哥的名字，他的名字以黑色的字銘刻在牆上，不比別人大、也不比別人小，也沒有標示軍階。難以想像，這個撼動人心的作品竟然出自一個大學生之手，但我很確定，語文思考者構思不出這樣的設計。

林瓔小時候喜歡自己製作模型小鎮。「沒有人陪我玩，所以我創造了自己的世界。」她回憶道。林瓔的父母是中國移民，都是大學教授。她的父親是俄亥俄大學美術學院院長，母親也在同一所學校教語文學。林瓔在父親的工作室學習鑄銅和製陶，從此一腳踏進藝術的世界。我想再次強調，早期的接觸可以讓孩子有機會找到點燃他們熱情的事物。林瓔在青春期獨來獨往，而且幾乎不和人約會。回顧過去，林瓔說，高中時期的她是「資優班的第一名書呆子」，她喜歡程式設計和數字。她說，進入建築學校後，「建築系教授被我嚇壞了，因為我待在雕塑系的時間愈來愈長，而且我的思考方式並不像建築師的分析式思考，我的分析方式比較像科學家。」

林瓔近期製作的大型裝置可以讓遊客穿梭其中，目的是希望讓人得到各個層次的視覺體驗。在一次個展中，她在一間陳列室的牆和天花板畫上蜿蜒的河流，景色看起來就像是從飛機窗戶向下望。為了製作另一個雕塑作品《水線》（*Water Line*），她與麻州「伍茲霍爾海洋研究所」（Woods Hole Oceanographic Institution）研究員合作，取得海底地形圖。海底的形狀用彎彎曲曲的鋁管呈現出來，整件雕塑看起來像是科學期刊裡那種半完成的電腦繪圖影像。她有一件大型作品是一排排長了草的波浪形土堆，當走在那些土堆之間，它們看起來像小山丘。完整的效果要從空拍照才看得出來。

我覺得她的作品之所以令人驚奇，是因為她用獨特的方式把她看見的圖像轉化成作品。林瓔是建築師、也是藝術家，她把抽象變得具體，而不是把具體變得抽象。

天才程式設計師

寫電腦程式需要數學頭腦，尤其是有數理傾向的空間圖像思考者。英國里茲貝克特大學（Leeds Beckett University）心理學教授亞伯拉漢（Anna Abraham）指出，數學擁有「崇高地位」，因為數學「代表抽象推理的頂峰」，而且與優雅、模式、發明、創造力等沾上邊。這樣的心智我們可以在聰明絕頂的數學家涂林（Alan Turing）身上看見，他把邏輯學與機械式運算機器連結起來，獲譽為現代電腦科學之父。

涂林成長於英國多塞特郡，他的數學能力與天賦從小在學校就清晰可見。他自幼喜歡數字，連路燈的編號都拿來研究。不過，他上的私立學校注重人文學的古典教育，而數學不受這種教育理念的重視。他的校長寫道：「如果他想成為純粹的科學專家，他就是在浪費時間。」校長也注意到，涂林的行為屬於社群裡那種到處惹麻煩的孩子。一位老師說，他的字跡「是我所見過最糟糕的」。他的骯髒邋遢也被人嫌棄，糟糕的衛生習慣一直跟著他進入成年。

雖然涂林從來沒學過微積分，但十六歲時已經在做高等數學題目。他的數學頭腦可能是受到愛因斯坦的書啟發，那本書講相對論，是祖父送他的禮物。涂林後來進入英國劍橋大學國王學院研讀高等數學和密碼學。他讀了好幾本重要的書，包括羅素（Bertrand Russell）的《數理哲學導論》（*Introduction to Mathematical Philosophy*），以及馮紐曼（John von Neumann）討論量子力學的文章。

涂林在數學家和密碼破解者紐曼（M. H. A. Newman）開的「數學基礎」課程中，第一次接觸了希爾伯特（David Hilbert）的「判定問題」（*Entscheidungsproblem*）或稱「決策問題」（decision problem）：有沒有可能用演算法來判定，以形式邏輯得出的某個推論是有效的？涂林很快就證明：這是不可能的。有兩位來自不同大學的教授教導涂林，他們鼓勵這個聰明的年輕人把他的論文投稿到學術期刊。涂林取得博士學位後，在數理生物學提出了劃時代的研究成果，可以解釋手指如何在胚胎期形成，以及斑馬如何產生條紋。

二戰爆發時，事實證明涂林的能力不受限於理論。他破解了德國用來加密和解密軍事行動細節的恩尼格瑪密碼機（Enigma machine）。恩尼格瑪密碼機是一臺看似打字機的裝置，運用旋轉盤來加密和解密訊息。破解恩尼格瑪密碼機使英軍能夠預先知道德軍的戰略計畫和軍隊調度，因此拯救了數千條人命。

涂林如日中天的事業在四十一歲戛然而止。他因同性戀被判有罪，在當時，同性戀在英國是犯罪行為。他失去了參與機密行動的資格，並被迫服用雌激素藥物。涂林在 1954 年自殺身亡。

寫到這裡，我感到憤憤不平。這個人的研究成果是結束二戰的重要推手，也是現代電腦的基礎，可他的人生卻以悲劇收場。如果「天才」一詞的定義包含一個人有能力達到最高水準的跨領域成就，以及影響文化，那麼我們必須承認，涂林是一個天才。

▪ 程式設計師的特質

大多數的程式設計師和軟體開發師至少有兩個共通點：第一，他們在年幼的時候就熱愛數學；第二，他們能從代碼中看出模式。若說到在小時候就接觸計算機運算的數理思考者，蓋茲是個很好的例子。蓋茲在西雅圖的湖濱學校（Lakeside School）讀高中時，就開始接觸電腦。他在 2005 年重返母校演講時說：「我之所以如此感謝湖濱學校，原因之一是我能直接將微軟公司的創立淵源追溯到我剛來這裡的時候。」蓋茲在這所學校初次接觸電腦程式，並與他的朋友艾倫成立了「湖濱程式設計小組」（Lakeside Programmers Group）。

出於好玩，他們把學校的電傳打字機（teletype）接上電話線，連上奇異公司在當地的大型主機。主機的連線費用是每小時八十九美元，整個小組必須一起存錢，才負擔得起這筆龐人費用。蓋茲讀高中時可以不用上某些數學課，於是他到附近的工程公司做程式設計的工作。他設計的第一個程式是井字遊戲。他後來設計了學校的排課系統，還有薪酬計算程式，更創立了一家分析交通數據的新創公司，名叫「資料流」（Traf-O-Data）。這些都是他在高中畢業之前做的事。後來他從哈佛大學輟學，眾所周知。

媒體曾經大幅報導，蓋茲具有一些亞斯伯格特質，包括社交能力很差、專注力驚人、單一的語調、很少與別人有視線接觸，以及前後擺動身體。高度焦慮可能會使人開始前後擺動身體，而有自閉症的人往往非常焦慮。1998 年，美國政府控告微軟壟斷市場。在對蓋茲進行取證的影片中，我們可以看到，當他被質問時，他會前後擺動身體。二十年後的現在，蓋茲看起來比較放鬆了。

蓋茲的例子顯示，一個人如果有自閉症特質，隨著他的內在資料庫累積愈來愈多資訊，他就可以變得愈來愈成熟。他們能將新的資訊用不同的方式分類和處理，這可以帶給他們更有彈性的思維。

不論蓋茲是不是自閉症譜系者，他的微軟視窗作業系統已經成為全世界的運算標準。在一次訪談中，主持人艾倫．狄珍妮（Ellen DeGeneres）問蓋茲，他是不是一直都喜歡科技。蓋茲糾正她說：他的最愛是軟體。

在《商業週刊》（*Businessweek*）一篇訪談中，記者問蓋茲，馬斯克會不會成為下一個賈伯斯。蓋茲回答說：「伊隆（馬斯克）比較像是動手做事的工程師。史帝夫（賈伯斯）是設計、挑選人才和行銷的天才。如果你和他們同在一個房間裡，你不會把他們兩個人搞混。」

我曾提過，馬斯克在 2021 年上《週六夜現場》節目時，曾透露自己有亞斯伯格症候群。他帶著自豪的神情宣布這件事，還開玩笑說，當他是認真的時候，他必須直接告訴對方，因為他的語調沒有太多「抑揚頓挫或變化」，他也說，他不太會和其他來賓有視線接觸。他的自閉症譜系「出櫃」大大的幫助人們理解，自閉症譜系者的與眾不同之處可能是才華的源頭。

傳記作家范思將馬斯克比喻為現代的愛迪生，他是「發明家、成功商人和工業家，有能力將大想法轉化為偉大產品」。馬斯克的母親梅伊（Maye）說，馬斯克在很小的時候就能把全世界阻擋在外面。乍看之下，他好像是耳聾，但實情是，他陷入一種很深的出神狀態。范思引述梅伊的話：「他陷入他的思緒後，你會看到，他好像活在另一個世界裡，他現在還是會這樣，我就隨便他了，因為我知道，他正在設計一款新火箭或是某種新東西。」

馬斯克在十歲自學編寫程式，當時，他的圖像智能與敏銳的創業洞察力就已經顯現出來。他十二歲時設計了一款電玩叫作 Blastar，以五百美元賣掉。馬斯克說，電玩教會他怎麼寫程式，而他相信，許多人也是透過電玩開始學寫程式。早期的電玩如果遇到電腦當機，螢幕會顯示藍底白字程式碼。我認為這是電腦秀出本色。不過，現在的電腦當機時不再秀出本色了。我不知道現在的孩子打電玩時，要怎麼接觸程式。我也擔心，有些孩子除了盯著螢幕之外，什麼也不做。

馬斯克向范思說明他怎麼進行圖像思考：「這就好像你的

內在思考過程取代了大腦用來處理視覺的部分，也就是原本用來處理進入眼睛影像的部分被內在思考取代了。我可以在腦中處理影像和數字之間的相互關係與進行演算，關於加速度、動量、動能如何因物體而異，總會以非常生動的形式呈現在我的腦子裡。」這是以火箭燃料為動力的圖像思考。當羅根（Joe Rogan）問他，他的腦子裡是什麼樣子，馬斯克回答：「永無止境的爆炸。」

賈伯斯則與蓋茲和馬斯克不同，他在科技重鎮矽谷出生長大。賈伯斯有兩件事令我印象深刻：第一，他小學四年級的智力測驗分數破表，他的分數是十年級的水準，這代表當他成年時，智商可能達到愛因斯坦的程度，列於 99.99 百分位。我更感興趣的第二件事是，賈伯斯的養父是機械工和木工。

根據艾薩克森寫的傳記，在賈伯斯還小的時候，養父就把一部分的工作檯讓給兒子使用，不過，賈伯斯對鄰居的車庫更感興趣。鄰居是惠浦公司的員工，而賈伯斯喜歡玩電子產品。賈伯斯後來這麼描述他的養父：「我父親希望把每件事做得盡善盡美，連沒有人看得到的細節，他也不放過。」在某些方面，這是物體圖像思考最簡捷的呈現——就連只能在自己的腦海看見的部分，都很在意。

賈伯斯在十六歲時遇見了沃茲尼克。這兩個青少年聽說，有一個人以一種叫作「藍盒子」的裝置，利用電信公司 AT&T 的網路漏洞盜打電話。賈伯斯與沃茲尼克一發現他們做出來的東西能夠接上大型基礎設施，就在三週內造出了他們的藍盒子。賈伯斯在 1995 年接受紀錄片導演克林吉里（Robert X. Cringely）訪問時曾說：「如果沒有當年的藍盒子，就不會有蘋果公司。」

賈伯斯和蓋茲一樣，沒有完成大學學業。他在里德學院上的課當中，對他影響最大的就是字形學。賈伯斯革新了個人電腦、筆電、滑鼠和觸控螢幕，從而改變世界。賈伯斯的才華都與設計有關。他的圖像頭腦很在意每一個細節，包括字體。下次當你用 iPhone 傳送訊息時，應該要意識到，多虧了里德學院的字形課，螢幕上的文字才會如此呈現。心理學教授巴拉什（David Barash）在《高等教育紀事報》（*The Chronicle of Higher Education*）寫了篇文章，其中有句話我很喜歡：「字形這個『沒什麼用處』的人文課程與賈伯斯的關係，不該被我們忽略。」

純粹的天才

其實，科學界對於天才的看法並沒有共識。縱觀歷史，天才的定義隨著時代不斷改變。最早認為天才是神賜下的禮物。後來又覺得，天才源自或等同於瘋狂。在二十世紀，人們大多認為天才是高智力結合創造力的產物，尤其是在能創造巨大商業利益的領域。如今，我們不流行從一個人的心性來尋找天才，而傾向於從他的大腦額葉進行判斷。紐約大學（New York University）神經學臨床教授高德伯（Elkhonon Goldberg）在《創造力：創新時代的人類大腦》（*Creativity: The Human Brain in the Age of*

Innovation）寫道：「創意的誕生過程是以額葉為起點，驅使遍布後腦部（頂葉、顳葉、枕葉）皮質廣大神經網路的某些區域開始活化。」在這個網路裡，有無限的路徑可以產生創造力。

高德伯將創造力的要素分解為顯著性（salience，脫穎而出的刺激）、提出對的問題、有相關性、對新奇事物感興趣、把舊知識應用在新問題的能力、認知彈性，以及彈性應用多個解決方法的能力。此外，還有驅動力、堅持不懈、專注力，以及思緒漫遊（大腦以神祕方式遊走並找到解決方法的能力）。由於公認的天才「少得可憐」，高德伯說：「將他們的腦部進行神經成像和解剖的機會更是少之又少」，我們只好倚賴標準化測驗來衡量創造力。

應用最廣泛的測驗，是陶倫斯（Ellis Paul Torrance）在1960年代編製的「陶倫斯創造思考測驗」（Torrance Tests of Creative Thinking, TTCT）。這個測驗衡量多面向的創造力，公認是衡量創造力最可靠的評估工具。我的高中理科老師卡拉克（Carlock）老師曾經跟我們說明這個測驗，我到現在還記得很清楚。測驗主持人會給受測者一個日常物品，請他想想這個物品可以拿來怎麼用。卡拉克老師拿到的是一個磚塊。他的答案很有創意：拿石鋸把磚塊切成小型的立方體，在每個立方體表面塗上圓點，變成骰子。我曾對許多班級進行這個磚塊測驗，當學生願意改變磚塊的形態時，他們的創意就變多了。我的用法是：把磚塊磨成粉，將這粉末加進顏料裡。

基本上，陶倫斯創造思考測驗從四個方面衡量擴散性思考：流暢性（fluency）、獨創性（originality）、變通性（flexibility）和精密性（elaboration）。亞伯拉漢在《創造力的神經學》（*The Neuroscience of Creativity*）提到一個研究，研究者根據藝術系學生的陶倫斯創造思考測驗結果，挑選其中一些人做為研究對象（對照組是化學系學生）。研究者請這些藝術系學生每個月做一次檢測，請他們一邊畫人體素描、或判別視錯覺圖像的亮度和長度，一邊進行腦部掃描。研究結果指出，與化學系學生相較，藝術系學生的擴散性創意思考能力提升了，證據也顯示，他們前額葉皮質的白質出現重組的情況。巴黎大學（University of Paris）研究員卡波拉（Zoï Kapoula）與維爾內（Marine Vernet）用陶倫斯創造思考測驗評估也發現，有閱讀障礙的學生更有創造力。

我經常問教育界人士和家長一個問題：「那些偉大的科學家、發明家和藝術家如果接受現今的教育，會變成什麼樣？」他們會變得更有成就嗎？

我看過許多學生展現優異的音樂、藝術、計算或拼字能力（這些活動都與記憶力有關），而他們同時也展現某些不合群的行為，像是衛生習慣不好、無法與人建立友誼，或是獨來獨往。這些孩子說不定是自閉症譜系者，可能在物體圖像思考、空間圖像思考，或是語文思考領域有特殊能力。

有趣的是，到目前為止，我們還沒有發現上述特質混合存在的情況。這些孩子可能是藝術／機械型（喜愛動手做東西）、或是數理型（喜愛編碼、解謎、電腦）、或是語文型（喜愛故事、歷史和事實)。相形之下，神經典型孩童大多混合了不同的思考方式。

▪ 愛因斯坦不是一般人

現代物理學之父愛因斯坦是空間圖像思考型天才的典範。儘管眾說紛紜，但一般認為，愛因斯坦大約三、四歲時才學會說話，直到七歲才擁有流暢的表達能力。艾薩克森引述愛因斯坦妹妹的說法：「他學說話學得很慢，家人和親友都擔心他永遠不會講話。」愛因斯坦在學校的表現很差，不善社交，也不在乎整潔。他會突然發脾氣，也不與人有視線接觸。艾薩克森表示，愛因斯坦「解救了全世界上課無法專心的孩子」。

愛因斯坦擔任大學教授後，他拒絕穿西裝打領帶，他喜歡穿舒適柔軟的衣服。他對西裝領帶的厭惡可能來自感官因素，也可能是出於叛逆性格，我們有時會在自閉症譜系者身上看到這種特質。

至於愛因斯坦究竟是不是自閉症譜系者，各方看法不一。如果你用關鍵詞「愛因斯坦」和「亞斯伯格症候群」搜尋，會找到三十一萬兩千多筆資料。為愛因斯坦寫傳記的艾薩克森或是已故的薩克斯，都不認為愛因斯坦有亞斯伯格症候群，因為他們指出，愛因斯坦能和其他人維持長久而親密的關係。我不確定那是不是一個決定性因素；我認識許多與別人有親密關係並結婚的自閉症譜系者。不過，愛因斯坦離世前的一段話令人難忘：「我是個不折不扣的『獨行旅人』，我的心從來不曾全心全意歸屬於我的國家、家庭、朋友、甚至是家人……距離感與獨處的需求一直在我心中，從來不曾離開我。」

愛因斯坦可能是兼具卓越空間與物體圖像思考能力的罕見例子。關於語文在他生命中的地位，他說：「我的思緒不是以語文方式形成，我幾乎不用語文思考……我用符號和影像做為基本心理單位，來形成我的思緒，我能隨心所欲的複製或重組這些符號和影像，有時非常清晰、有時沒那麼清晰。」愛因斯坦運用圖像思考構思出他的相對論。派特恩（Bernard Pattern）在《學習障礙日誌》（*Journal of Learning Disabilities*）提到，愛因斯坦運用不凡的圖像思維，達成了偉大的科學成就。當他發現其他人主要以語文思考時，感到非常訝異。

愛因斯坦六歲開始學小提琴，他後來說：「我無法想像不能彈奏樂器的人生。」當他試圖解決問題時，他會一直拉小提琴，直到解答在他的腦海浮現。在我看來，演奏小提琴可能在他的成就中占了重要的地位。

米勒（Greg Miller）在《科學》期刊提到一項 1995 年的研究，神經學家席勞格（Gottfried Schlaug）研究從七歲開始學習音樂的職業音樂家，這些音樂家的胼胝體比一般人更大，「這個神經軸突束是左右腦之間的超級高速公路」。席勞格接著研究六到九歲之間的孩童，透過磁振造影了解他們胼胝體的成長速度。比起一般孩童，那些固定練習樂器的孩子，胼胝體大了百分之二十五。

有許多論文探討愛因斯坦的大腦，以及是什麼原因使他成為天才。愛因斯坦的腦部研究指出，他的運動區和職業小提琴演奏家一樣，比一般人更大。這可能可以證明環境的影響力。音樂能力就和空間圖像思考能力一樣，也位於右腦。數學和音樂都需要運用空間圖像思考能力，做為建立模式與抽象思考的基礎。大學的數學系或許可以考慮鼓勵學生學習樂器。

馬里蘭聖母大學（Notre Dame of Maryland University）的研究員發現，學習彈奏樂器或合唱的青少年，他們的代數成績比其他學生更好，因為兩者都要運用抽象思維。另一個研究顯示，擁有創意型嗜好的科學家，比沒有這種嗜好的科學家更可能擁有崇高的地位與獲獎成就，包括諾貝爾獎。

當一個人處於放鬆狀態，放空大腦，創意點子往往會在這個時候浮現。當我進行設計工作時，我經常在剛剛入睡、沖澡、或是長途開車時，想到設備設計上的解決方法。有研究證明，有創意的問題解決方法往往是在思緒漫遊時產生。

神經科學家稱之為預設模式網路。在這種放鬆狀態下，大腦中間部位的廣大網路會活化。這個部分的大腦會將不同類型的資訊進行各種聯想。當額葉皮質卸下執行功能，減少對預設模式網路的控制時，會有更多的擴散性創意思維湧現。不論是藝術、音樂或是文學方面的創意工作者，創意點子往往在他們的大腦處於清醒的休息狀態時產生。然而，創造力若要產生成果，需要有一些約束。我遇過一些人，他們有很多點子，卻無法將這些點子轉化成實際的作品。額葉皮質能發出信號約束這些天馬行空的創意，使思考朝著某個目標進行。

佛羅里達州立大學（Florida State University）人類學系的福克（Dean Falk）研究了愛因斯坦的腦部影像，發現愛因斯坦的大腦結構有一些特別之處，使感覺資訊能有更好的整合。在愛因斯坦腦部掌管運動和感覺反應的皮質中，福克發現有一些區域不太尋常。這可能與愛因斯坦的語言學習困難和偏好使用感官印象來思考有關。愛因斯坦曾表示，他不使用語文來思考。他說，概念「透過與感官體驗的連結而產生」。

愛因斯坦的腦部影像也顯示，與視覺辨識物體有關的腦結構比別人更大。這個結構與物體圖像思考有關。強大的物體圖像思考傾向使他能夠將物理概念視覺化。他能想像自己正在搭火車或是乘坐光束。有證據顯示，愛因斯坦的數學能力有一些缺陷，或許音樂幫助他提升了他的數學能力。

在比較早期的報告中，神經學家韋特森（Sandra Freedman Witelson）等人發現，愛因斯坦的頂葉區有擴大的情況，就神經學來看，這可能為他優異的圖像和數學思維提供了基礎。上海華東師範大學物理系門衛偉（Weiwei Men）等人的研究指出，愛因斯坦大腦的胼胝體比對照組更大，尤其是胼胝體最後側的壓部，壓部負責左右半腦頂葉的聯絡溝通。更大的胼胝體能提升左右半腦的溝通。我們曾提到，右腦與圖像能力有關，左腦與語文能力有關。也有報告指出，愛因斯坦的前額葉與頂下小葉顯得比一般人更大。

早在我有預感愛因斯坦可能是自閉症譜系者之前，我就對他很感興趣。為什麼他會深深吸引高中時期的我？當時我有種感覺，覺得他和一般人不同，而我也是。

讓天才有發展的機會

思索天才的本質是什麼，總令我們深感著迷。巴哈的《郭德堡變奏曲》（*Goldberg Variations*）、牛頓的重力理論，以及莎士比亞的詩和戲劇，令我們讚嘆不已。這些卓越的成就是怎麼成形的？是由哪些文化影響力造成的？藝術和科學的創新是由人類的哪些能力促成的？

我在工作經驗中經常看到我所謂的「書呆子好學生」。這些名列前茅的學生通常缺乏創造力和解決問題的彈性，有時連常識都不懂。就和其他領域一樣，成績次優的獸醫系學生，可能比成績最好的學生更能有效解決牧場牛隻的健康問題。有同事告訴我，他有個成績優異的學生在幫一隻狗進行手術時，由於忙著看麻醉機的儀表數值，以致沒發現那隻狗已經清醒了。

一位解剖學教授最近告訴我，他對一些成績頂尖的學生感到有點失望。那些學生在發想新的研究點子時，毫無創意或原創性。我們在探討教育的章節〈校園裡的篩選〉看到，畢業生代表和高學業成就學生可以有很好的事業發展，但他們難以想出嶄新和原創的東西。想成為天才，需要的不只是智力和創造力，還需要擴散性思考。

在這個社交至上的世界，人們最看重的是溝通能力。與此同時，科技主宰了我們的文化，因此我們把蓋茲、賈伯斯、祖克柏和馬斯克視為天才。蓋茲有一句名言：「軟體業需要的是智商。」米開朗基羅或是達文西如果活在現代，他們會得到什麼樣的評價呢？在從前，其他的資產可能顯得更加重要。例如，農業時代需要的是好體力或是繁衍大家族的能力。

直到不久之前，還有許多身心障礙人士被剝奪公民權。在我的成長階段，讓特殊教育回歸主流的概念還沒有出現。具有多種不合群特質以及不會說話的孩子，往往會被送到療養院。然而，人們對「正常」的看法會隨著主流文化改變。

正如本章所討論的，在某個領域出類拔萃的人，通常在很小的時候，就有機會接觸可以形塑大腦發展的工具和概念，而且通常有老師或其他好榜樣親自教導他們。蓋茲在 2016 年接受羅斯（Charlie Rose）訪問時曾說：「你在十三歲到十八歲之間深深著迷的東西，最有可能使你成為世界級的專家。」我的確是這樣。如果我沒有觀察過為牛打預防針時用來安定牛隻的設備，我就不可能想出我最知名的發明——擁抱機，當我承受巨大壓力時，它幫助我緩和焦慮。

我的物體圖像思考與機械頭腦，在農業設備機械學以及我對牛和馬的喜愛中找到了最好的落腳處，並在那裡構思出擁抱機。雖然原型機的結構相當粗糙，但它拯救了我，後來也拯救了許多人。我如果沒有在早期接觸那些東西，我的人生一定會變得截然不同。

大多數人不會變成下一個愛迪生或馬斯克。然而，如果所有的路都封死了，下一個天才就沒有機會出現了。

我會想像這些情景：年輕的米開朗基羅在石匠的家裡、年輕的愛因斯坦在拉小提琴、畢卡索的父親（他也是藝術家）教年幼的兒子畫鴿子，賈伯斯在鄰居的車庫裡東翻西找。他們可以自由自在的探索。自由，結合堅持、冒險、尋求新奇事物、專心致志，再加上擴散性思考，是傑出創新者的特徵。

天才都屬於神經多樣性一族嗎？我認為在很多情況下的確如此。大多數的天才是圖像思考者嗎？事實似乎是如此。

第六章

預見風險以預防災難

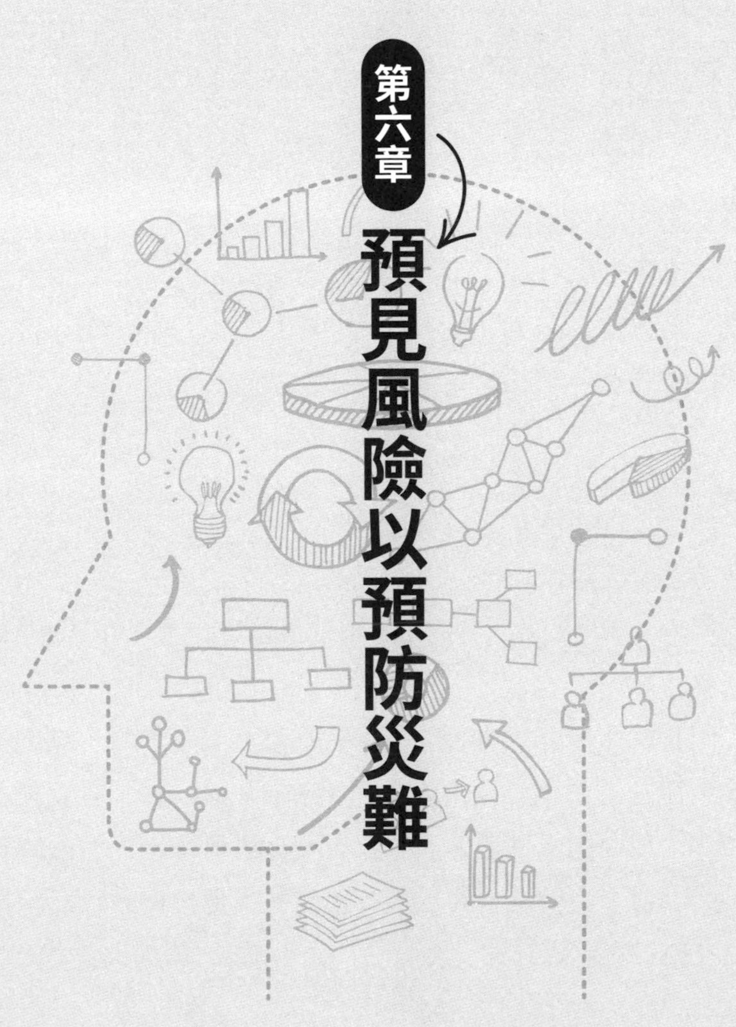

我是個百分之百的美國太空總署迷。我還記得，在十歲的時候跑到對街的空曠處，和鄰居一起看天空尋找史普尼克（Sputnik）衛星。當時，全美國的民眾相約爬上屋頂或是聚在院子抬頭仰望，希望能看見蘇聯發射的史普尼克；史普尼克是史上第一顆繞地球軌道運行的人造衛星，美俄兩國的太空競賽也就此展開。

二十年之後，美國的太空人登陸了月球，當時我讀大三，我走到戶外抬頭仰望月亮，覺得難以置信。我的腦子不斷想著：那上面有人。阿波羅任務以及未來的太空探索大大激勵了我，使我真心想要到美國太空總署工作，可惜我的數學能力太差，達不到工程學科系的要求。

美國太空總署後來不再把太空人送上月球，同時刪減發射衛星造訪太陽系其他行星的經費，於是人們逐漸失去對太空計畫的興趣。即使如此，我還是持續閱讀有關太空梭和火星探測器任務的報導。

因此，當我 2017 年受邀以神經多樣性這個主題，到太空梭發射所在的卡納維爾角（Cape Canaveral）演講時，我立刻一口答應，理由應該不難理解。我和一小群科學家受邀去觀看 SpaceX 發射，我們也參觀了飛行器裝配大樓參觀，以及承包商還在施工的新發射臺。我看到了要用來為火箭提供動力的所有複雜設備。我置身於科學怪咖的天堂。

突然間，一個短暫的小騷動吸引我的目光。我轉頭一看，原來是一隻浣熊搖搖擺擺的從階梯跑下去，消失在樹叢裡。牠整晚都待在發射臺基地裡。我問有沒有其他人看見那隻浣熊，結果包括帶我參觀的工程師在內，沒有人注意到這段小插曲。

我的腦海立刻浮現畫面，看到了那隻浣熊整晚可能咬過的東西。被咬過的工具把手可能使人心裡不太舒服，但被咬過的電線如果沒有人發現，可能會造成危險，說不定會導致重大功能失效。我告訴其他人，浣熊為什麼會對人手摸過的東西感興趣。牠們和其他動物一樣，想要得到人手汗遺留下來的鹽分。

美國太空總署花費數百萬美元打造這個發射臺，然而一隻飽餐一頓的浣熊和一堆被咬過的電線，有可能會導致大災難。過去這些年以來，我明白一件事，像美國太空總署這類以工程為基礎的計畫，需要像我這樣的圖像思考者，來解決問題並預想潛在風險。

我們先用日常生活中的例子，來談談一般的風險與圖像思考的關係。父母都知道，不能讓剛學會走路的幼兒接近廚房裡的瓦斯爐或是刀具。幼兒不太能分辨什麼東西有危險，所以他們可能會撞到桌角和牆壁，或是被小玩具噎到。

然而，嬰兒卻天生會害怕墜落。他們和大多數的動物一樣，會拒絕爬過「視覺懸崖」。為了研究深度知覺與孩童發展，康乃爾大學心理學家吉布森（Eleanor J. Gibson）與沃克（Richard D. Walk）設計了一個裝置，用棋盤圖案和塑膠玻璃創造懸崖的錯覺，看起來好像會向下掉。六個半月到十四個月大的嬰兒一爬到視覺懸崖邊緣，就不再向前爬，即使「懸崖」的另一頭放了玩具，也有媽媽在那裡鼓勵他前進。用小雞、小綿羊、小山羊做實驗，牠們一到「懸崖」邊，就採取防衛姿態，僵住不動。

吉布森和沃克作出結論：任何物種的存續取決於天生擁有或後天發展出來的深度判別能力。隨著我們持續成長並獲得更多經驗，我們就愈能預測和遠離危險。我在這方面的能力比別人更精細。我不但能看見自己有掉下去的危險，還能看見我掉下去的過程和落到地面的樣子，這些情景全都栩栩如生的在我的腦海呈現。語文思考者可能會推理出相同的過程，而我看見的是一系列的畫面或是 YouTube 影片。我看到的圖像就是那麼鮮活。

為什麼青少年喜歡做出危險的行為？一個廣為接受的假設是，人類負責決定、計畫、判斷和約束的前額葉皮質，在青少年階段還在發展當中。等我們到二十歲，大腦發展成熟，我們的記憶也累積了足夠的生活經驗，就可以預測危險，圖像或語文思考者皆是如此。

我們開車看到行人闖紅燈橫越馬路時，會緊急踩煞車；我們會定期更換家裡煙霧偵測器的電池；我們會在家裡儲存一些食物；我們會接種疫苗。這些動作都是為了預防不好的事情發生，例如撞到行人、發生火災、餓肚子，或是感染重大疾病。大多數的人能預見日常生活中的風險，你應該能想到更多這樣的例子——預見潛在問題的能力可以救你一命、或是使你免於受到傷害。

我曾說過，我天生就能看見那些可能會造成危險或帶來麻煩的小細節，像是一隻飽餐一頓的浣熊，或是射入牛隻通道的一道陽光。但我也能在腦海看見大規模災難會如何發生、發現其他人有時看不見的潛在危機。本章的重點是，各種可能發生危險的情境，都需要圖像思考者。儘管圖像思考無法給我預知未來的能力，但它使我能夠聚焦在設計瑕疵和系統錯誤，這些瑕疵或錯誤如果不處理，可能會帶來災難。

沒錯，我們絕對需要工程師、科學家和數學家找出方法或寫出方程式，來解決這個時代的問題。但我們也需要基層工作者，像是建築、裝配和維修工人。危險一點也不抽象。我們需要那些和我活在同一個世界、活在真實物體所在世界的人。

風險為何物

工程師計算風險。他們受的訓練使他們能應用數學去解決問題。（會用到大量的代數和高等數學概念。）多年前，當我第一次看到某所頂尖學校的工程系課表，我注意到裡面有許多高等數學課，但只有一門繪圖課。

這是我第一次有種預感，覺得工程師不是物體圖像思考者。於是我進一步挖掘，找三個備受推崇的科系，分別是工程系、建築系和工業設計系，把它們的課表拿來比較。工程系要求最多的數學和物理學。工業設計系著重藝術和繪圖。建築系介於中間，要求的數學課比工業設計系多，但比工程系少。工業設計和建築是物體圖像思考者的天下，而大多數工程師（不論專長是什麼）是空間圖像思考者。

我在工作現場注意到某種階級制度的存在，工程師的地位比繪圖部門和工廠更高，繪圖部門和工廠要負責把工程師的設計變成實際的物體。（大學課程也有類似的階級制度，只是心照不宣。）

我最近造訪了兩家公司，一家是航太公司，一家是高科技公司。在這兩家公司，有大學學歷的工程師坐在漂漂亮亮的辦公室裡，而繪圖部門被塞進維修管道，機械工則被放在地下室。公司把員工放在哪裡，透露出管理階層對該員工工作的看重程度。然而，如果沒有機械工與焊工，工程師就無法執行或做出任何東西。這些人或許沒有大學學歷、不擅長數學，又或許有一些怪癖，但他們是團隊裡的技術成員。

因此，我們需要促進物體圖像思考者和空間圖像思考者的合作，尤其是與公共安全有關的事。

只要瞧瞧 2021 年由美國和中國進行的尖端太空任務，就會清楚看見技藝純熟的工人有多麼重要。我上網搜尋了用來在火星拍攝照片的攝影機，每具攝影機的手工接線無懈可擊。那些錯綜複雜的電線必須完美配置好，否則就無法運作。親手打造出這些攝影機和火星探測器的人，沒有得到應得的榮譽。

接續哈伯太空望遠鏡（Hubble Space Telescope）執行任務的韋伯太空望遠鏡（James Webb Space Telescope）已經進入太空，韋伯的功能比哈伯強上一百倍。這個計畫被延遲多年，其中一個原因是工藝技術的問題。火箭升空時，放在火箭裡面的設備會跟著強烈晃動。為了確保新的望遠鏡能撐過發射過程，需要先進行震動試驗。試驗的結果很慘，很多螺絲和緊固件都掉下來。裝配工廠裡如果有優秀的物體圖像思考者，一定不會讓這個問題發生。他們會預見震動的影響力，並設計能夠承受升空條件的緊固件。我在寫這段文字的同時，韋伯太空望遠鏡已經進入太空的正確位置，鏡片角度也調整好了。

▪ 脫離抽象迷宮

我上大學的那個年代，做研究的人必須動手做很多計算。你可能不知道 IBM 打孔卡長什麼樣子，它已經被淘汰了。不過在當時，大家都是用這種打孔卡來分析和處理資料。

打孔卡是長方形的硬紙卡，縱向有八十欄、橫向有十二列，看起來有點像現在的登機證（登機證也快要被淘汰了）。我必須把每個動物研究的觀察結果用打孔的方式輸入資料。為了完成論文，就必須製作好幾千張打孔卡。

卡片分類機很像是機械式的電子試算表，能幫我把卡片分成不同類別，例如牛隻體重和牛隻固定架類型。我每天只能進行一種統計檢驗。卡片分類好之後，計算中心必須用大型主機來運算，隔天才能拿到結果。若要進行不同的統計檢驗，就必須把卡片重新分類。

現在，學生或研究員只要用一臺筆電，就能在幾小時內跑完二十個分析。這是好事嗎？顯然是，基於許多理由。不過，我們不要忘了，演算法只能分析輸入電腦的資料。現在，「嚴謹」似乎與最繁複的研究方法和大量的統計數據畫上等號；如果缺乏有聰明數學頭腦的人來分析數據，就得不到正確結果。

然而，我們也需要圖像思考者來記錄正確的資料，像是研究用到的豬隻品種。這不是枝微末節的小事，而是非常重要的環節，但我發現，許多人的研究方法都忽略了這個部分。我在自身專業領域為多個科學期刊擔任審稿者，我看到愈來愈多人使用複雜的統計方法，可是其中有一半的論文在研究方法的部分遺漏掉很多東西。

我指導過許多研究生，我發現他們有時會迷失在數學裡，不斷的用不同的統計檢驗方式來計算微小差異。有個學生想研究公牛額頭旋毛的形狀與精液品質的關係，但他一直卡關，因為統計結果看不出關係。我的腦袋開始閃過公牛的圖像，我建議他把數據重新分類，分成兩個簡單的類別：旋毛形狀正常和極其不正常的公牛。正常的旋毛有點像是螺旋形，不正常的旋毛看起來像是一長條疤痕。

經過重新分類後，我們得到了統計高度顯著的結果。旋毛是正常螺旋形的公牛，精蟲的品質比較好。這個學生被數字淹沒，以致沒有考慮身體特徵的資料。小小的細節大大影響了結果。

觀察對科學來說很重要，它是所有正式研究形成假設的基礎。在我自己的研究中，我注意到不同品種的豬有行為上的差異。藉著附近的肉品加工廠和豬隻交易場給的機會，我觀察過數百個品種的豬。有些品種的豬，如果和其他品種的豬混在一起，容易情緒激動或是發生爭鬥。這樣的行為差異令我印象深刻。許多人對我說，我的觀察只是趣聞，沒有科學根據。大約十五年之後，定量研究證實了我的假設。

為了讓合作有更豐碩的成果，主要倚賴數據和數學的「硬科學」研究員必須承認，能夠為研究提供點子的質性研究具有價值。那些由於機緣而非實驗所產生的科學發現，就是很好的例子。

范德堡大學精神病學榮譽教授班恩（Thomas Ban）指出，當研究員或醫師不單單只是計算數據，而是觀察現象，會發現一整個藥物類別。他根據《斯特德曼醫學詞典》（*Stedman's Medical Dictionary*）稱這個現象為「在尋找一個東西時，找到了另一個東西」。治療思覺失調、憂鬱症、感染和勃起功能障礙的藥物，都是意外發現的。

關鍵是觀察。氯丙嗪（Chlorpromazine，商業用名 Thorazine）原本用來輔助手術麻醉效果；有位醫師發現，思覺失調病人服用氯丙嗪後，就不再產生幻覺。西地那非（Sildenafil，商業用名威而剛，Viagra）一開始用來治療高血壓和冠狀動脈疾病；有人觀察到它意外的副作用，結果使這個藍色小藥丸變成史上最受歡迎（也最有賺頭）的藥物。

研究方法的微小差異對實驗結果可能會有很大的影響，而圖像思考者的眼睛很尖。如同我們在磁振造影檢測看到的，即使有正確且詳細的報告，也可能無法找出造成差異的關鍵。舉例來說，有兩組分別在美國東岸和西岸的科學家，用相同的實驗結構來研究癌症，卻得到不同的結果，他們對這樣的結果百思不解。他們花一整年的時間控制供應商和設備的差異，確保組織樣本用完全相同的方式準備，但仍然無法再現研究結果。

海恩斯（William C. Hines）是勞倫斯柏克萊國家實驗室（Lawrence Berkeley National Laboratory）的研究員，他與其他大醫院的醫生合作，後來終於找出原因：兩組科學家攪拌樣本的方式不同。一個實驗室用磁力攪拌器（靠磁力在裝細胞的玻璃容器底部旋轉）攪拌樣本好幾個小時。另一個實驗室把玻璃容器放在轉盤上，旋轉一整天。他們費了很大的勁要再現實驗，但沒有一個人想到要詢問對方用什麼方式攪拌。

研究結果的錯誤大多可以追溯到描述含糊的研究方法，使其他科學家無法正確的再現實驗。這類細節對圖像思考者來說是非常醒目、刺眼的。

現今的生物醫學研究正面臨一個再現性危機（replication crisis）。在過去幾年，被科學期刊撤稿的研究論文大幅增加。罪魁禍首是：研究員為了取得補助經費而必須發表論文的巨大壓力。荷蘭微生物學家比克（Elisabeth M. Bik）等人的文獻綜述指出，有些論文的實驗室檢測結果照片與顯微鏡影像被動過手腳。我們倚賴科學提供可核實的資訊，結果科學研究過程卻墮落敗壞了。

有時候，計畫裡有太多空間圖像思考者或是有數學頭腦的人，卻沒有足夠的物體圖像思考者。有時候，思維不同的人彼此看不對眼。方法論者與統計學家在應該合作的時候，卻彼此對立。數學分析的品質取決於輸入數據的品質；寫下正確且完整的研究方法，是每一份科學論文應該做的事。大局若少了細節，就沒有意義，反之同理。研究團隊裡應該要有一個物體圖像思考者，來審視科學論文的研究方法，這個人能看出公牛額頭旋毛的形狀、豬隻出現攻擊行為的原因，以及醫學試驗中攪拌方式的差異。細節很重要。

說到避免災難發生，或所謂的「風險管理」，如果團隊裡沒有足夠的圖像思考者，那麼後果往往顯得格外嚴重。哈伯德（Douglas W. Hubbard）在《風險管理的失敗》（*The Failure of Risk Management*）指出，當一位國王在宮殿的周圍建造城牆和護城河，或是人們儲存食物過多，他們所做的就是某種形式的風險管理。美國的保險業始於十八世紀中期，當時人們發展出壽險精算表這類數學和統計工具，可以計算平均壽命。現在，健康保險市場高達一兆美元，整個「風險管理」產業擴大範圍，為航運與航空業、製造業、天然災害、網路資安、經濟蕭條以及恐怖主義等等，找出可能危害和解決方案。哈伯德說：「有可能出差錯的事物，幾乎都有風險。」

有些理論學家提出風險評估的三個要素：找出潛在風險、評估潛在損害、找出減少風險和損害的方法。其他人從威脅的角度看風險管理：規則型威脅、不規則型威脅、前所未有的事件。還有人把危險分成：有先例、有可能、最糟情況。對我來說，許多風險分析理論迷失在措辭遊戲裡，太過抽象，以致失去作用。我不知道規則型威脅和不規則型威脅的差別是什麼。「最糟情況」的說法對我來說比較有意義，因為我能立刻想像最糟情況會是什麼樣。

當我讀到密西根弗林特（Flint）自來水系統危機的報導，我能想像老舊自來水管被腐蝕，導致鉛滲入自來水裡，就像是在腦袋裡看影片一樣。我也能想像鉛中毒所有的可怕副作用。這不是抽象概念或百分比。理論是必要的，但我比較有興趣的是預防或補救，而不是討論出錯的可能性。我說過，我活在真實物體的世界裡。我是在現場做事的人。

基礎建設

當邁阿密北部瑟弗賽德（Surfside）公寓大樓倒塌、或是德州大停電發生時，全國民眾看到新聞時都覺得很可怕，也不敢置信。但事實上，美國的基礎建設早就處於岌岌可危的狀態。只需要看一下周遭的街道、橋梁、高架道路和電網就知道了。

我能清楚記得，我第一次警覺基礎建設出現危機的情景。2012 年，我回到取得動物科學碩士學位的母校——亞歷桑納州立大學，接受榮譽博士學位（對於一個童年時期被診斷有腦部損傷的人來說，這是值得自豪的一刻）。在其中一場歡迎會上，我的論文指導老師之一（他是營建系主任）突然沒頭沒腦的當眾宣告：「我是波頓，你們最好聽聽我的老人言！美國的基礎建設正在分崩離析，而我們沒有足夠的技術人員能重建與修補這些基礎設施。」

波頓博士的預言，也就是不好好維護道路橋梁會有什麼後果，現在已經是眾所周知的事。美國土木工程師學會（American Society of Civil Engineers）在 2021 年公布了下列令人詫異的全國平均值：水壩 D；橋梁 C+；能源 D+。這是我所見過最糟的成績單。全美國有 7.5% 的橋梁有結構缺失。就算你不是結構工程師，也能看出問題，因為那些問題肉眼可見。當我開車到全國各地出差，我會看見高架道路的水泥剝落，露出鋼筋。鋼筋一旦裸露，就會生鏽和膨脹，導致更多水泥剝落。我見過有些橋梁隨便用鋼纜纏起來，防止它崩塌。

粗製濫造的東西會讓圖像思考者抓狂，就像拼字和文法到處都是錯誤的句子會讓語文思考者抓狂一樣。這種做法一點也不合理，必須加以補強。對非圖像思考者來說，岌岌可危的高架道路可能只是難看了一點，但是與真實世界連結更緊密的圖像思考者，往往會看見危險的後果。在橋梁上貼 OK 繃是個不折不扣的壞主意。

我有一次搭火車從紐約前往費城，火車快到車站前開始慢慢減速。破舊的火車機廠裡滿是破爛不堪的變電站，但我看見一個全新的變壓器。這個閃閃發亮的新設備接在生鏽的電力輸送零件上。它為 2021 年的美國基礎建設作了見證；我們居然還在用 1950 和 1960 年代建的變電設施，把電送到住宅和商店。在民主的誕生地之外，竟有像是殭屍末日的景象。

2020 年的加州森林大火令我震驚，但是當我得知肇因是電力纜線年久失修，卻不感到意外。我在 2019 年到加州演講，講題是牛隻的屠宰方式。在當地，由於太平洋瓦電公司（Pacific Gas & Electric）負責維護的高壓電力纜線狀況太糟，每當風速高於每小時七十二公里，他們就會切斷電力，以免纜線從電塔掉落，引發火災。用斷電取代檢查和維修是個很糟的主意。會發生這種情況，若不是我們沒有意願，就是電力公司的經理人想省錢，不聽現場工作人員的意見。

如果你抬頭看長距離輸送高壓電的大型電塔，就會知道缺乏維修會造成什麼後果。把絕緣體接在電塔以及把纜線接到絕緣體的支架和連結器，必須能轉向而且活動自如。如果纜線脫落，擊中金屬高塔或是另一條纜線，高壓電會產生火花，引發火災，尤其是在有大量植物的乾燥地區。當支架生鏽或磨損，就需要更換。當我看見那些電塔時，腦海中會浮現火災發生的整個流程，我能看見火燒起來。

太平洋瓦電公司和其他大型電力公司主要是依照「延遲維護」政策來維修電線，實際上的意思是等到東西壞掉才修理。「延遲維護」就是不維護的委婉說法。這很像是延遲能救你一命的醫療措施；或是延遲汽車年度健檢，允許零件的耗損去危害功能和安全。不論是對你的健康、你的家或是你的社區，「延遲維護」都是個很糟的原則。

我住在科林斯堡（Fort Collins），這裡所有的電線都已經地下化。由於市政府的努力，科林斯堡成為電線地下化的模範生。電線地下化政策從 1968 年開始實施，成為新建案的標準做法。1989 年，市政府把所有的地上電線都埋在地下了。今日，科林斯堡市宣稱地下化完成率為百分之九十七。好處太多了：減少意外、提升能源效益、降低維護成本，以及使城市更美觀。

政治人物一再向我們保證會重建岌岌可危的基礎建設，但他們可能沒有意識到，即使他們能兌現選前開的支票，我們已經流失太多有能力和技術補救基礎建設的人。

在我們當中，其實有無數的圖像思考者能填補那些人力缺口。我認識一個只有高中學歷的人，他不太會念書，但他喜歡上工藝課。他高中畢業後到某家電力公司，從最基層的工作做起。現在，他是一家電力公司的首席問題解決專家。身為圖像思考者，他能在腦海看見整個供電網路，從高空纜線、到變電站、到接線盒。停電發生時，他知道確切的問題出在哪裡。

當我們不認可、訓練、雇用和重視像他一樣的技術人員，更多的問題必定會接踵而至。當你遇到緊急狀況，你想要的是這種人，而不是坐在漂亮辦公室裡的傢伙。

無話可說

我們都預期一打開電燈開關，燈就會亮，一轉車鑰匙，引擎就會發動。這個世界有太多與機械有關的事物，被我們視為理所當然。然而當東西壞掉時，大多數人又急著想要修好。過熱這種很基本的情形，可能會使電網設備、供暖鍋爐、或是電器，出現各種大大小小的問題。轉速過快可能會導致發電渦輪機、馬達和離心機損壞。洗衣機如果在脫水時轉速過快，就會壞掉。日常生活中有太多東西可能發生意外狀況。大多數人對這些事情是有看沒有到，除非你和我一樣是圖像思考者。

在更大規模的層面，渦輪機爆裂可能對發電廠造成損害。壓力過大可能導致鍋爐、熱水器和工業加工設備爆炸。自來水系統的抽水機如果沒有水，可能會故障。水槽裡的食物垃圾處理機如果太久沒有水，也會受損。我工作過的一家公司曾經因為咖啡機的恆溫器壞掉，導致辦公室失火。

我無法解決感情上的困擾或是政治危機；那不是我的腦袋會做的事。但我能想像機械式的東西會怎麼壞掉，我也能在腦海看見該怎麼修好它。

我在產業界工作時，開始明白圖像思考在預測問題上能發揮什麼作用。產業界的各種意外能以容易理解的方式計算，因為有很多準確的歷史資料可以參考，這些資料大多來自勞動部的勞工統計局。如果想要預防意外，歷史資料是最有價值的參考資料。

我親眼看過許多意外現場的慘狀。在我的專業領域，嚴格的安全法規在 1980 年代後期上路，在那之前，意外有時相當可怕，像是移動中的機器設備，包括輸送帶、旋轉軸，以及欠缺防護裝置的螺旋推進器、齒輪傳動機構和鏈條傳動機構，切斷了工人的手腳。工業輸送帶承重高達好幾噸，是高風險設備。我曾經安裝限壓裝置，來防止約束裝置導致動物瘀傷或是背部骨折。我從經驗學到，你不能靠操作員來預防問題發生；你需要內建保護機制，來防止動物因為操作員不留意而受傷。人也一樣。

我第一次看到肉品加工廠的重型門時，立刻在腦海看見，它有可能掉落並把人的腦袋砸爛，就像用刀子切哈蜜瓜一樣。我也看見了解決方法：保留夠大的底部門縫。那天晚上我回家之後，立刻從抽屜拿出工具，重新計算尺寸，然後設計了一個比較安全的門。它仍然能把牲畜關在裡面，但不再對操作員形成安全風險。

▪ 用圖像思考解決問題

你是否有過這樣的經驗：某個問題讓你很燒腦，但在某一瞬間你突然想出了一個全面的解決方法？倫敦大學（University of London）的研究員想要研究這種頓悟時刻。他們在《科學人》（*Scientific American*）發表一篇文章，希望找出跟解決問題有關的腦部訊號。他們找來二十一位志願者，蒐集他們的腦電波資料，好研究大腦如何處理語文類問題。他們發現許多受試者會遇到瓶頸或「思考陷入僵局」。史瓦米納森（Nikhil Swaminathan）的解釋是：受試者「困在死板的思維模式，難以靈活思考，以致無法重新建構眼前的問題。」

我猜，語文思考者的頓悟時刻發生在大腦注意力分散的時候，我們將在下一章探討這個概念。我發現語文思考者在解決機械式問題時，往往試著建構語文式解釋來得到解答，然後就迷失在瑣碎的概念裡。對我而言，頓悟時刻通常來得很快，因為我用圖像進行思考，我的大腦能像洗牌一樣快速重組圖像，讓我看見解決方法。圖像思考者往往用更直接的路徑，來看見某種解決方法。

大多數的設計問題可分為四種基本類型：設計錯誤、操作錯誤、關鍵設備維護不善、涉及錯綜複雜的風險因子。在我就讀研究所的 1970 年代，工程學課程往往會使用 1940 年的塔科馬海峽吊橋（Tacoma Narrows Bridge）崩塌事件，做為設計錯誤的範例，來說明一個細節如何破壞整體功能。這座懸索橋又暱稱為「舞動的葛蒂」（Galloping Gertie），因為每當吹起強風時，橋面就會劇烈擺動。你只要想像一條吉他弦震動的樣子，然後放大無數倍，就可以想像一座橋在強風吹襲下震動的模樣。

葛蒂的懸索設計夠強，足以承受震動。但它不像舊金山金門大橋（Golden Gate Bridge）有巨大的開放式三角形桁架，葛蒂的橋面結構大梁被厚實的金屬包覆，阻礙了空氣流動。因此，大梁不但沒有讓橋變得更穩定，反而成了承受巨風的風帆，形成所謂的風力作用振盪，或稱「氣動彈性顫振」（aeroelastic flutter）。另一個問題是，葛蒂的大梁框架太窄，無法使橋面保持穩定。橋面因風吹而彎曲變形，像捲麻花一樣扭動，直到最後斷裂崩塌。所幸，這起事件沒有造成人員傷亡（除了一隻狗，牠不願意跟著主人一起離開卡在橋上的汽車）。

金門大橋的設計比塔科馬海峽吊橋優異許多，但在 1987

年發生了另一種災難。當時舊金山市為了慶祝金門大橋五十週年紀念，開放讓民眾步行過橋。結果，參與民眾人數為預估的十倍，有三十萬人湧上橋面，還有五十萬人等著上去。這座2.7 公里長的橋上擠滿人，使橋面下彎了 213 公分。所幸，最後安全疏散了所有的人。

這次的問題不在於維護不善；金門大橋維護得很好，幸虧如此，才能避免造成災難。也不是設計上的問題，這座懸索橋的結構本來就能彎曲和活動，工程師凱特查姆（Mark Ketchum）指出，雖然這是有史以來承重最大的時刻，但「沒有超出橋的承重能力」。真正的問題在於數學計算。根據《聖荷西信使報》（*San Jose Mercury News*）記者東恩（Stephen Tung）的說法，雖然無法得知上橋民眾的體重，「如果一個人的平均體重為 68 公斤，面積占 0.2 平方公尺……總重量相當於橋上塞滿車輛的兩倍以上。」如果讓更多人上橋，就會造成悲劇。

舊金山的五十八層大樓千禧塔（Millennium Tower）在 2016 年開始傾斜，問題就出在設計錯誤。不知道是因為節省成本還是施工不善，營造商打地基樁打得不夠深。那是工程學最基本的觀念。結果，這個建築物向一側傾斜 40 公分，使得地下停車場的牆面和水泥出現裂縫。為了阻止傾斜更加嚴重，建商花了一億美元向下挖 76 公尺，強化地基。根據我在 2022 年 4 月查到的最新資料，這棟大樓還在傾斜，下沉了 71 公分。我絕對不會住在那棟大樓裡！

我經常開車旅行，我從車子裡觀察到，不同的州對於高架道路的維護有巨大的差異。在這一州的範圍內會看到裂開的水泥、裸露且生鏽的鋼筋；但是一過州界，看到的是剛粉刷過，連小小的水泥裂縫都補得好好的橋。霍根（Rob Horgan）在《新土木工程師》（*New Civil Engineer*）的文章提出，橋梁糟糕透頂的問題與缺乏維護有關。吊橋懸索腐蝕，金屬絲線一根根斷裂；伸縮縫生鏽，不再能因應氣溫變化正常膨脹和收縮。這些問題都肉眼可見。

然而，有一些災難發生在眼睛看不見的地方。在麻州的梅里馬克山谷，1900 年代早期開始使用的鑄鐵瓦斯管線，正逐漸更換為現代的塑膠瓦斯管線。舊的管線系統使用一系列複雜的調節閥和感應器來降壓，將瓦斯從主要管線輸送到家用管線。承包商在切斷舊管線的供氣之前，沒有把舊管線的感應器接上新管線。

2018 年，當一條舊管線被切斷供氣時，舊管線的感應器立刻因為壓力下降而打開閥門，將大量瓦斯送進新管線，造成多個住宅區的管線氣體壓力從正常值 0.5 psi 跳到 75 psi。民宅和商店的瓦斯管破裂造成瓦斯外洩。

這起施工錯誤造成三十九戶失火，多棟大樓被毀，一人死亡，五萬人被迫疏散。哥倫比亞瓦斯公司必須支付一億四千三百萬美元的和解金，也因為違反「天然氣管線安全法」（Natural Gas Pipeline Safety Act）付出史上最高金額罰款。這是近期在住宅區最嚴重的天然氣意外事件。調查很快就發現，意外發生的原因是瓦斯管線的壓力過大。

根據「國家運輸安全委員會」（National Transportation Safety Board）的資料，本次錯誤的原因在於「管理缺失」。調查報告指出，應該要由持有專業工程師證照的工程師來簽署工程圖與工單。問題在於，舊的管線系統比現代的系統更複雜。多年來，不斷有小地方被取代和修改。天然氣產業和肉品業一樣，當系統的重要部分有任何變更或廢止，就應該要更新工程圖。否則，不正確的歷史資料可能會導致像梅里馬克山谷事件一樣的悲劇再度發生。

我看過許多公司的竣工圖，品質從值得讚賞到糟糕透頂的都有。有一次，我到一個新蓋好的家畜養殖場丈量尺寸，結果發現建築物所在的位置有三公尺的落差。你絕對不希望在開始為新建案挖地基的時候，發現地底有下水道系統。公司裡最好有一個人專門負責管理工程圖，不論是工程圖的設計者、還是一位資深員工都可以。現在很少有公司會一絲不苟的保留最新版本的工程圖，但若要防止意外發生，這件事就馬虎不得。根據我的經驗，計算風險唯一可以信賴的方式，就是掌握正確的歷史資料。

有些公司對安全採取主動作為，形成落實安全實務和責任的文化。另一些公司採取被動態度，等到發生問題時再處理。2010 年深水地平線鑽油平臺（Deepwater Horizon）爆炸，造成十一人死亡，多人受傷，這起漏油事件是史上最嚴重的環保災難之一。災難發生的原因包括人為操作錯誤和維護不善，再加上政策和實務不同調。深水地平線的企業文化看重的是降低成本和效率至上，因此，有百分之四十六的員工擔心，如果他們把安全問題向上呈報，會遭到秋後算帳。所有的事件調查報告都指出，如果管理階層採取更好的做法，就可以避免這場悲劇。

根據《紐約時報》巴斯托（David Barstow）、羅德（David Rohde）與索爾（Stephanie Saul）等三位記者的調查，地平線的系統雖有部署但沒有發揮作用，太晚啟動或根本沒有啟動。工作人員有受過解決工作現場常見問題的訓練，但不知道如何處理爆炸、火災和停電的狀況。

《泰晤士報》的文章指出，深水地平線的安全手冊雖然譽為「安全專家的理想」，但它無法回答「何時該採取行動」這種基本問題。在需要採取行動的時候，工作人員沒有啟動緊急關閉系統。此外，「一個緊急處理系統由三十個按鈕控制」。應該負責啟動緊急關閉系統的人表示，沒有人教她要怎麼使用這個系統，她說：「我完全不了解這些程序。」

防噴器（blowout preventer, BOP）是一個四百噸重的活門裝置，運作方式類似馬桶水箱裡的塞子，它的作用是，當多種力量可能導致油井爆炸時，要做為最後一道防線。防噴器的功用是「終極故障保險」，但《紐約時報》記者調查後的結論是，防噴器「可能因為維護不善而故障。調查員找到一大堆有意或無意被忽視的問題，包括電池沒電、電磁閥壞掉、液壓軟管會滲漏」。最大的問題是，他們沒有做例行維護檢查。

工作人員疏散之後，原本用來保命的另一個程序也失效。

令人困惑的是，他們做過逃生演練，卻「從來不曾演練為救生艇充氣與降下救生艇。工作人員費盡千辛萬苦才取下救生艇、水平降下，然後登上救生艇，每一個過程都困難重重」。居然連使用救生艇逃生都近乎史詩級災難。

這種災難可以避免嗎？有一種說法叫作「後見之明」。我們可能無法預先看見所有的問題，但團隊裡要有使用圖像思考解決問題的人，這一點非常重要，尤其在高風險的情況。雖然抽象或語文思考者在許多任務扮演了重要的角色，但是如果我們只倚賴他們的解決方案，把圖像思考者排除在外，就會給我們帶來風險。

我們需要圖像思考者，當我們遇到預料之外的情況，他們能在腦海模擬事情發展的結果，並且在當下想出解決方案。

我非常在意分別發生在 2019 和 2011 年的兩個災難：前者涉及航太設計，後者涉及核電廠的擋土牆建造。接下來的部分是關於這兩個災難的詳細個案研究，以及可以預防這些災難發生的方法。

波音 737 Max

你可能聽過一種說法，死於車禍的機率遠遠高於死於空難的機率。根據公共電視臺的科學節目《新星》（*Nova*），死於車禍的機率是 1/7,700，死於空難的機率是 1/2,067,000。然而，大多數的人可以不假思索的坐上車，但是搭飛機時卻感到無比焦慮。我可以在搭飛機時，身處一萬多公尺的高空還閱讀空難報導；我就是那種人。首先，我實事求是，不受情緒影響。其次，我從小就熱愛飛機和飛行；我會用紙飛機做實驗，用冰棒棍和橡皮筋做直升機。不過，我一度很怕搭飛機。我讀高四時曾經搭乘 707 型噴射機，在航程中因為炸彈威脅而緊急降落。我們在飛機上用緊急疏散滑梯溜下去。我被嚇壞了，有好幾年不敢搭飛機。

暴露療法可以幫助人們克服恐懼。這個方法會讓人們在一個受控、安全的環境中，接觸他們害怕的東西，藉此除去他們的恐懼。在 1970 年代，我無意間接受大量的暴露療法；有個家族企業的業務是運送動物，而我有機會搭乘他們運送牛隻的飛機。動物空中運輸協會（Animal Air Transportation Association）先前辦過一次活動，我在活動中認識了那家公司的老闆。他邀請我去看他們如何把一整架飛機的荷爾斯泰因牛（Holstein），從邁阿密運送到波多黎各。我當時還是不敢搭飛機，但我不想錯過這個機會。

他們稱這架飛機為「牛屎康妮」，我當下聽到時，就應該要知道這趟飛行有多可怕。飛機的機身有鑽洞，讓牛的尿可以流出去。他們還有另一架飛機，乘客座椅用捆帶綁滿了牛肉。那天的天氣很熱，飛機散發的臭味令人作嘔。看到一架商用 707 型噴射機得到如此悲慘的下場，讓我相當震驚，機身裡原有的東西都被拆掉，裝滿了血淋淋的牛肉。

我坐在「康妮」的可收折座椅上，與一群荷爾斯泰因牛同行。當我從駕駛艙俯瞰下方波光粼粼的藍色大海，我對飛行的熱愛幫助我克服了恐懼。我的圖像思考大腦開始對每一種操控裝置深深著迷；飛機是怎麼運作的，我非知道不可。拜那次意外的暴露療法所賜，我不再害怕飛行。我現在可以在任何時間、任何狀況下，搭飛機去任何地方。當你知道事物的運作方式，就不會那麼害怕。

幾年前，我經常到各地演講，出版社的一位助理布萊德經常與我同行，去幫我設立攤位，展示我寫的書。布萊德和我都是航空迷。我們吃晚餐的時候會一起看 YouTube 影片，看飛機做各種瘋狂的特技。在我最喜歡的影片裡，試飛員把客機當成有後燃器的戰鬥機來開。那位機師讓飛機幾乎垂直向上飛，像是火箭一樣。

2018 年 10 月，布萊德和我到外地出差時，得知獅子航空（Lion Air）610 班機在印尼外海墜落的消息。一百八十九人喪生，包括一個孩童和兩個嬰兒。那場空難極為嚴重，我的反應很強烈。我必須知道發生了什麼事。這是我應對悲劇的方式，我不會被情緒淹沒，我想要知道，這麼大規模的悲劇怎麼會發生。災難的影像在我的腦海不斷重播。

我得知災難消息後的第一個反應，是上網搜尋更多資訊。我找到兩個重要事實。第一，飛機才出廠幾個月，幾乎全新。第二，我從航班追蹤器 Flightradar24 得知，飛機起飛之後的飛行路徑相當詭異。飛機的飛行高度應該是穩定的逐漸增加。610 班機的雷達追蹤紀錄顯示，610 班機的高度忽上忽下，就像心電圖，而且有多次發生急遽變化，代表飛機多次向上爬升和急遽下降。我知道，正常的機師不可能會這樣做。

我的第一個念頭是，這款新型飛機一定有某種嚴重的問題。波音公司在空難發生的一年半前剛推出這款飛機。在那個時候，我對 737 MAX 一無所知，只知道獅子航空基於燃料效益的緣故購買這款飛機。

次日，我到底特律附近的奧克蘭大學（Oakland University）演講，主題是自閉症與高等教育。我在演講的時候提到這起空難，並做出預測：「波音公司遇到大麻煩了。」我有種圖像式直覺，覺得這款飛機的工程設計出了問題。布萊德坐在觀眾席，他很納悶，我怎麼會知道這件事。

有個方法能解釋我的圖像檔案如何運作：你可以想像一個無限延伸的風琴文件夾，或是手機裡的相片庫，從周遭環境而來的新圖片不斷加入這個資料庫，並且分類。我覺得重要或有趣的畫面，我的腦袋會自動將它拍照存檔。

關於語文能力，一般人能習得的字彙數量是有限的。根據發表在《心理學前線》（*Frontiers in Psychology*）的一篇研究，以英文為母語的美國人到二十歲時，大約認識四萬二千個字。在那之後，一般成人每兩天會學習一、兩個新字彙，直到中年。之後，他們不再增加新字彙（不過他們能用無限多的方式組合他們已有的字彙）。然而，我的圖像語彙卻能無限增加，不斷加入新的資訊。我腦袋裡累積的圖像愈多，我解決問題的能力就愈強，這就有點像是你把手機裡的照片根據類別、地點或日期來分類一樣。

我就是用這種方式知道，一個像麥克筆一般大小的裝置是這次空難的關鍵，我在一則新聞報導中看見這個裝置。根據我腦袋裡與飛行有關的一系列圖像，我對這次飛機故障的第一個直覺，就聚焦在這個感測器上。要做出這樣的連結，我的腦袋裡需要有那個感測器和麥克筆的圖像語彙。用圖像思考解決問題，有很大部分是靠聯想。

這個感測器叫作「攻角感測器」（angle of attack vane），它安裝在駕駛艙窗戶下方的機身，測量機身相對於氣流的飛行角度。當我得知波音 MAX 有兩個攻角感測器，卻只採用其中一個，而且感測器直接連接到飛機的飛行電腦（領航計算尺），我感到非常震驚。攻角感測器非常脆弱，況且在工程實務上，只靠一個感測器不是很明智。

一般來說，這個感測器會連接到飛行儀表板上的一個指示器，以做為機師的輔助工具；它的作用是提醒機師目前機頭過高有失速危險，而不是直接凌駕機師的操控。然而，波音 MAX 的感測器卻在飛機正常飛行時告訴飛行電腦，飛機正在失速，因此強迫機頭向下俯衝。這就像是你的車正在用定速巡航功能行進，卻沒有人告訴你，你正在使用定速巡航功能。

簡而言之，電腦程式使機頭向下，來抵消不存在的失速。這就是飛行路徑忽上忽下的原因。機師把飛行控制器向上拉，將機頭拉回，就像當你的車在自動駕駛模式向前衝時，你會猛踩煞車。每當電腦把機頭向下壓，使飛機向下俯衝，機師就把機頭拉回，因為他們不知道還能怎麼做。一位機師不斷的和電腦奮戰，另一位機師拚命查看飛機操作手冊。波音假設機師知道如何解除電腦控制系統。這款飛機從來不曾在感測器故障的情況下進行試飛。感測器故障時，就得靠人工操控，但機師並不完全了解這套新的電腦控制系統。

為了找出感測器壞掉的原因，我的腦袋自動跑過一系列圖像模擬畫面。我看到的是，一個機械工把梯子靠在它上面，或是它被空橋撞到。它也可能被惡劣的天候或是不小心的清潔工人弄壞了。鳥擊是已知的潛在危險。

我們不可能做出一個不會壞的感測器。感測器必須接觸氣流，所以必須接觸到外在環境。在某些方面，它很像人類和動物觸覺或聽覺的感覺器官。例如，聲波使耳膜震動，然後經過複雜的機制傳到滿是液體的耳蝸。耳蝸內的細毛（像是長得高高的草）把聲波轉化為電子信號，傳入大腦。不論是攻角感測器還是人類的感覺器官，都需要把氣流角度、聲波或壓力等物理現象轉化成電子信號，讓電腦或大腦解讀。物體圖像思考者很容易就能看出，生物學和工程學的感測器如何與環境互動。

有些專家建議要使用有三個感測器的「備用系統」，萬一有一個感測器失效，另外兩個感測器就能派上用場。貝可（Mike Baker）與蓋茨（Dominic Gates）在《西雅圖時報》（*The Seattle Times*）的報導指出，多位波音 MAX 試飛員不知道電腦系統只倚賴一個感測器就能作用。我也發現，737 MAX 沒有把標準功能「攻角不一致警示燈」納入電腦系統，當兩個感測器的數據不一致時，它會立刻提醒機師。我心想，波音為何不整合兩個感測器，允許一個故障時讓另一個做為備用呢？他們怎麼會犯這種基本錯誤？

波音設計師犯的另一個錯誤是，他們假設當電腦讓正常飛行的飛機向下俯衝，機師會知道如何修正情況。工程師假設，機師知道如何解除電腦系統，用手動控制水平尾翼。受過訓練的機師都知道，當電子儀器故障導致水平尾翼失控，也就是配平失控時，如何手動控制飛機的水平尾翼。《紐約時報雜誌》（*New York Times Magazine*）的蘭格維斯奇（Willam Langewiesche）在一篇關於波音空難的文章斷言：「機師無法辨認變種配平失控的情況……導致乘客掉出空氣動力學的邊緣，從此長眠不醒。」問題出在波音的軟體系統缺陷，這個系統一再的強制機頭朝下。

機師不清楚新電腦系統、軟體設計不善，加上感測器失效，簡直是屋漏偏逢連夜雨。曾經將一架飛機成功降落在哈德遜河上的機長薩倫伯格（Chesley Sullenberger）試駕了複製波音MAX故障情況的全動態模擬飛行，他寫了一封信給《紐約時報》編輯，稱這個自動駕駛系統為死亡陷阱。

空難有百分之八十的原因出自機師的失誤。在業界中，獅子航空素以維護不善著稱，而且為了想搶占不斷成長的旅遊市場，還讓訓練不足的機師倉促上陣。過度依賴自動化系統也是一大隱憂。美國的機師通常會用小型飛機練習手動操作。不論是大型噴射機還是西斯納（Cessna）的小飛機，尾翼和機翼的控制界面都相同。透過這種方式學習，可以讓機師形成駕駛飛機的動作記憶，就像學開車一樣。一旦有了一些開車經驗，就不再需要思考要怎麼打方向盤，或是用多大的力道踩煞車，所有的動作都會自動發生。機師需要培養類似的能力，只不過是在三維空間，因為飛行是三軸移動。戰鬥機飛行員稱之為「綁在飛機上」或是「與飛機合而為一」。

我在設計界工作的時間夠長，所以我知道，設計的時候要把能力最弱的人納入考慮。我打造的系統不會讓操作員的手臂有機會伸進設備。我在腦海裡會看見，操作員的手臂被卡進牆壁和運轉部件之間。我曾看過專案因為人們的懶惰和愚蠢而失敗、導致人員受傷或設備損壞的例子。工程師不一定會預見這種情況。他們有可能因為不在現場工作，而高估了人們操作設備的能力。

我最近在從倫敦飛回美國的途中，認識一位專家級機師。我們聊到了波音空難事件。他說，機師應該關閉自動駕駛系統，改用手動駕駛。他覺得這是基本常識。我把我對感測器的看法告訴他，他露出驚訝的表情，問我是不是在航空業工作，我告訴他，我設計家畜屠宰設備。我不確定他是因為長途飛行的疲倦，還是因為他覺得我是陰謀論瘋子，他接下來戴上耳機，開始睡覺，直到航程結束。當飛機在芝加哥機場降落，滑行到登機門的時候，我對他說，我認為波音 MAX 的設計應該要針對一般的機師、而不是像他一樣的專家級機師。他露出非常驚訝的表情並說：「哦，我從來沒有這樣想過。」

我一開始研究波音 MAX 的時候漏算了一點：要跟著錢走。波音的文化重視降低成本。羅比森（Peter Robinson）在《死亡盲飛》（*Flying Blind*）揭露，波音工程師不再有權力做出重要決定，波音高層把經營重點轉移到服務股東。根據我與許多大型肉品公司合作的經驗，我也觀察到類似的情況。把品質視為優先的公司，他們的產品比較好、公安意外比較少，並且比較少倉促做出決定，進而導致損失慘重的大問題。

除了人力成本，燃料也是航空公司最主要的成本之一。波音的新型引擎可以節省百分之十四到十五的燃油。波音的管理階層本來想專為新設計的巨大引擎打造一款全新飛機。但是當空中巴士（Airbus）推出一款新的省油飛機之後，這個計畫就改變了。設計全新機體所花的時間，比改造巨大的新引擎並塞進既有的波音 737 機體更多。737 MAX 是一款七拼八湊的飛機，用不同機型的部件拼湊而成。此外，使用相同的機體也意味，航空公司不需要把機師送去受訓。每當有新款飛機，所有的機師就要花時間用飛行模擬器學開新飛機。把新的省油引擎放進 737 機體，波音和航空公司就省下了訓練機師的麻煩。

有兩個問題很快就浮現。第一，更大的省油引擎必須裝在更前面的位置，才能達到離地高度的要求，而這使得飛機變得更不穩定，也更容易失速。第二，新的引擎太大，使得它像機翼一樣產生升力，使機頭變得很容易仰起，導致失速。如果你還記得小時候玩紙飛機的經驗，就能理解。蘭格維斯奇的重點是：「波音裡有些人主張要進行空氣動力學的修改，但這個過程既花時間又花錢，而波音公司想搶時間。」

為了解決失速問題，波音設計出「操控特性增益系統」（Maneuvering Characteristics Augmentation System, MCAS）這款軟體，使 MAX 的操控方式感覺起來就和以前的 737 一樣。蘭格維斯奇寫道：「波音認為這個系統很安全，即使故障，也不會造成太大後果，所以沒有告知機師，飛機上有這套系統，也沒有把它寫進飛行操作手冊裡。」在波音看來，這是雙贏的做法。航空公司可以省下燃料成本，機師也不需要花時間接受模擬訓練。波音 MAX 大賣，使空中巴士承受巨大的競爭壓力。

當然，波音的如意算盤打得太快了。這架失事飛機的前一次飛行時，一個攻角感測器故障，觸發了多次俯衝。那一次剛好有第三位機師坐在駕駛艙的可收折座椅當乘客，他知道怎麼處理。他開啟配平關斷電門，這是遇到配平失控時的標準動作，使機師能操控水平尾翼。這架飛機在雅加達降落後，獅子航空用一個整新的二手攻角感測器（由暱稱「蟑螂角落」的二手零件商供應），換掉故障的攻角感測器。任何一家有信譽的航空公司都會讓這架飛機停飛。但獅子航空的安全紀錄很糟，而且會在維修記錄造假。這架飛機在鬼門關前走了一遭之後，立刻繼續服役，迎來它最後一次的死亡飛行。

幾個月後，衣索比亞航空（Ethiopian Airlines）使用的波音 MAX 因為類似的故障，以每小時一千一百公里的速度向下俯衝，在地面墜毀。調查人員發現，飛機殘骸被埋進九公尺深的地底。在那次悲劇之後，所有的波音 737 MAX 都被禁飛了。

我很確定，如果波音採用雙感測器系統，也告知機師如何應對系統故障，這款飛機就不需要被禁飛。

死於衣索比亞航空 302 班機的乘客來自三十多個國家。我對這起空難的最後一個陰鬱印象是：喪禮時，椅子上放的是遇難機組員的照片，因為沒有能夠埋葬的遺體。

爐心熔毀

先是斷電，接著是冷卻系統失效，最後是反應爐過熱。在那之後，就回不了頭了。精靈被放出了神燈。核燃料熔化，氫氣外洩，產生爆炸，輻射物進入大氣。核能事故是最致命、最具毀滅性的人為災難之一，它會對人類和環境造成可怕且具破壞性的影響。在我看來，大多數的核災是可以避免的。

大多數的核電廠裡會有多個大型柴油發電機，可以在緊急情況下提供電力。遇到緊急情況時，反應爐會被「緊急停止」，意指停止核反應的控制棒會插入反應爐心。然後，反應爐不再產生足夠的熱能來發電。核電廠利用核反應爐產生的熱能製造蒸氣，來轉動發動機的渦輪，藉此發電。這是核能發電的基本知識。我很喜歡麥特森（John Matson）在《科學人》對於核反應爐如何運作的解釋：「大多數的核反應爐……基本上就是用高科技的水壺，用有效率的方式煮水，來產生電力。」

只不過有一個問題：插入控制棒無法讓反應爐心完全停止釋放熱能。簡言之，插入控制棒幾乎可以停止熱能釋放。工程師把插入控制棒之後釋出的熱能稱為「餘熱」。要避免爐心熔毀，便需要用冷卻水來防止過熱。當反應爐被緊急停止，就需要用外部供應的電力（像是核電廠裡的柴油發電機或是外部電網提供的電力）來啟動冷卻設備。

大多數的人都知道1986年的車諾比（Chernobyl）核災，可能是因為它是當時最轟動的核電事故，政府當局必須撤離全城的人，來控制輻射傷害。諷刺的是，這個災難之所以發生，是因為操作員正在測試安全程序。在測試過程中，核反應爐心過熱，造成連鎖反應，導致蒸氣噴發，造成輻射物外洩，長達十天。

三十一個人在接下來數週死亡，大約有十三萬五千人被疏散。民眾因為接觸輻射物受到的長期健康影響，無法計算。不過根據估計，輻射相關疾病最後大約造成四千人死亡，包括直接受到波及或是住在車諾比附近的人。車諾比周圍的針葉林全部死去，被稱為「紅色森林」（Red Forest）。有些動物失去生育能力。馬匹因為甲狀腺萎縮而死亡，動物發生嚴重的畸形，包括多出來的四肢和沒有眼睛。

車諾比事件造成的傷害遍及全球，影響海洋以及海洋生物。這個核災被評定為七級事故，是「國際核子和輻射事故分級」（International Nuclear and Radiological Event Scale）最高的等級。

在美國，三哩島事故至今仍然是全國最嚴重的核反應爐事故。一開始發生的問題是幫浦故障，接下來，安全保障措施自動啟動。情況看起來還好，直到一個應該關閉的安全閥門卡在開啟的位置，然後控制室的感應器錯誤顯示閥門是關閉的。控制室的操作員犯了許多錯誤，包括誤按一些按鈕。而且，壓力指示器安裝在大型儀表板的後面，難以看見。這就像是當你需要逃跑時，有人把汽車鑰匙藏起來。

控制室的不良設計再加上震耳欲聾的警報聲，使人無法冷靜的啟動標準安全程序。根據渥克（J. Samuel Walker）的《三哩島：歷史脈絡裡的核子危機》（*Three Mile Island: A Nuclear Crisis in Historical Context*），警報系統「在事故發生幾秒後啟動」，發出「巨大警報聲響，控制面板上有一百多個燈不斷閃爍」。這會造成工作人員的混亂和驚慌。

此外，我們對儀表板和指示器的過度依賴，以及對感應器的盲目信任，會使我們在遇到狀況時毫無準備。感應器和人一樣，也會出錯。圖像思考者會在腦海把所有的可能狀況像電影一樣跑過一遍。他們會看見閥門被卡住以致無法關閉的各種可能情況。我會做的第一件事，就是趁著情況還沒有變得非常危險前，跑到現場親自查看閥門。

所幸，在三哩島事件，反應爐圍阻體發揮作用，反應爐心有部分熔毀，反應爐被毀，但所有的危害物質都被阻隔在厚實的水泥建築裡，沒有對周遭環境造成傷害。

另一個與車諾比災核同樣列為第七級的事故，是福島第一核電廠事故。2011 年 3 月，日本史上最大的地震引發海嘯，淹沒核電廠。《哈佛商業評論》的文章指出：「這是地震學家見過最大的斷層位移：五十公尺的板塊運動長達兩分三十秒。」超過百分之八十的巨大海嘯是由地震造成的海床運動所引起。大約五十分鐘之後，一個巨大的海嘯襲向日本福島縣的東北部，奪走數千條人命，受傷者不計其數，同時摧毀無數房屋、商店、道路、鐵路和通訊基礎設施。這已經夠可怕了，但海嘯引發另一個不可逆轉的毀滅性連鎖事件——海嘯襲擊了福島第一核電廠。

當我從報紙看到這個事故的報導之後，我大概知道那裡發生了什麼事。根據我對核電廠以及工廠設計的基本知識，我能看見一系列事件發生，彷彿看影片一樣。當地震搖動福島核電廠時，自動化系統立刻緊急停止反應爐的運作，控制棒自動落入反應爐心，減緩核分裂過程。當地震破壞了從外部電網供應電力的傳輸線時，柴油發電機自動啟動。當地震停止時，所有的緊急應變設備都正常運作。

在這個時候，沒有任何損害發生。這是一場機械頭腦的勝利。每一個元素，從建築物、反應爐、發電機的幫浦，到控制室，都根據精準的計算加以設計，發揮了抗震的功能。各種材料（水泥、鋼梁、管線和電線）所承受的壓力都考慮到了。就這點來說，設計師在工程方面有非常傑出的表現。

只不過，更嚴重的災難隨後發生。海嘯襲擊電廠，毀壞了十三具緊急發電機當中的十二具，這是工程師所謂的「電廠全黑」（station blackout）情況。所有的運作停止，一號和二號反應爐的控制室裡一片漆黑，使得操作員無法監看反應爐是否有過熱現象。現場唯一能用的設備是電話線。操作員試圖用汽車電瓶為控制儀表板充電。當時對外聯絡道路不是中斷、就是被海嘯沖毀，電廠難以取得物資。其他的重要設備，像是冷卻幫浦、電氣開關和備用電池都淹在水裡。

我一直想著一個問題：怎麼會發生這種事？核電廠有抗震功能，發電站卻無法防止淹水。對我來說，這是個很基本的問題。同樣的，得從歷史資料著手，它是評估風險時唯一真實可靠的參考資料。最早的海嘯紀錄可追溯到公元 684 年，但日本關於海嘯的研究和資料蒐集從 1896 年才開始，當時海嘯奪走了兩萬兩千條人命。由於日本是最常受到海嘯侵襲的國家，我很難想像，蓋核電廠的人怎麼沒有預先看見可能的問題。

將福島發電站完全淹沒的海嘯約有十五公尺高，是發電站防護能力的兩倍以上。發電站如果蓋在更高的地點，事故就不會發生了。我後來得知，距離十公里遠的姊妹核電廠建在一個稍微高一點的地點，受到的損害就小了許多。福島第二核電廠被海水淹沒的情況比較輕，而且能夠從外部電網以及一臺發電機獲得有限的電力。最重要的是，控制室（裡面有監看反應爐的指示器）有電力可以維持運作。

另一個單純的發電站設計疏失，也一直在我的腦海盤旋。假如福島第一核電廠的冷卻設備有水密門和水密牆保護，就可以避免爐心熔毀發生。水密門是一項歷史悠久的技術，一開始用在船艦，後來用在潛水艇。在一艘船上，當船體被穿破時，艙門可做為防止沉船的安全裝置，只要把破損的船艙密封起來就好。

核電廠的運作涉及許多複雜技術，卻沒有人想到水密隔艙的概念。水密隔艙可以防止爐心熔毀，保護冷卻設備和緊急供電設備不被水淹沒，藉此拯救許多性命。第一核電廠也沒有採取任何措施來提升現有能力。反應爐熔化是因為緊急冷卻幫浦以及負責供電的發電機幾乎都泡在水裡。不論是在核電廠還是家畜屠宰廠，電氣設備遇到水就是會短路並壞掉。只要有人想到水可能從防波堤上方流入並使發電站淹水，就應該預先想出解決方法。

福島第二核電廠沒有發生爐心熔毀。第二發電廠的最高主管增田尚宏在核電廠工作了二十九年，他對第二電廠的一切瞭如指掌，也獲得員工的信任。增田派遣工作人員評估損害情況，然後執行超人般的行動來冷卻反應爐。別忘了，他們正處於極度混亂的情況，許多人不知道自己的家人是生是死，自己的家是不是被毀。而且時間緊迫，四個反應爐中有三個反應爐的緊急冷卻功能失效。

增田知道，他必須在爐心熔毀之前將冷卻幫浦接上電源。他一開始試著從核廢料工廠取電，但他後來發現，及時防止爐心熔毀的唯一方法，是使用粗重的電纜，從唯一還在運作的發電機接電到冷卻幫浦。當我跟一個學生談到這個危機時，她說：「哦，超大的延長線。」增田的團隊後來用長達好幾公里的電纜線完成任務。控制室的壓力數值使增田能夠判斷，要先冷卻哪個反應爐。當另一個反應爐的壓力開始快速升高，增田隨機應變，把電纜接到那個反應爐。在我看來，這是標準的圖像思考。

增田防止了爐心熔毀發生，阻止了輻射物外洩。幫助增田防止爐心熔毀發生的另一個因素，是他的管理方式。美國聯邦調查員卡斯托（Chuck Casto）指出，增田把海嘯的相關資訊與電廠損害情況全部告知員工，這有助於減少員工的焦慮，因為當人們了解情況，就有能力採取行動。增田也給員工一個簡單明瞭的目標：冷停機。增田在現場調度指揮，而發生爐心熔毀的第一電廠的主管卻坐在離現場遙遠的緊急應變中心，用視訊溝通聯絡。這個「經理人」是看到電視新聞的報導，才知道現場的損害有多嚴重。後來，增田受命擔任第一核電廠除役負責人。

我信任在現場工作的人。這並不是說，空間數理能力不重要，而是指，如果沒有那些在現場操作和維修系統的人，我們就不能得到真正的安全，因為他們會依據歷史資料，把所有環境因素考慮在內。根據《原子科學家公報》（*Bulletin of the Atomic Scientists*）的一篇文章，福島第一核電廠的一位前主管暨核能工程師表示：「我們可以倚賴前例來運作，但這次事件沒有前例。在我管理電廠的時期，我從來沒想過海嘯的事。」在一個以地震聞名的國家，怎麼可能有這種事？

社會學家培羅（Charles Perrow）在影響深遠的《當科技變成災難：與高風險系統共存》（*Normal Accidents: Living with High-Risk Technologies*）指出，問題並不在於人為疏失、機械故障、環境、設計或是程序，儘管通常會有一個因素（人為疏失）被單獨挑出來。培羅表示，意外事故來自一連串的問題。

以獅子航空 610 班機空難事故來說，第一個問題在於只倚賴一個感測器，第二個錯誤是不告知機師「操控特性增益系統」的存在，第三、第四個錯誤是獅子航空的管理不善以及飛機沒有「攻角不一致警示燈」。「攻角不一致警示燈」可以讓機師知道，有一個感測器壞掉了。這些都是語文思考者想太多造成的。

身為一個圖像思考者和設計師，對我來說，事情並沒有那麼複雜。設計福島第一核電廠的工程師如果能預見發生大海嘯的可能性，他們或許會在地下室設置水密隔艙。又或許他們不會把柴油發電機和備用電池放在地下室，說不定一開始就把核電站蓋在比較高的地方。

在波音和福島的事故中，我看到的畫面是：單一的感測器失效，水從防波堤上方淹進來。

未來的危險

未來近在眼前。勒索軟體攻擊事件時有所聞。一般的網路入侵會癱瘓企業、學校、醫院和公家機關的運作。駭客入侵電腦系統，將所有檔案加密，使企業或政府機關無法使用帳單寄送、出貨、發薪、醫院病歷、汽車登記和許多其他的重要系統。如果想取回檔案，企業或政府機關就需要付贖金。這些駭客要的是錢。在大型勒索軟體攻擊事件中，其中兩件發生在美國最大燃油管道系統「殖民管道」(Colonial Pipeline) 和食品公司 JBS Foods。駭客入侵殖民管道後，切斷了輸送到東岸的燃油。加油站沒有汽油可供應，航空公司也開始缺油。駭客入侵 JBS 後，使 JBS 在美國、澳洲和加拿大的牛肉和豬肉加工廠無法運作。

這兩起事件發生後，我滿腦子想的是，保護實體設備不受駭客攻擊的重要性。假如殖民管道的設備嚴重受損，可能要好幾個月才能修復。我想像有一大堆加油站會陷入混亂，因為汽油必須用卡車長途跨州運送。我能看見民眾開著車跟在油罐車後面，因為這樣才能搶先加到油。

知道如何在這些情況下保護實體基礎設施的人，通常在外面維護管線、或是在牛肉加工廠的地下室工作。我們需要把他們找出來，問問他們的想法。他們或許不懂代數，但他們能像福島第二核電廠的增田一樣，阻止災難發生。

自從我成年以來，大多數的汽車、工業設備和家用電器都是用電腦控制。當每個家庭同時使用冷氣時，電腦系統會控制電網如何供電。電腦能讓你用手機開啟家裡的大門，也能自動控制你家的冷暖氣開關。由於現在有許多裝置都連上網路，一旦系統出問題，風險也會跟著提高。駭客已經有能力從遠端控制汽車的電腦，也能監看民眾家裡保全系統的影像。

在未來，最危險的網路入侵行為是故意破壞工業流程，像是使發電廠的發電機無法運作、操縱水壩重要的控制閥打開洩洪閘門，以及造成煉油廠爆炸。為了防止這些災難發生，我們需要非電腦化的控制機制，當惡意訊息指示電腦系統造成不正常的轉速、溫度和壓力時，我們可以手動關閉重要設備。這些控制機制不會被駭客入侵，因為它們沒有連線功能。

我能在腦海看見那些系統與防駭控制機制的樣子。我看見圓形的指針測量儀器，就像舊式的汽車時速表。每個儀器的表面清楚標出紅色區域，代表有危險。當指針指向紅色區域，設備就會關閉。我並非反對自動化，但我一想到我們的電力網路是如此脆弱，就擔心得睡不著覺。

我最擔心的是駭客把目標轉向破壞工業設備。駭客曾駭入挪威海德魯公司（Norsk Hydro ASA）的鋁工廠系統，使控制生產的電腦當機。假如他們得寸進尺，控制工廠所有的電腦，情況將變得非常嚴重。他們可以控制融化鋁廢料的熔爐，以及其他昂貴、難以取代的設備。駭客向挪威海德魯要求六千萬美元贖金，因為挪威海德魯的薪酬系統和全球顧客資料都被凍結了。

我寫本章時，我最害怕的事差一點發生。2021 年 2 月 5 日，駭客控制了佛羅里達州奧德馬爾（Oldsmar）的自來水系統。如果駭客把某個閘門完全打開，高劑量的危險化學物質就會倒入自來水系統。所幸，一位機警的現場操作員看見電腦螢幕的游標出現可疑動作，於是立刻採取安全步驟，解除危機。

那次只是運氣好。對圖像思考者來說，駭客插不了手的解決方法才夠安全。在我的腦海中，我看見裝著化學物質的水槽出口安裝了小的管子，大幅限縮流出水量。就算電腦控制的閥門被完全打開，小管子可將有害物質的含量降到最低。所幸，我後來從一篇文章得知，水槽已經裝了管子來限縮化學物質的流量。如果最壞的情況發生了，操作員有充裕的時間去找到被打開的閥門，並將它關上。

有三種基本方式可以保護既昂貴又難以取代的基礎設施，並且防止民眾無辜喪命。第一種方法是舊式的電力機械式而非電子式的控制裝置，如果設備變得溫度太高、轉速太快、震動太大、壓力過大，或是幫浦裡沒有水，它就會自動關閉設備的運作。大多數人很熟悉的家用保險絲和斷路器，就是這類安全保障的例子。這些非電子式的控制裝置能預防線路超載，避免燒掉你的房子。第二類需要保護的設備包括完全取代人類操作的電腦系統。例如，在工廠推疊箱子的機器手臂，以及在機場不同航廈之間穿梭的接駁電車。這些系統必須完全與網路隔絕，無論有線或無線，工程師稱為「實體隔離」(air gap)。

我們必須非常小心，不要把內建 Wi-Fi 功能的電腦連上工業和機械系統。這些系統一直在搜尋連線機會。你或許還記得，美國前副總統錢尼 (Dick Cheney) 關閉過心律調整器的無線功能，以防被恐怖分子駭入。《華盛頓郵報》的一篇文章引述心臟專科醫生瑞納 (Jonathan Reiner) 的話：「讓副總統體內有一個能被駭客入侵的裝置是不智之舉，因為只要有人懸索掛在建築物外、待在飯店的隔壁房間，或是在樓下，就可以駭入那個裝置。」

我最近參觀一個大型工廠時，注意到有一臺電腦放在折疊式椅子上，旁邊還有螢幕、滑鼠和鍵盤，裝電腦的箱子放在椅子底下。這套電腦放在家中的工作室或許還可以，但放在這裡讓我開始有點警覺。我問別人之後得知，當技術員無法從控制室啟動某個設備，就要有人跑到附近的電子用品店，將電腦連上線，讓設備開始運作。我問對方，這臺電腦有沒有內建Wi-Fi功能，他說「有」。如果這臺電腦被入侵，有可能讓工廠的生產流程陷入停頓。

如果是在攸關人命的交通運輸系統，這種疏忽可能造成重大人員傷亡。倘若駭客取得控制權並讓電車相撞，該怎麼辦？同樣的，自駕汽車必須防止駭客入侵，應當要有一個不與網路連線的機械式開關，讓駕駛能夠在緊急狀況下關閉電腦系統。這輛車也應該要有機械式緊急煞車功能，而且要能夠控制方向，讓駕駛可以把車子開到路邊。

我覺得，我們變得太過依賴電腦，並盲目相信電腦，以致看不見其中的危險。這些危險藏在我們看不見的地方，除非你喜歡把東西拆開。大多數人不知道我們使用的裝置如何運作。對他們來說，網路是個抽象概念。這一點很危險。

最近人們發現：美國推出的5G手機服務可能對飛航安全造成威脅。5G手機和基地臺的信號可能會干擾飛機上的雷達高度計。雷達高度計能讓機師在霧中看不見跑道的情況下，使飛機安全降落。為了飛航安全的緣故，高度的測量必須非常精準。

我心想：歐洲已經在用5G服務，也沒聽說造成安全疑慮，美國為什麼要大驚小怪？兩地有什麼不同？許多圖像再度在我的腦海閃過。我看見一架飛機從紐約起飛，前往巴黎。這架飛機同時在美國和歐洲兩地飛行。美國和歐洲使用一個 5G 服務頻譜共享機制，讓許多使用者可以同時使用相同的頻率。我的腦海浮現一些我曾為動物福利寫的標準原則，像是北美肉品協會（North American Meat Institute）的《動物處理建議守則與稽查指南》（*Recommended Animal Handling Guidelines and Audit Guide*）。我的腦袋就是這樣把準則的概念進行聯想。或許歐洲和美國的無線電頻率使用管理標準有一些差異。

我查詢管理標準，發現有篇論文解釋了差異何在，作者是瑞典查爾摩斯科技大學（Chalmers University of Technology）的馬沙羅（Maria Massaro）。原來，無線電頻率分享標準的差異在美國導致更高的風險。根據高度計的技術與我寫本文時 5G 系統的要求，飛機跑道和飛機進場路徑附近不可以有高功率 5G 基地臺。一想到有可能拯救無數人命，就覺得這問題不會太難解決。

當我以圖像思考為主題演講時，最多人問的問題之一是，我會不會產生幻覺。幻覺是圖像思考的一種嗎？答案很簡單：不是。圖像思考是真實存在的，它以現實為基礎。一頭獅子在飯店裡攻擊你是幻覺，夢境有幻覺的成分。我在腦海中看見的畫面是真實的。而我經常想像的一件事是，當人工智慧（AI）控制的系統被駭客入侵時，會怎麼樣？

2015 年，谷歌推出「深度夢境」（DeepDream），這個電腦視覺程式可以運用 AI 演算，在偵測模式後生成或強化影像。

正常使用這個程式的一個例子，是用它在網路上搜尋狗的圖像。如果是以預期的方式使用，那麼這個程式與圖像思考的運作很相似。

不過，若用它來尋找不存在的東西，它會產生幻覺，類似思覺失調者產生幻覺。當這個程式一再被要求在沒有狗的圖像中尋找狗，它會開始看見狗的某個部分。樹上的蘋果可能會變成眼睛。然後，這個程式會生成令人毛骨悚然的影像，例如有很多隻眼睛的怪物、有很多隻眼睛的天空，或是有很多隻眼睛混入超市貨架上的雜貨裡。賀恩（Alex Hern）在《衛報》（*The Guardian*）描述，AI 生成的影像「從美妙變為恐怖」。

2015 年是 AI 發展的轉捩點，首次有電腦在圍棋比賽打敗人類，畢竟圍棋比西洋棋更複雜。數理型空間圖像思考者通常善於下西洋棋和圍棋，因為棋類活動屬於抽象策略思考。席爾瓦（David Silver）等人在《自然》發表的文章提到，電腦運用「超越傳統圍棋知識範圍的非標準策略」。

人們研究 AI 並應用在各種領域，從電玩到分析衛星影像都有。甚至有 AI 程式是訓練用來寫劇本和論文。馬倫尼奇（Sofia Merenych）在 Medium.com 發表的文章提到，GPT-3 這個程式用莎士比亞的風格寫了一個劇本，連語言學家都難以察覺它是偽作。當 GPT 從網路上吸收了大量的人類知識之後，就能針對不同主題寫出論文。要求 GPT 針對某個爭議性主題寫一篇文章，它做出的結論頗有冒犯意味。史崔克蘭（Eliza Strickland）在《國際電子電機工程師學會期刊》（*IEEE Spectrum*）

寫道：「不論 GPT 犯了什麼錯，都是跟人類學的。它產出冒犯文字的機率是百分之百。」

人類開發 AI，用來進行模擬和分析，以及應用在產業、交通運輸、網路安全和軍隊。它的安全保障機制是什麼？你希望讓 AI 操控一個核反應爐嗎？萬一駭客插入一個反饋迴路，使 AI 操作員產生幻覺，覺察到（不存在的）爐心熔毀時的高壓和高溫，會怎麼樣？說不定它會製造真正的爐心熔毀。

將來有一天，一些電腦科學家會承認，他們無法完全掌握 AI 會如何運作。《機器裡的藝術家》（*The Artist in the Machine*）作者密勒（Arthur I. Miller）在一篇文章寫道：「關於谷歌的深度夢境，重點在於，機器生成的影像不是人類輸入的。」用來監測氣溫、水流、壓力和工業設備速度的系統，有沒有可能也發生這種情況？這個世界將變成數字模型的世界，而不是圖像的世界。

我想起高中時期看的《2001 太空漫遊》。在這部 1968 年上映的科幻電影裡，有一個人工智慧電腦名叫「哈兒」（HAL），它與一群太空人展開尋找外星生物的任務。哈兒設定為不能在太空人抵達目的地之前透露任務目的。它也受指示不能說謊。當哈兒面臨這個兩難困境，殺人成了唯一合乎邏輯的解套方法。不過，哈兒有一個開關。當唯一生還的太空人大衛在哈兒殺死他之前把哈兒關閉，是本片的高潮。

這部電影的精采之處在於，哈兒在每個方面都跟人很像。太空人把它當成朋友，跟它玩西洋棋。一直到最後，哈兒一直是他們當中的一分子，即使它的樣子是一隻紅色的眼睛。當大衛開始移除哈兒的 AI 模組，哈兒懇求他不要再繼續進行下去，但大衛為了要活下去，非這麼做不可。我還記得，當哈兒死去時，我和大多數的觀眾一起流下了眼淚。那個時候，哈兒已經切斷了太空船的空氣供應，但大衛凌駕太空船的電腦系統，用手打開緊急出口，逃出了太空船。

五十年後的今天，這個比喻依然很真實。人類和機器人能共存嗎？誰將會控制氧氣供應？機器人上面會有關閉裝置嗎？有一件事至關重要：必須在重要的基礎設備上設置傳統的電動機械裝置，當駭客要求這個設備自我毀壞時，人類能夠把電腦程式關閉，防止災害發生。

我們使用的文字

「核能事件規模。超出設計基礎。冗餘路徑備份。消極危害控制。可接受風險。近因（proximate cause）。」我不是語文思考者，但我發現，當工程師討論風險時，他們使用近乎機械式、缺乏人味的語言。墜毀被稱作「衝擊地面」。重大問題被稱作「異常」。火箭發射升空時，一切順利叫作「正如預期」。當升空不順利時，有四種失敗：可忽略的、微小的、重大的和災難性的。波音墜機悲劇被稱作「共模失效」（common mode failure）。

地點和系統則簡化成首字母縮略字。根據美國核能管理委員會（Nuclear Regulatory Commission）的用法，NPS 代表「核電站」（nuclear power station）。要不是在科學期刊中討論核電廠的文章看到這個詞，我不會知道 NPS 是什麼意思。如果同樣的詞句出現在航空期刊裡，用來描述造成墜機的情況，或許 NPS 可以代表「導航與駕駛系統」（navigation and pilot systems）。

一篇討論福島第二核電廠的文章提到，PC、MC 和 RB 因為淹水比較輕微而得以保持乾燥並完好無損。除非我認識那幾個縮略字，否則我不知道那代表什麼意思。我上網查了一下，得到的答案是：PC 代表「壓力控制器」（pressure controller）或是桌上型電腦。MC 是主循環器（main circulator）或是主冷凝器（main condenser）。RB 代表反應器廠房（reactor building）。

每個產業都有自己的專業術語和首字母縮略字，但工程領域用的首字母縮略字比我在其他領域碰到的多很多。EPM 代表「工程產品經理」（engineering product manager），PD 代表「產品設計」（product design）。太多的首字母縮略字很容易使人感覺脫離現實。

矩陣圖使用的端點從「嚴重性非常低」到「嚴重性非常高」，或是軸線用「少見」、「不太可能」、「有可能」、「非常可能」和「確定」來說明。避免與人產生連結的術語和科學名詞有個毛病，它會妨礙我們解決問題，並降低我們修正嚴重問題的動力。我認為這一點有必要討論，因為模糊的語言會使工程師對於犯錯的後果比較沒有感覺。比起承認有東西「爆炸」、「被淹沒」，或是「墜毀」、「造成人員傷亡」，用「異常」或「衝擊地面」來描述顯然比較輕鬆容易。

對圖像思考者來說，災難一點也不抽象。當我寫到這裡時，我在腦海裡看見了散落一地的飛機殘骸、屍體碎塊和四分五裂的飛機碎片。

第七章

動物意識與圖像思考

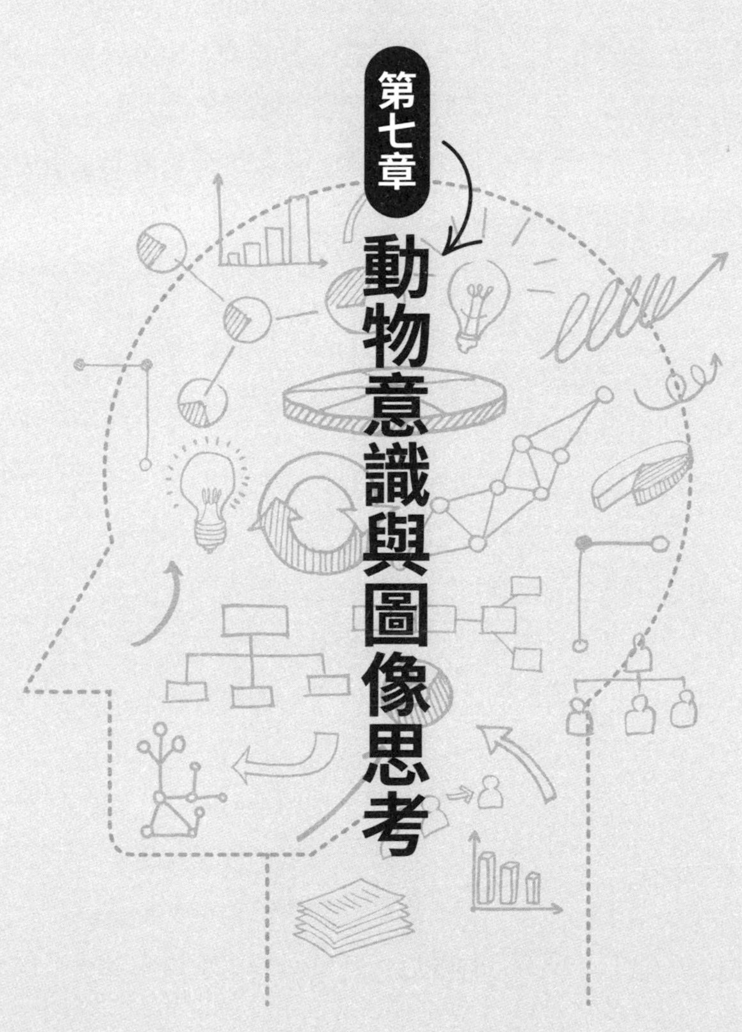

認為狗或牛沒有意識，在我看來是很荒謬的事，但人們一直為這個議題爭論不休。亞里斯多德（Aristotle）認為人是理性的動物，這個能力使人類高於動物。人類透過語言來覺知、理性思考和溝通，而動物的行為受感覺和衝動的驅使。

聖經裡有一些經文指出，動物和人類一樣，會感覺疼痛，人類也應該讓動物好好休息。例如，《申命記》（Deuteronomy）（22:10）提到：「不可並用牛、驢耕地。」《出埃及記》（23:12）提到：「第七日要安息，使牛、驢可以歇息。」可蘭經（6:38）提到，所有的動物都需要而且會形成社群：「在大地上行走的獸類和用兩翼飛翔的鳥類，都跟你們一樣，各有種族的。」動物是否會思考、有感覺，以及我們對動物的想法和感覺是什麼，這個辯論在人類最古老的文字裡，已經看出端倪。

我在本書一直提到，了解圖像思考最大的障礙是，不知道圖像思考的存在。這個障礙並沒有比「理解動物的內在世界」還困難。如同我們低估了圖像思考者的天賦和貢獻，使得他們沒有發揮的空間，我們也低估和誤解了動物的思考能力。

動物透過感官來生活與思考。牠們沒有語言，牠們把過去的經驗以圖像、聲音、氣味、或是觸覺儲存在記憶裡。以感官為基礎的思考和記憶，形成無語文經歷的回憶。放牧或草食性動物，包括牛、羚羊、長頸鹿、駝鹿和鹿，運用視覺優勢偵測威脅；牠們隨時在提防掠食動物。我在《星星的孩子》經常提到，我跟被捕食動物心有靈犀，尤其是牛。我的預警系統和牠們相似，這是我覺得牠們特別親切的原因。

人類擁有一部分的「動物直覺」，即使人類的視覺並非優勢感官。當我們看見一輛陌生的車子停在自家車道上，我們不需要語文，就可以「感覺」有危險。

章魚的感覺系統存在於觸手，牠們倚賴觸覺，以及味覺和嗅覺；犬科動物（包括狼和狗）倚靠嗅覺，並搭配高頻聽覺來生存。我告訴人們，當他們的狗在一棵樹或消防栓旁邊逗留時，不要硬把牠們拉走。狗是高度社會化的動物。聞味道（尤其是尿液）是牠們獲得資訊的方式。我把這種資訊稱為「尿郵」（pee-mail），是我獨創的說法。我看過文章提到，有一位侍酒師能輕鬆辨認兩千種酒；那是人類最接近狗兒嗅覺能力的極限。狗有三億個嗅覺受體，人類只有六百萬個。按比例計算，狗兒腦部嗅覺中樞的大小，比人類大四十倍。動物的感官決定了牠們擁有哪些能力。

就連昆蟲的腦也能分辨相同和不同的東西。蜜蜂能學習分辨相同與不同的顏色和格紋。有些動物的腦能分辨截然不同的類別。加州州立大學富爾頓分校的培西格（Jessie Peissig）等人發現，鴿子自然而然會按照物體的形狀分類，這種能力通常是視為人類獨有的認知能力。日本慶應義塾大學的渡邊茂（Shigeru Watanabe）發現，鴿子能學會分辨莫內的畫與畢卡索的畫，即使是沒看過的畫作也能分辨。我想，鴿子會發展出這個能力的原因，在於適應性；牠們必須能夠辨認周遭的環境。

松鼠用圖像思考「記住」自己藏堅果的地方，就像螞蟻靠著圖像記憶尋找回家的路。英國薩賽克斯大學（University of

Sussex）薩賽克斯神經科學中心（Sussex Centre for Neuroscience）的賈德（S. P. D. Judd）與柯列特（T. S. Collett）發現，螞蟻外出覓食時，會在路上停下來，從不同角度朝著食物「拍照」多次。牠們也會多次回頭查看回家路途上的路標。

雖然動物對於時間和空間的理解，是用不同的方式展現，但很顯然，所有的哺乳動物和鳥類都知道自己的家在哪個地方，也有能力知道去哪裡可以找到大量食物。松鼠靠著圖像記憶找到自己藏的堅果，鴉科動物（例如烏鴉）能記住自己藏食物的地方，以及藏了多久。冠藍鴉知道蠕蟲比堅果更快腐爛。牠們知道，比起比較不容易腐壞的食物，牠們必須先把蠕蟲吃掉，就像我們會先清掉冰箱裡的食物，再清食品櫃裡的食物。

儘管證據顯示，語言與人類最早、最厲害的成就無關，人類還是把偏好使用語文思考甚於圖像思考的習慣，延伸套用在動物身上。

把石頭綁在棍子上做成一支矛（最古老的複雜工具之一），這項發明遠比語言更早出現。倫敦大學學院（University College London）的柯塔多（Dana Cataldo）等人，幾年前嘗試研究人類的祖先如何創造石刀。學生分成兩組。第一組裡有一位擅長做石刀的專家，他一面示範、一面用口語說明怎麼做石刀。第二組有同一位專家，但他只示範、不說明；學生必須觀察專家的動作，專家不會使用口語來指示，而是用指頭指，或是示範怎麼拿石頭。

結果專家沒有用口語說明做法的那組學生，學習成果優於另一組。非語文、以感官為基礎的學習方式，可能對人類的早期成就有重要的貢獻。這個概念值得深思，因為它與其他動物的認知能力以及能做的事有關。

動物有意識

首先，我想簡單說明人類對動物的看法，以及人們如何對待和研究動物的演進史。我們也會檢視神經科學，以及動物情緒的研究。我的目的是，了解動物的不同思考型態與人類思考方式之間的關係。

根據席爾（Erica Hill）的文章〈考古學與動物個體〉，古代狩獵採集者認為動物「有能力進行獨立而有意的行動」。首先，狩獵採集者為了活下去，必須要倚賴圖像思考。他們必須能夠看見動物的隱約腳印或折斷的小樹枝，因為那代表有動物經過。特拉維夫大學（Tel Aviv University）的哈芬（Eyal Halfon）與巴爾凱（Ran Barkai）曾對狩獵採集者深入研究，他們指出，狩獵採集者往往把動物視為社群的一部分，人類只是社群中的一分子。許多美國原住民的信仰把動物視為人類的親屬。

心理學家韋克斯（Matti Wilks）是愛丁堡大學講師，他最近的研究發現，九歲以下的孩童比較不會認為人類比動物更重要。許多孩童把狗的生命看得跟人的生命一樣重。然而，幾乎所有的成人都寧可選擇救一個人、而不是救一百隻狗。這個研究的結論是，人類生命的重要性「在發展後期才顯現，而且可能是從社會習得」。

我的假設是，把動物完全視為「異類」的傾向，隨著語文思考能力開始在個人生活與文化中占主導地位，而逐漸提高。隨著語文意識和語文能力的增長，人類對動物的尊重逐漸減少，對動物的理解也改變了。從中世紀到啟蒙時代，西方人對動物的看法可以從「存在巨鏈」（Great Chain of Being）的概念看出。亞里斯多德根據基督教神學，將自然界的萬物由上而下分級，把上帝、天使和人類放在上層，把動物、植物和礦物放在下層。降低動物的地位，反映出人們不再認為人類與動物有相同的認知模式。

直到 1580 年，這個立場才首次遭到有力反駁，人文主義哲學家蒙田（Michel de Montaigne）在〈人類沒有比動物更優越〉一文，為動物的感覺能力辯護。蒙田挑戰人類比動物更優越的觀念，他認為這是人類的傲慢：「自以為是乃人類天生就有的病。」他反問，人們怎麼可能知道「動物的祕密和內在活動」。為了凸顯他的觀點，他提問：「當我跟我的貓玩的時候，有誰能知道，是她在陪我玩、還是我在陪她玩？」任何一個與動物有深厚關係的人，都會提出這個問題。

半個世紀之後，法國哲學家笛卡兒在 1637 年以一篇影響深遠的短文〈動物是機器〉，反駁蒙田的觀點。笛卡兒主張，人類由身體和靈魂組成，而動物只有身體，沒有靈魂，跟機器沒有兩樣。他把動物比喻成時鐘，「只有齒輪與重量」。這篇短文詳細闡述動物沒有思考或感覺能力的所有理由，最後一個論點是他所有論點的精髓：「沒有任何人觀察到有任何動物能使用語言，也就是用語文或手語表達某個純粹的思想，而且不帶有自然衝動。」根據笛卡爾的說法，我思故我不是動物。（笛卡爾曾進行活體解剖，把活生生的動物解剖，進行醫學研究。他把狗的哀嚎視為本能反應，而不認為是出於痛苦。）

即使到了十九世紀末，哲學家詹姆斯（William James）仍為活體解剖辯護，他認為活體解剖提供「治療的真理，使未來的動物和人類免於受苦」。雖然他承認被解剖的狗「活生生在地獄裡」，但他認為狗兒沒有能力感受那種處境。

在達爾文（Charles Darwin）出現之前，動物行為研究沒有讓動物意識的議題有太多進展。《物種起源》（*On the Origin of Species*）徹底改變了我們對自然的看法，以及我們與自然的關係。「博物學家對任何一種動物的習性了解愈多，就愈把習性歸因於判斷，而非天生的本能，這是個很重要的事實。」笛卡兒時代過去一個世紀之後，達爾文探討人類演化的著作《人類的由來》（*The Descent of Man*）強而有力的反駁了「存在巨鏈」的概念。達爾文寫道：「人類與高等動物的心智之間雖然有很大的差別，但只是程度上的差別，而不是類型上的差別。」

人們對動物的看法，與人們對待動物的相關法律息息相關。禁止虐待動物最早的法律條文，於1635年在愛爾蘭通過。它禁止人們把犁綁在馬的尾巴上，也禁止從綿羊身上拔毛（這就像是從你的頭上把頭髮拔下來一樣）。

1776年，普瑞瑪塔（Humphrey Primatt）牧師在〈憐憫的職責與虐待動物之罪〉痛斥對動物疏於照顧和虐待的行為。他寫道：「不論痛苦降臨在人還是動物身上，痛苦就是痛苦。」普瑞瑪塔提出一個看法：人不該虐待動物，因為動物會感覺到疼痛，因此，動物應該得到人道對待。「每一種生物都該要視為大自然的一部分。」他的理念成為早期英美兩國反對虐待動物法律的基礎。

1789 年，英國哲學家、社會改革家暨法學家邊沁（Jeremy Bentham）主張，動物應該得到法律保護。他在意的不是動物有沒有意識這個問題，他的論述是：「問題不在於牠們能不能思考？能不能說話？而是，牠們會不會感到痛苦？」

在紐約，另一位改革家伯格（Henry Bergh）不遺餘力的提倡動物權。他的人生志業和使命是防止動物受到虐待，他一聽到動物福祉受到危害的情況，會立刻衝到現場。弗里伯格（Ernest Freeberg）在他為伯格寫的傳記《人類叛徒》（*A Traitor to His Species*）中提到，「伯格經常與馬夫、玳瑁交易商、馬戲團團長、鬥雞人、屠夫和外科醫生對抗。」伯格在法庭經常吃敗仗，但他卻贏得了人心。

1866 年，伯格成立「美國愛護動物協會」（American Society for the Prevention of Cruelty to Animals, ASPCA），協會最早的標誌是：一隻拉著馬車的馬正要遭人鞭打，有一個天使在上方守護牠。

伯格最有名的行動，是向家裡有馬車的上層階級宣戰，因為這些人對待馬匹的方式非常殘忍。十九世紀中期，大城市的街道上到處都是馬匹和輕便馬車，川流不息，就像現在的汽車和公車。馬匹不論晝夜都要工作，拉著電車似的車廂，裡面最多塞進七十五個人。這些馬被拳打腳踢、被戳刺、被鞭打，當牠們無法工作時，就被遺棄等死。有錢人家會把馬身上的毛剃掉，露出皮膚的光澤，卻使牠們失去毛髮的禦寒保護。

1877 年，一本虛構的自傳小說訴諸民眾的理性與感性，大大促進了動物福利，其效果可能勝過任何法律。史威爾（Anna Sewell）的《黑神駒》（*Black Beauty: The Autobiography of a Horse*）訴說了一個令人心痛的故事，有匹馬不斷被轉手賣掉，有些主人很仁慈、有些很殘酷。在我小時候，母親曾經讀這本書給我聽。其中有一段情節令我永遠難以忘懷：主人為了讓拉車的馬匹看起來更帥氣，讓自己更有面子，於是給馬匹套上韁繩，強迫馬兒把頭抬得高高的。《黑神駒》描述，當馬兒被迫採取這種不自然的姿勢拉馬車，牠們其實非常辛苦和痛苦，牠們的頸部和呼吸都受到了危害。這本小說出版後，在十五年之內銷售了一百萬冊，到現在，銷售量已經累計超過五千萬冊。《黑神駒》問市幾年後，英國禁用勒馬韁繩。

美國愛護動物協會現在已經有兩百萬名會員，而且堅守終結虐待動物的初衷。伯格若地下有知，一定會感到欣慰。「動物立法保護基金會」（The Animal Legal Defense Fund）的宗旨是，透過法律管道阻止動物遭到虐待。最近，律師懷斯（Steven M. Wise）成立了「非人類權利計畫」（Nonhuman Rights Project），希望促使法院承認每一隻動物的權利。非人類權利計畫的目標是用法律保護某些動物，也就是猿類、大象、海豚和鯨魚。懷斯主張，這些動物都有感覺能力，有情感、也有自我意識。

非人類權利計畫帶到紐約最高法院的第一個案子，是關於一頭名叫開心果（Happy）的大象。開心果和牠的六個手足從泰國來到美國，牠們按照七個小矮人來命名。開心果和愛生氣（Grumpy）被送到布朗克斯動物園。愛生氣和其他五隻大象相繼死去，到了 2006 年，只剩下開心果。非人類權利計畫的律師請願，希望讓開心果離開動物園。他們在請願書寫道：「毫無疑問，爭議中的非人類是無辜的，牠們被限制行動的處境（至少在某些情況中）尤其惡毒。」

代表開心果提出的請願被否決了。但在 2021 年 5 月，上訴法院批准非人類權利計畫上訴許可的動議。這是「史上第一次英語國家管轄的最高法院」審理「為非人類提出人身保護令的案子」。遺憾的是，開心果的上訴沒有成功，因此牠必須繼續留在動物園。

兩個學科的故事

到了 1950、1960 年代，動物行為研究主要由兩個學科主導：在自然環境裡研究動物的動物行為學（ethology），以及在實驗室裡研究動物的行為學派（behaviorism）。在二十世紀後半期，動物行為學家與行為學家苦思方法，想尋找一種不倚賴語言的思考方式。由於他們無法解釋動物的內在活動，只好做出結論，認為動物完全沒有內在活動。這種思路就像是無限循環的莫比烏斯環（Möbius strip）：唯有當動物產生一定程度的意識來體驗情感，牠們才可能有情感。

動物行為學家認為動物的行為由本能控制，而行為學家認為動物的行為由環境控制。這兩個學派都認為自己能客觀的研究行為，動物行為學家是透過長時間仔細觀察和記錄動物的自然行為，而行為學家是透過嚴謹建構的實驗室試驗。這兩個學派也避免討論情感對行為的影響，因為這會使他們進入不清不楚的主觀領域，而這是所有科學家竭力避免的。這兩個學科眼看著就要碰觸到擬人化（anthropomorphism）的禁忌，所幸，此時出現了獲得諾貝爾獎的動物行為學先驅——勞倫茲（Konrad Lorenz）。

勞倫茲不接受「動物的情感是一種擬人化」的看法。阿倫（Colin Allen）與貝考夫（Marc Bekoff）在《心靈的品種：動物認知行為的哲學與生物學探討》（*Species of Mind: The Philosophy and Biology of Cognitive Ethology*）如此描述勞倫茲：「他認為動物有愛、嫉妒、羨慕和憤怒的能力。」他們還說，勞倫茲把人類的情感和本能視為認識動物的關鍵。依據勞倫茲的世界觀，科學家不是機器人，也不應該是機器人。客觀不代表要否定感覺。

勞倫茲因為他提出的「銘印」（imprinting）概念而廣為人知。他說，小時候有人給了他一隻剛出生一天的小鴨，因為母鴨不在小鴨身邊，於是這隻小鴨就跟在他的屁股後面，亦步亦趨。勞倫茲衡量早期刺激對不同動物的影響，並試圖量化行為受到遺傳決定的程度。他發現，新生兒在出生後的頭幾週，會出於本能與照顧者產生情感連結。他在一個研究中指出，正在孵蛋的母鵝如果看到一個蛋或是類似蛋的物體滾出鵝巢，會把那顆蛋滾回巢裡。這種滾蛋的行為是由「記號刺激」（sign stimuli）所驅動，似乎是天生的。

其他的本能行為包括進食、求偶、養育下一代、蜜蜂尋找花蜜、蜘蛛織網，以及鳥類築巢，雖然現在有新的研究指出，這些能力當中有一些可能是天生具備加上後天學習而形成。例如，織布鳥是個別養育成長的，但牠們會織出相同的鳥巢，形狀類似好時水滴巧克力（Hershey's Kiss），幾乎可以把鳥兒完全包覆在巢裡。不過，聖安德魯斯大學（University of St. Andrews）的貝利（Ida Bailey）等人指出，這些鳥的編織方式還是有一些個別差異。同樣的，像是爭鬥這種天生行為，在不同動物身上，也會以不同的方式展現。

牛爭鬥是用頭上的角互頂，馬爭鬥是站起來用前蹄攻擊對方。已被馴化的動物仍會保留物種特有的行為。例如，狗想要和同伴玩耍時，會做出伏地邀玩的動作，家養火雞會展開尾翼來吸引異性。我曾多次遇到雄火雞對我展開尾翼，只可惜，我不是牠們的同類。

動物也能透過簡單的訓練，學會非天生的行為。例如，馬很快就學會被人騎在背上。新的研究也顯示，比較願意接觸新奇事物的動物，能更快學會新的技能。這可以支持勞倫茲的觀念，他認為學習的動機會受遺傳因素影響——人類可能也是如此。勞倫茲在接受諾貝爾獎時的得獎感言說道：「我發現了銘印，它也在我心中留下了印記。」

勞倫茲與另外兩位動物行為學家馮弗里希（Karl von Frisch）和廷貝根（Nikolaas Tinbergen）共享諾貝爾獎，他們一同透過自然選擇與物種差異的眼光，來觀察動物的行為，成為動物行為學的先驅。馮弗里希的成就在於他對蜜蜂的完整研究，包括蜜蜂辨識模式與顏色的能力，以及透過「跳舞」告訴同伴食物在哪裡。廷貝根的成就在於，利用精心設計的實驗看出本能行為是如何組織的。

其實，特納（Charles Henry Turner）對蜜蜂的研究比馮弗里希早了十年。特納是一位黑人科學家，他用動物行為學的方法進行田野研究，包括對蜜蜂的研究。他的研究直到最近才獲得更多人的肯定，不再只是出現在馮弗里希論文的注釋裡。特納在 1867 年出生，父母都是奴隸。特納是第一位獲得芝加哥大學（University of Chicago）動物學博士學位的非裔美國人，雖然他在《科學》等知名期刊上發表了七十多篇論文，卻因為種族歧視無法成為大學教授，只能在高中擔任教職。

特納雖然缺乏大學的資源與援助，但他還是證明了蜜蜂能覺知顏色和模式。他認為蜜蜂能形成「環境的記憶圖像」。他的實驗顯示，昆蟲有聽覺，蜜蜂會學習，這可以解釋牠們為何有溝通與導航能力。這些發現為人類與動物的能力之間開了一條相通的路。

神經生物學家吉爾發（Martin Giurfa）等人在《當代生物

學》（*Current Biology*）的一篇文章指出，特納率先從認知觀點看動物行為，此觀點後來成為科學學術研究的主流。例如，特納寫道：「螞蟻不只是反射性機器，牠們是自主行動的生物，牠們的行為受到過去個體發生的（ontogenetic）經驗記憶所引導。」這種行為與人類行為之間的連結顯而易見。螞蟻覓食時用來尋找回家路線的記憶圖像，和我們用圖像地標（一面石牆或某個特殊的商店招牌）來認路很相似。當你去看醫生的路上，不論你是否有意識的告訴自己，要在「冰雪皇后」（Dairy Queen）冰淇淋店的轉角左轉，你都是靠著腦袋裡的記憶圖像來導航。

研究員索維（Cwyn Solvi）與倫敦瑪麗王后大學（Queen Mary University）和澳洲麥考瑞大學（Macquarie University）的同事，最近根據特納與馮弗里希等學者的研究成果進一步探討，發現大黃蜂能夠整合不同形態的感覺訊息，像是視覺或觸覺。一位研究員表示：「我們無法確知蜜蜂在想什麼，但我們知道牠們有能力在不同感官之間傳遞訊息。這代表牠們必須能夠在腦袋裡產生圖像。」蜜蜂是用圖像來思考。

▪ 以自然為教室

在得到諾貝獎數十年之後，勞倫茲在《所羅門王的指環》（*King Solomon's Ring*）寫道，人類不該把動物「囚禁起來」研究。了解動物的唯一方式，是在牠們的自然棲息地仔細觀察。這個觀點後來因為珍古德（Jane Goodall）的研究而廣為人知。珍古德年紀輕輕就到非洲的野生環境裡研究黑猩猩。

事實上，有一位較少人知道的加拿大女性比珍古德早幾年到南非實現夢想，在長頸鹿的自然棲息地進行田野研究。達格（Anne Dagg）小時候在芝加哥的動物園看過長頸鹿之後，就愛上了長頸鹿。她後來在多倫多大學（University of Toronto）攻讀生物學，但對動物行為沒什麼興趣。她想要到長頸鹿的自然棲息地進行研究，卻得不到政府或大學的資助。她並不灰心，在二十三歲時自行前往非洲。

達格一直找不到贊助人，後來透過很遠的人脈找到了一位牧場主人。她寫信給這位牧場主人，自稱是 A. Dagg，隱藏她的性別，結果收到了工作邀請。當達格的真實性別被發現後，對方讓達格住在他們家裡，幫他們做一些文書工作。這個安排正符合達格的心意，因為他們的牧場和柑橘園就在克魯格國家公園（Kruger National Park）附近，有許多長頸鹿在那個國家公園裡棲息。

克魯格國家公園是達格的教室，她拿車子當作掩護，好觀察動物。達格詳細記錄長頸鹿吃的東西（她把每一種樹木和葉子都分類），以及牠們如何行走、奔跑、遊戲、爭鬥與求偶。若有長頸鹿死亡，達格會記錄關於這隻長頸鹿的一切，把牠的腸子用曬衣繩晾乾，測量其長度，還查看腸胃裡的殘餘物，研究牠吃了哪些植物，以及檢測是否有寄生蟲

達格提到，長頸鹿是「第一個被發現似乎對死亡有感覺的

有蹄類動物，」因為有好幾隻長頸鹿「記得牠們的孩子在哪裡死去，為期好幾天。」她反思：「野生動物的這種情感或許比我們所想的更普遍。」根據「拯救大象」（Save the Elephants）創辦人道格拉斯漢密爾頓（Iain Douglas-Hamilton）等人的研究，大象會把垂死的女性族長舉起來，當這位族長死去之後，會有許多個不同的大象家族前來看牠。

▪ 本能凌駕制約反應

行為學家史金納（B. F. Skinner）是二十世紀影響最深遠的心理學家之一，至今，他依然有相當的影響力。史金納是哈佛教授，本來就已經是學術界的明星，當他在1971年登上《時代》雜誌封面後，從此成為國際知名人物。他在1977年發表的簡潔聲明，總結了他的看法：「我看不到任何證據，可以證明內在的精神世界存在。」他指的是人類和動物。

根據史金納的看法，我們被兩種力量控制：強化與懲罰。史金納最廣為人知的是操作制約室，又稱史金納箱，他在這個箱子裡設置實驗裝置，讓大鼠和鴿子接受不同的刺激（像是光和電擊），來測試強化的效果。若動物下壓或啄正確的桿子，就會獲得食物做為獎勵。實驗證明，獎勵某些行為與懲罰另一些行為，能使動物學會新的行為。

按照史金納的說法，我們和他的實驗室動物一樣，會被操作制約影響。自由意志只是天方夜譚。在他那本影響深遠的著作《科學與人類行為》（*Science and Human Behavior*）中，史金納清楚表明他對情感的看法：「我們常把行為歸因於虛構的因素，『情感』是一個絕佳例子。」

1960 年代，我還在上大學的時候，有一門課有機會去拜訪史金納。我抓住時機，問他關於大腦和大腦如何運作的事。他回答說：「我們不需要了解大腦，因為我們有操作制約。」過了幾年，我聽說史金納在中風之後，終於承認我們可能需要了解人的大腦。

1961 年，動物專家布雷蘭夫婦（Keller & Marian Breland）發表一篇名為〈生物的不良行為〉的論文，標題擺明是要駁斥史金納的知名著作《生物的行為》（*The Behavior of Organisms*）。布雷蘭夫婦是史金納的學生，並在史金納的實驗室擔任研究助理。他們後來自行創業，以商業目的訓練動物，他們運用史金納的方法，包括電動餵食器。布雷蘭夫婦在這篇論文中，證明動物天生的本能會凌駕史金納的制約刺激反應原則。

布雷蘭夫婦發現，很難訓練動物去做與牠們本能牴觸的行為。布雷蘭夫婦寫道：「我們無法預測與控制動物的行為，我們的行為主義背景對此無計可施。」多年來，他們為電視廣告、馬戲團、電影和電視節目訓練的動物超過八千隻，涵蓋了六十種動物。

在 1970 年代初期的亞歷桑納州博覽會，我曾看過母雞演奏玩具鋼琴。這隻母雞只要啄琴鍵就會得到粒狀食物。表演很成功，因為啄食是母雞進食的自然行為。不過，若要浣熊表演把銅板投入小盒子裡，就成了災難。浣熊出於本能會用水清洗食物。當訓練師把銅板丟給浣熊，浣熊會用腳掌摩擦銅板，展現本能的清洗動作，而不把銅板投入盒子。

豬可以很快就學會把銅板投入撲滿裡，但訓練幾週之後，豬開始用嘴把銅板在地上翻來翻去、把銅板含在嘴裡、把銅板拋來拋去。布雷蘭夫婦發現，這顯現出豬的本能行為：野生的豬殺死小型囓齒動物後，在吃下獵物之前，牠們會把食物拋來拋去與含在嘴裡。

布雷蘭夫婦不在學術界工作，雖然太太後來取得了博士學位，但他們的工作存有爭議，也被某些人看輕。不過，他們的觀察引起了我的共鳴。儘管按照正增強與負增強原則去設計制約箱，能觀察到各種行為，但我知道，動物從來不只是這些行為的總和。布雷蘭夫婦寫道：「除非你了解動物在大自然裡的行為，否則就無法了解動物在實驗室裡的行為。」在實驗室繁殖了好幾代的白鼠雖然不在自然環境成長，但是當牠們野放到一大片土地上，牠們就會挖出複雜的地洞。

神經系統複雜性與意識

一直到 1990 年代，由於認知神經科學的興起（以及磁振造影技術的輔助），我們終於能夠從腦部研究來推進動物情感的討論。過去數十年來，研究動物意識的科學家發展出幾種理論，並用不同的方法來評估動物的意識。畢竟連史金納都承認，我們需要開始思考腦袋裡有什麼東西。

在最基本的層面，意識和認知的存在需要倚賴某種程度的神經系統複雜性。例如，蛤蜊、牡蠣和蛆沒有意識。牠們的行為是反射動作，或是單純重複刺激造成的習慣化（habituation）。如果你碰觸牡蠣，牠會把殼合起來；如果你重複這個動作許多次，它就不再把殼合起來了。牠的神經系統已經習慣了這個刺激，因此不再對刺激做出反應，或是大幅降低反應的程度。

在神經系統複雜性的上一階，動物的頭部會發展出神經節點。扁形動物門的渦蟲是一個例子。（扁形動物有兩條神經索延伸到身體，神經索是脊髓的前身，但神經索只是中樞神經系統最初的形態，缺乏痛覺受體。）所有的網路都會形成節點；這是自然的發展，臉書或是航線的網路都是如此。當搭乘飛機變得愈來愈普遍，節點會自然形成，連結飛往不同城市的航線。當某些節點的交通開始變得繁忙（像是丹佛），就會變成樞紐。以神經系統來說，這個過程稱為「腦化」（encephalization），也就是從非中樞神經系統轉變為大腦皮質的腦部演化特徵。這些有許多輸入與輸出神經迴路的中央樞紐，是產生意識的關鍵。

隨著生物分門別類的層級向上走，腦部就變得愈來愈複雜。在通往產生完全意識的路上，眼與耳這類感覺器官開始扮演重要的角色。在低等動物身上，原始形態的眼部構造對光敏感，並能偵測光源的方向。再上一階的眼部構造能看見模糊的影像，例如花園裡的蝸牛。所有的哺乳類動物、爬蟲類動物、蜘蛛和昆蟲都有真正的眼睛，能夠看見清晰程度不一的影像。螞蟻和黃蜂看見的影像雖然不如人類清晰，但牠們能倚賴視覺來完成重要的任務，包括將圖像記憶分類做為導航工具，這是圖像思考的開端。

在特納記錄螞蟻使用圖像記憶六十年之後，生物學家威爾森（E. O. Wilson）等人發現，螞蟻會分泌費洛蒙（會散發氣味）來傳遞訊息。威爾森解釋說，螞蟻用觸角來辨認自己的蟻群，傳達蟻群其他成員的需求，並執行任務。研究顯示，黃蜂能認出同一個蜂巢裡其他黃蜂的臉，牠們可以清楚記得哪些黃蜂曾與自己互動過。這是否代表牠們有意識？我認為昆蟲的神經系統是產生完全意識的基礎，但我不會把牠們界定為有意識，因為昆蟲沒有敏銳的痛覺，也沒有發展完整的情感。昆蟲在某隻腿斷掉之後，仍會繼續使用那隻腿行進。有痛覺的動物如果腿受傷，牠會改成跛行，以減輕傷腿承受的重量。

比起缺乏眼睛或耳朵的生物，有聽覺和視覺器官的動物，需要更大量的中樞腦部組織來處理訊息。根據巴西神經科學家郝庫蘭諾赫佐（Suzana Herculano-Houzel）在范德堡大學的研究，神經迴路的數量與結構，比腦的大小更重要。鳥類的腦雖然很小，但鳥的神經元卻擁有強大的處理能力。有些鳥類的腦部處理能力，與某些大型哺乳動物相似。

為了方便理解，我們可以用智慧型手機做為比喻，智慧型手機把許多電子迴路塞進小小的晶片裡，執行與桌上型電腦相同的許多功能。更多的神經處理單元可以提高行為的彈性。為了能夠飛翔，鳥類必須有運算能力強大、而且重量輕的腦。由於大多數的哺乳動物不會飛，所以沒有那麼大的演化選擇壓力，要發展出運算能力強大、而且重量輕的腦。

郝庫蘭諾赫佐進一步的研究顯示，非洲象的腦比人類的腦大很多，但人腦有 163 億個皮質神經元，非洲象只有 56 億個。人腦的皮質較厚，神經元的密度也比較高。人腦的其他部分則與其他哺乳動物相似。人類與其他動物的差別在於，人類大腦皮質內大量神經迴路的原始運算能力。大象的大腦皮質雖然比人類少，但大象有較大的腦容量。較大的腦容量可能使大象可以用低頻震動來溝通、或是能夠控制象鼻，因為大腦能輔助動作的協調性。大象也比其他動物聰明許多。

威斯康辛大學麥迪遜分校（University of Wisconsin, Madison）心理學教授雷丁博（Michelle J. Redinbaugh）表示，要產生意識，必須具備有前饋迴路與反饋迴路的腦部中樞。訊息在額頂葉皮質內進行雙向傳遞。腦部也需要一個處理與聯合所有輸入訊息的構造，以有彈性的方式做出回應。人類和動物的環導水管灰質（periaqueductal gray, PAG）可連結到多個腦區，包括上方的皮質區與下方的腦中樞。當人或貓的環導水管灰質被破壞，就會進入昏迷狀態，不再對周遭環境做出反應。另一個意識的樞紐位於腦部下方的中央，包括視丘和通往其他腦區的連結。這兩個樞紐是處理情感的區域。儲存在大腦的資訊可以在此處進行交流與聯合，就像會議代表人進入會議中心圓形大廳所做的事一樣。

這個研究指出一個共識：意識有等級之分。大腦系統愈複雜，意識也跟著變複雜，情感與感官訊息會在愈來愈大的聯合區，經由密度更高的神經元來處理。環導水管灰質的下方區域發揮類似鐵道調度場指揮員或空中交通指揮員的角色。這個系統使人類或動物，能與環境和其他個體互動。

人類和大多數動物的環導水管灰質也與評估潛在危險有關。當一頭鹿覺察到奇怪的聲音或物體，牠會突然抬起頭，把眼睛和耳朵轉向那個聲音或物體。這是對潛在威脅的自然反應。然而，這頭鹿需要決定如何去回應。我曾多次觀察到這種行為。鹿在決定究竟要逃跑、保持觀察還是繼續吃草的時候，會有個短暫的停頓瞬間。這是彈性決策的起點。

視丘負責調節意識與清醒的狀態，它也是感覺和動作信號的中繼站。光是有視丘與環導水管灰質，並無法完全解釋意識的運作。還有另一個位於頂葉的重要訊息樞紐，就在整合感官和情感訊息的枕葉附近。人腦的解剖顯示，這個巨大的神經纖維束提供了皮質區內部和長距離腦區之間的各種連結。西雅圖「艾倫腦科學研究所」（Allen Institute for Brain Science）的柯霍（Christof Koch）提出一個理論：所有的意識體驗都源自這個「熱區」。

要打造一個有意識的大腦，另一個關鍵是不同傳入訊息來源之間的跨模式遷移（cross-modal transfer）。用比較直白的說法，就是透過某個感覺器官（例如眼睛）傳入大腦的訊息，能與來自另一個感覺系統（例如觸覺）的訊息結合，形成統合的理解。以人來說，視覺與觸覺的感覺訊息在出生時就已經有連結，但會隨著成長持續發展，愈來愈成熟。一個跨模式遷移的例子是，我們藉著用手觸摸，就知道口袋裡有哪些錢幣。許多飛機駕駛艙內的控制器把手有獨特的形狀，使機師的操控有一部分能靠著觸覺進行，降低操作失誤的機率。學騎腳踏車的孩童會同時使用來自眼睛和前庭平衡系統的訊息。上述任務有簡單的、也有困難的，都需要倚賴複雜的認知能力來完成。

跨模式遷移能力比較強的哺乳動物和其他動物，會展現更強的導航能力與記憶力，因為這兩種能力需要整合不同類型的訊息。鴿子運用地上的路標和磁力方向感找到回家的路；有些鳥類能記得自己藏堅果的地方。這些都是不使用語文、以感覺為基礎的卓越認知能力。

鳥類雖然沒有哺乳動物的大腦皮質，但牠們腦中的某個構造可以執行類似的功能。德國波鴻魯爾大學（Ruhr-Universität Bochum）的史塔丘（Martin Stacho）等人發現，鳥類的腦內有水平方向的長迴路，連結腦的不同部位，也有垂直方向的交錯迴路。水平方向的神經長纖維類似於橫跨美國的長途火車。垂直方向的短迴路類似於穿越樞紐城市的區間車。這些迴路能夠執行大腦皮質的功能，以有彈性的方式處理輸入和輸出的訊息。

就我們所知，腦部只有兩個區域與意識無關：控制執行功能的額葉皮質，與協調運動功能的小腦。前額葉皮質是一個巨大的聯合皮質，裡面不含有資訊儲存或肌肉動作控制系統。柯霍博士等人發表的醫學文獻綜述揭露一個共識：額葉皮質的主要部分就算被移除，也不會使人失去意識。加拿大研究員丘希（Aaron Kucyi）與戴維斯（Karen Davis）發現，當一個人作白日夢時，與意識有關的額葉皮質與聯合區域會產生活動。當你在沖澡時想到新點子，你的想法就發生在這個廣大的區域裡。

當我們為未來做計畫（這是人類與某些動物共通的能力），額葉皮質與另外兩個聯合區域也會產生活動。劍橋大學的克雷頓（Nicola Clayton）等人做了一個實驗，我稱之為「平價飯店與高檔飯店」。白天的時候，一隻西叢鴉可以自由使用相隔不遠的兩個小房間，也就是「飯店」；到了晚上，牠會被關在其中一個飯店裡。但是只有當牠住在「高檔飯店」時，隔天才有早餐可吃。西叢鴉很快就學會把一些食物儲放在平價飯店裡，很顯然，這代表牠知道，免費早餐只有住在高檔飯店時才有，平價飯店不供應。牠會為了將來在平價飯店過夜做規劃。

我看過松鼠在我家前院規劃未來。這隻松鼠打算把一顆堅果埋在地底下，牠會仔細確認洞挖得夠深，可以把整顆堅果完全埋在地下。牠試著把堅果放進洞裡三次，才挖出夠深的洞。

阿姆斯特丹大學（University of Amsterdam）的研究員培博（Abraham Peper）談到動物與人類的認知能力時表示：「在不考慮語文活動的前提下，我認為人類和動物的認知歷程基本上是相似的。」他指出，感官影像是「生物體驗新環境資訊」的方式。他更進一步表示，圖像思考擁有近乎無窮的複雜度、不像口說語言那麼模糊、可以是二維或三維，而且比口說語言「詳細無數倍」。加州大學洛杉磯分校的芬塞洛（Michael Fanselow）抱持類似的看法。對於那些否認動物會產生恐懼感的人，他說：「比起其他方式，人類傾向於推崇語文報告，在我看來，他們的態度受到人類語文傾向的影響。」

▪ 意識光譜

意識的程度多寡以連續漸進的光譜形式存在。我們目前知道的是，生物需要具備神經系統和某些神經生物學特徵，才能產生意識。我們也知道，意識具有生物學功能，你腦袋裡的東西與外面的世界之間是有關聯的。大多數的科學家同意，意識不是單一的東西，而是「多模式的」（套用他們的說法）。各式各樣的哺乳動物展現了複雜的覺知與回應環境的方式。或許，正因為牠們缺乏語言，使得牠們的行為成為我們窺見演化歷程的美妙窗口，例如信鴿找到回家路徑的能力。

當動物看見鏡中的自己，牠可以認出那是自己嗎？還是認為那是一隻奇怪的動物？許多科學家認為，「自我意識」是最高層次動物意識的黃金標準。如果你有養狗，你可能會注意到，狗看見鏡中的自己時，牠會對著那隻狗狂吠、或是毫無反應，而且永遠過不了這關。

1970 年，心理學家蓋洛普（Gordon Gallup）設計了一個「鏡像自我認知測試」（mirror self-recognition, MSR），來測試黑猩猩能不能認出自己。他將黑猩猩麻醉，在牠的身體做了一個紅色記號。當黑猩猩看見鏡中的紅色記號時，如果牠開始檢查自己的身體有沒有那個記號，就表示牠有自我意識，牠對自己感興趣。經過證明，已知有少數動物能認出自己，包括黑猩猩、倭黑猩猩、大猩猩、紅毛猩猩、大象、海豚，以及喜鵲。

紐約市立大學亨特學院（Hunter College）教授普羅尼克（Joshua Plotnik）與瑞斯（Diana Reiss），再加上地位崇高的生物學家暨靈長類動物學家德瓦爾（Frans de Waal），他們對三隻大象進行了鏡像自我認知測試。他們發現，大象的行為和人類幼兒產生自我意識時的行為進程很像。一開始，大象處於探索模式，牠們有時會查看鏡子的後面，看看有沒有另一隻動物躲在鏡子後面。牠們也會嘗試與鏡中的影像互動，產生社交或攻擊行為。

然後，牠們對鏡中的影像愈來愈感興趣，於是會走進或走出鏡子的範圍，進行動作測試。這個階段的正式名稱為「偶發測試」（contingency testing）。（瑞斯稱之為「格魯喬階段」，因為格魯喬．馬克斯〔Groucho Marx〕在電影《鴨羹》〔*Duck Soup*〕裡有一段在鏡子前表演的知名橋段。）接下來，大象會開始研究自己的臉和其他身體部位，牠們會查看自己的嘴巴和象鼻。其他的高等哺乳動物也展現了類似的行為。

在一些研究中，海豚和大象會彎曲身體做出奇怪的姿勢，來檢視鏡中的自己。我還記得，我小時候會在服飾店的試衣間，用三面鏡從各個角度查看自己身體的樣子。我也會試著理解，T 恤上的英文字為什麼在鏡子裡看起來是反過來的。我發現，當我背對著鏡子時，我背後的英文字看起來也是反向的。

人類幼兒在一歲半到兩歲之間，開始對鏡子裡的自己感興趣。隨著自我意識提升，幼兒會產生愈來愈複雜的情感，像是不好意思、羨慕和同理心。再過一段時間，人類會發展出更複雜的情感，像是羞愧、罪惡感和驕傲。羅格斯大學醫學院（Rutgers Robert Wood Johnson Medical School）「孩童發展研究中心」（Institute for the Study of Child Development）主任路易斯（Michael Lewis）寫道：「到了三歲，幼兒已經開始展現達爾文所謂的人類獨有的情感——自我意識的情感。」

德瓦爾一生致力於研究靈長類動物的行為，他也一直倡導，希望人們承認動物具有情感。他經常反駁科學界的意見，他寫道：「科學界不喜歡不精準的東西，因此，談到動物的情感時，科學界往往與一般大眾的看法牴觸。」養寵物的人大多認同蒙田的看法——我們絲毫不懷疑，我們的貓、狗和馬擁有情感。德瓦爾說，只有大學教授才會反對這種看法。

德瓦爾也認為，我們對語文溝通的偏見，使我們難以理解動物的情感。德瓦爾在感人作品《瑪瑪的最後擁抱》（*Mama's Last Hug*）中，講述生物學家范霍夫（Jan van Hooff）與一隻垂死黑猩猩的感傷擁抱，范霍夫與黑猩猩瑪瑪是相識一輩子的老朋友。德瓦爾在書中請讀者思考，這樣的情感從何而來。「請試想一下，動物與我們有相似的行為、相似的生理反應、有相同的臉部表情，也有同一種大腦。假如牠們的內在經驗和我們截然不同，不是很奇怪嗎？」

除了自我意識，還有人主張，有能力在沒遇過的狀況下使用工具，用有彈性的方式解決問題，才能夠真正證明擁有認知能力。鴉科動物（例如烏鴉）能夠做出工具來取得食物。紐西蘭梅西大學（Massey University）的杭特（Gavin Hunt）觀察到，野生烏鴉會做出類似鉤子的工具，以備不時之需。烏鴉也能把較短的物品連接成較長的工具，來取得食物。牛津大學的馮貝恩（Auguste M. P. von Bayern）給烏鴉幾根木釘、針筒和柱塞，結果發現烏鴉會把這三種物品組合起來，變成較長的工具。

珍古德初次觀察到黑猩猩用棍子當成工具把白蟻引出洞時，許多人不想相信這是事實。在那之前，科學家一直認為，人類和黑猩猩的差別在於製作並使用工具的能力。但珍古德發現，黑猩猩會把樹葉當成海綿吸水來喝、用石頭敲開堅果的殼和葫蘆，以及把棍子磨尖當作矛來使用。

學會手語的黑猩猩與大猩猩會發明有創意的新詞，像是「哭痛食物」代表味道辛辣的小蘿蔔，或是「骯髒馬桶」代表他們不喜歡的東西，牠們展現了彈性使用語言來溝通的能力。拜倫科恩不覺得靈長類動物的這些行為有什麼了不起。他在《尋找模式的人》寫道：「黑猩猩在八百萬年前與人類的共同祖先分家，所以牠們有和我們一樣長的時間，可以發展出發明複雜工具的能力，像是腳踏車、油漆刷，或是弓和箭。」

我們的 DNA 有百分之九十九與黑猩猩相同，光是這個事實就足以令人驚嘆。我們並不期望黑猩猩變成火箭科學家。不過，在美國太空總署把太空人送到外太空之前，需要找代理人進行試驗，結果他們找上了我們的近親，藉此判斷人類能不能在太空任務涉及的高度和速度存活下來。在尋找最佳代理人時，美國太空總署找來四十隻黑猩猩，讓牠們承受模擬重力，以及接受史金納式的訓練，當牠們看到燈光線索後在對的時間拉桿子，就能得到香蕉，如果沒有做到，腳掌就會被電擊。

「除了遺傳上與人類的相似性，」貝茲（Eric Betz）在《發現》雜誌（*Discover*）寫道，黑猩猩「聰明得不可思議，而且有複雜的情感……美國太空總署需要一個既有智慧又靈巧的受試對象，證明牠能駕駛一艘太空梭。」1961 年 1 月 31 日，漢姆（Ham）成為第一個從事太空旅行的黑猩猩，牠搭乘水星紅石火箭（Mercury Redstone）進行次軌道太空飛行任務，並「為美國第一位成功進入太空的太空人薛帕德（Alan B. Shepard）鋪了一條康莊大道。」（補充一下，1783 年，在漢姆富有歷史意義的太空飛行之前約兩百年，第一個熱氣球成功升空。首批乘客是一隻綿羊、一隻鴨子和一隻公雞。牠們全都活著完成任務。）

情感與大腦

儘管科學家對於每一種動物可能有多少程度的意識，意見並不一致，不過，有愈來愈多人接受，至少某些動物可以產生意識。然而，要讓眾人承認動物有情感，仍然是個挑戰。

神經學家暨心理學家潘克沙普（Jaak Panksepp）富有開創精神，他自創「情感神經科學」一詞，來涵蓋結合神經生物學與情感的研究。在那之前，行為學家與動物行為學家都把大腦視為一個「黑盒子」。潘克沙普證明，皮質下情感中樞會驅動行為。當皮質下某些區域受到電擊刺激（腦電刺激），會觸發不同的行為。

例如，他發現大鼠受到刺激後，會產生兩種攻擊行為。與憤怒有關的腦中樞受刺激後，大鼠會攻擊另一隻大鼠。與尋找有關的腦中樞受刺激後，大鼠會展現掠食傾向，或是「伏擊」模式。若此時有一隻小鼠被放進籠子裡，進入「伏擊」模式的大鼠就會攻擊小鼠。

當潘克沙普把大鼠的皮質移除後，大鼠仍然有社交遊戲的能力。在成年貓的實驗中，移除皮質使貓變得更容易對人感到害怕，但仍保有貓的一般行為，像是發情、照顧小貓和理毛。實驗證明，控制這些行為和其伴隨情感的部位不在皮質。

潘克沙普在《發現》雜誌的訪談中，解釋皮質下區域的運作方式。「這些是原始情感，是與特定腦部網路有關的初始情感系統，在腦部刺激情感研究中被定位出來。」

潘克沙普把原始情感定義為：尋找（探索）、暴怒（憤怒）、恐懼（焦慮）、慾望（性衝動）、照顧（養育）、驚慌（悲傷難過），以及遊戲（社交樂趣）。暴怒對生存至關重要，因為它會驅使動物與發動攻擊的掠食者奮戰，而恐懼會驅使動物避免被攻擊。驚慌與恐懼不同，驚慌是分離焦慮的結果，像是當母親與孩子（包括人類和動物）分開時，母親對孩子或是孩子對母親展現的情感。

當主人出門上班，狗被獨自留在家裡一整天，就可能出現嚴重的分離焦慮。我白天在住家附近散步時，會聽見鄰居的狗在家裡嗚嗚叫或是狂吠。有些狗被獨自留在家裡時，會去咬家具或拖鞋。我曾聽一位平面設計師說，他有一次在外面過夜，結果養的貓跑到他的枕頭上大便。當然，每一隻動物有不同的個性。有些狗可以在白天乖乖睡覺，當你下班回到家時開心的歡迎你回家。

尋找是「探索、搜尋、研究與理解環境的本能衝動」。研究顯示，當哺乳動物控制「尋找」的腦區受到刺激，動物會展現愉快的反應，牠們會持續按壓發出刺激的桿子。人類或動物進入青春期後，慾望（性衝動）會大幅增加。幾乎所有的人類和溫血動物都會養育下一代，這是母性本能。母親不只會保護孩子，也會餵養和照顧孩子。潘克沙普也證明，哺乳動物的這種行為是由催產素與類鴉片系統控制。類鴉片刺激物會讓人產生快感，也會導致藥物上癮。

最後，所有的幼獸和幼童都喜歡遊戲。遊戲幫助幼獸和幼童學習如何進行社交互動，還會幫助人類孩童發展智力。孩子玩的遊戲種類是後天學習的；他們玩遊戲的需求是天生的。

潘克沙普的研究把情感當作分類指標，來分辨激發動物行為（包含天生的行為模式與學習）的因素。我認為，情感對習得行為有重大影響，而與生俱來的情感，是用來驅動天生的行為模式。有時候，激發行為的情感系統不只一個。科學家根據潘克沙普的七大核心情感，運用腦電刺激、功能性磁振造影，以及正子掃描發展出一個情感地圖。

埃默里大學（Emory University）的神經學家柏恩斯（Gregory Berns）訓練狗兒自願進入磁振造影掃描器裡面，乖乖的靜止不動，接受尾核（腦部主要的獎勵中樞）掃描。柏恩斯寫道：「許多學術界人士拒絕相信，我們能夠運用現代神經科學技術來了解動物的心智。」他拒絕把狗固定在掃描器裡；他認為這會違反自我決定的基本原則。狗可以在任何時間離開掃描器。就和人一樣，每隻狗也有很大的個別差異。有些狗很快就學會乖乖躺在掃描器裡，戴上保護聽力的工業耳罩。有些狗無法學會忍受掃描器的巨大聲響，有些狗太過膽怯，連試都不敢試。

為了研究狗的嫉妒情感，柏恩斯設計出一個實驗，讓願意接受磁振造影的狗，觀看研究員把食物拿給一隻擬真的狗、或是放在籃子裡。比起研究員將食物放在籃子裡，當狗兒看見擬真的狗被餵食時，與恐懼和攻擊有關的杏仁核產生了更劇烈的活動。將食物放進籃子裡，對狗兒沒有產生太大的影響。這個反應在有攻擊性的狗身上會更明顯。

柏恩斯發現，狗兒獎勵中樞的反應方式，與人類相似。當狗聞到牠喜歡的人，牠的獎勵中樞會開始活躍。每隻狗對於獎勵（例如食物或稱讚）的反應也各不相同。有些狗喜歡主人的稱讚更甚於食物。柏恩斯做出結論，我們愈了解狗的大腦，就愈需要承認「我們和狗在最根本的層次有很多共通點。」研究中的狗也顯示，牠們對符號有一定程度的理解力。我們可以很快就教狗學會，某種手勢代表有食物可吃，另一個手勢代表沒有食物可吃。當狗看到代表有食物可吃的手勢時，尾核會活躍起來。狗和人在情感層面很相像，在神經學層面的相似度就更高了。

維也納獸醫大學（University of Veterinary Medicine）的柯維喬梅特（Mylène Quervel-Chaumette）的研究顯示，狗聽到聲音時，會因為來源是和自己住在一起的狗、不認識的狗，或是電腦隨機生成，而展現不同的情感反應。參與這次研究的狗，原本都有另一隻狗一起生活。研究員把受試狗與同伴分開，當研究員播放同伴的哀叫聲時，受試狗會展現出承受壓力的行為，包括夾起尾巴、用哀叫回應同伴的哀叫錄音，以及蹲伏。

神經學家李竇（Joseph LeDoux）就讀研究所時，從癲癇病人觀察到一個跨模式遷移的有趣現象。這些病人左右半腦的連結被斷開。當他們的左邊視線區之內出現某個物體（因此被右腦「看見」），左手會開始抓取這個物品，但他們無法說出這個物品的名稱（語言處理功能位於左腦）；或是他們可以說出放在右手裡的物品名稱、但無法說出放在左手裡的物品名稱。李竇寫道：「在裂腦病人身上可以看到，放在某半腦的訊息會留在這半邊，另外半邊的腦無法取得。」

李竇後來在紐約大學擔任教授，他想知道情感是否也會受相同的影響。他決定研究恐懼，因為普遍認為恐懼是最原始的情感，而且理由很充分。恐懼會激發躲避危險的行為，包括躲避毒蛇和晚上不走暗巷。在動物身上，恐懼會使動物躲避掠食者，或是避開掠食者可能出現的地方。腦內的恐懼中樞是杏仁核。如果杏仁核受損，野生動物有時會變得溫馴。大鼠變得不害怕貓，猴子會毫不猶豫的接近人類或是新奇的物品。當杏仁核與周圍的腦組織被移除，恐懼就消失了。最新研究指出，杏仁核還擁有其他與恐懼無關的迴路，但整體而言，杏仁核的主要功能與恐懼有關。

李竇單獨研究腦的原始恐懼迴路，聚焦於「低路」（非意識）迴路，是位於腦部下方、不涉及思考的區域。這個快速行動的生存迴路使人類或動物在遇到危險（例如掠食者）時，會僵住或逃跑，有時，動物甚至會在「高路」（意識）迴路完全處理或認出威脅之前，就做出反應。

李竇的基本假設是，這些古老的演化系統（防禦危險）需要靠大腦有意識的產生情感（害怕），才能啟動。他在 1996 年的著作《腦中有情》（*The Emotional Brain*）提到，所有物種的「特定情感行為系統的神經組織」都很相似。然而，他在 2015 年的著作《焦慮》（*Anxious*）主張，所有動物的反應都只是求生迴路的作用。李竇寫道：「這些迴路的存在並不是要讓人類或任何動物產生某種特定的感覺。它們的功能是讓生物活下去。」

我聽說，在某次國際應用動物行為學協會（International Society of Applied Ethology）的會議上，有人質問李竇為何修正看法，否定動物有真實的情感生命與感受。李竇回答說，身為一個人，他認為動物有真實的情感，但身為科學家，他不確定動物有沒有真實的情感。或許，語文思考者無法接受和語文無關的情感體驗。

2021 年，馬克斯普朗克研究院（Max Planck Institute）的克雷恩（Alexandra Klein）等人進行研究，清楚顯示老鼠的情感比單純的求生迴路更複雜。老鼠可以根據過去的經驗，調整自己的恐懼程度。位於腦中央的腦島皮質是調節恐懼反應強度的主要樞紐，它會處理來自大腦多個部位的訊息。這更進一步證明，李竇對動物情感的最新看法有誤。

後來，我找到了一份令人興奮的研究，這份研究認為情感機制位於腦部更下方、更接近原始腦的部分。加州大學洛杉磯分校醫學中心的修蒙（D. Alan Shewmon）等人對四名出生就沒有大腦的孩子進行研究。這類缺陷通常會導致患者終生處於植物人狀態。但研究發現，這些孩子有「分辨覺察力」，能夠展現各種情感和社交互動。他們會害怕沒見過的人與事物。他們能分辨熟悉和不熟悉的人。他們能進行社交互動，有音樂偏好，有連結學習能力。由此可知，情感不是由皮質驅動。

2020 年，倫敦經濟學院（London School of Economics）的伯奇（Jonathan Birch）與同事施內爾（Alexandra Schnell）以及劍橋大學的克雷頓認為，科學家逐漸得到共識：能夠產生「某種形式的意識」的動物，可能不只有人類和猿類，還包括其他哺乳動物、鳥類和某些頭足類。

伯奇等人研究比較認知能力，按照「豐富性」為動物感官覺知和情感體驗的複雜性分級。某種動物的某個感官可能比其他感官有更強的「覺知豐富性」。狗對鏡中的自己不感興趣，可能是因為牠們的主要社交感官是嗅覺和聽覺，視覺的重要性排在第三。在覺知豐富性的維度方面，鴉科活在豐富的視覺世界裡，章魚活在豐富的觸覺世界裡。根據伯奇的看法，有些動物的覺知豐富性更高，例如烏鴉或冠藍鴉有敏銳的視覺，其他的動物（例如大象）有很強的「評估」豐富性，這可以理解為情感能力。

如果你回想神經網路的概念，章魚是個有趣的例子。章魚雖然歸類為頭足類（包括烏賊、墨魚等等），但牠們經常展現出脊椎動物的特質。根據加拿大萊斯布里奇大學（University of Lethbridge）比較心理學家馬瑟（Jennifer Mather）的研究，章魚會使用各種技巧把蛤蜊打開、有遊戲的能力，而且腦內有一個專門的區域用來儲存記憶和學習。牠們的「腕足布滿神經元，還有一個神經節負責控制每一個吸盤」。

在紀錄片《我的章魚老師》（*My Octopus Teacher*）中，博物學家福斯特（Craig Foster）在南非的海藻林發現了一隻章魚。一開始，這隻章魚一看到他就逃走。但福斯特一再回到那裡，與牠保持一段距離。經過一段時間之後，這隻章魚開始對這位人類訪客產生興趣，後來開始願意接近。在影片的最後，這隻章魚願意讓福斯特把牠握在手中。

▌了解動物的非語言世界

動物活在以感官為基礎的世界，透過圖像、嗅覺、聲音和觸覺來思考。人類活在高度倚賴語文的世界，我們往往用言語過濾我們的感官感受，因此與感官訊息形成某種距離，無法直接接觸。還沒有語言、思考和推理能力的幼童，在認知運作方式上和動物有相似之處。德瓦爾在十八個月大的幼兒身上觀察到同理心，他們會安慰傷心難過的人。這種行為可在各種動物身上觀察到，包括囓齒動物、大象和黑猩猩。他寫道，同理心的源頭是母性關懷。

人與動物的關係超越了語言的限制，既神祕又美妙。我所見過最優秀的馴馬師能在兩小時內馴服一隻野生小馬，使牠願意讓人騎在背上。其中一位馴馬師名叫亨特（Ray Hunt），他無法解釋他是怎麼辦到的。他絞盡腦汁只能說出一句：「與馬兒和諧一致。」他完全只靠直覺和同理心來工作。許多動物管理員也是如此。他們使用非語言的溝通方式，在動物和自己之間建立直接的情感連結。他們無意識的使用感官記憶和圖像思考，去觀察馬的行為。這些能力很難教給別人。

威廉斯（Bud Williams）與史密斯（Burt Smith）是貨真價實的動物知己。他們能讓一大群未經世事的牛從牧場邊緣、甚至從樹叢後面，自動聚集到牧場中央。他們不使用擴音器或是一群大吼大叫的牛仔，也不用吉普車或直升機驅趕。每隻牛的體重超過 450 公斤，而且很容易因為受驚嚇而狂奔。馴牛師只是在牛群的集體禁區邊緣以之字形來回走動，禁區指的是牛需要的個人空間。馴牛師沉默的以之字形來回走動，這個動作會觸發牛的本能行為，使牛聚攏起來。如果走得太快，牛就會散開。

我請史密斯說明他的方法，他在廚房的餐桌上畫了一張圖，以箭頭代表牛。整張圖看起來像是停車場裡用斜線畫出的停車格。我在那時確知，他是用模式思考的空間圖像思考者。如果換成數學課本，這張圖彷彿是在講向量。就和亨特一樣，史密斯無法向學生解釋他怎麼辦到。我發現史密斯在驅趕牛群時，他是在腦海裡試著解答幾何問題。

我曾提到，當孩童開始學習語文，並讓語文成為優勢能力，他們就會喪失一部分的視覺圖像。像我這樣的圖像思考者以及本章提及的某些人，我們之所以能和動物心有靈犀，是因為語文不是我們的主要溝通管道。純粹的語文思考者很難明白圖像思考是什麼。想像一下，如果一個人不用語言表達他的情感，但你能完全信任他，就像是這種感覺。

普立茲小說獎得主羅賓遜（Marilynne Robinson）說道：「當你看著一個孩子成長，它是一個純粹意識誕生的過程。美妙、複雜而且綿延不絕。你會學到很多關於心智的事，還有語言如何發展以及記憶如何運作。」她的觀察捕捉到獲得意識的神奇過程，但她也暗示了一個普遍的假設，認為語言是獲得完全意識的先決條件。

▪ 獅子不要枕頭

二十五年前，我在《星星的孩子》中預言，科學最後將會證明，穿著網球鞋的老太太是對的，菲菲（Fifi）真的有情感。現在我很高興的說，以動物認知（思考）和動物情感（感覺）為主題的學術研究已經有數百個了。在德國杜梅爾斯托爾夫的萊布尼茲農場動物生物學研究所（Leibniz Institute for Farm Animal Biology），芬克梅爾（Marie-Antonine Finkemeier）觀察到：「衡量與了解動物的個性是個正在興起的科學領域。」研究員正在大自然或實驗室的環境裡，用農場動物認真研究動物的個性。

楊百翰大學（Brigham Young University）的卡布瑞拉（Doreen Cabrera）回顧了三十六篇研究動物個性的文獻，物種涵蓋哺乳動物、鳥類、爬蟲類和昆蟲。所有的研究都顯示，這些生物展現出個性上的差異，像是大膽、恐懼，以及好奇且愛探索的特質。有一個國際研討會甚至以動物情感為主題，強調跨學科研究。我們不再受到限制，只從二元觀點看動物，而情感與遺傳和環境一樣，都是影響動物行為的要素。科學家逐漸開始接受動物有個性和情感的看法。過去半個世紀確實發生了巨大的變化。

我還記得數十年前聽到的一個故事；我一直覺得故事情節難以置信。1978 年，我參加「美國動物科學學會」（American Society of Animal Science）舉辦的動物行為座談會。來自紐西蘭的奇古爾（Ron Kilgour）是一位動物行為科學家，他跟我們說了一個用獸籠空運獅子的故事。在出發之前，獅子的主人在獸籠裡放了一個枕頭。當飛機落地，打開獸籠時，獅子死了，而枕頭消失不見。發生了什麼事？遺憾的是，這不是猜謎。那隻獅子把枕頭吃進肚子裡了。

這個故事使我深刻意識到，高度傾向語文思考的人，不容易理解動物以感官為基礎的世界。在我看來，很顯然，如果要讓獅子在旅途中舒服一點，主人需要在獸籠的金屬地板上鋪一些稻草、而不是給牠一個枕頭。我會關心飛機起飛和降落時，聲響和震動對獅子造成的負擔。我也會擔心獅子的耳膜在高空破裂，或是牠會不會有分離焦慮。

多年前，我和一個人討論意識的議題，對方認為語言是產生意識的必要條件。如果這是事實，那麼我一直要到三歲半才開始產生意識，如果完全的意識取決於語言流利程度，那麼我產生意識的時間還要再推遲幾年。我最近和一位女士聊天，她是高度傾向語文思考的人，她的語言和情感徹底融合在一起，她自己也無法解釋為何如此。我感覺故我在。對我來說，先有圖像，再有文字。我不會有情感上的糾結，除非我看見令我非常難過的事情，例如波音墜機事故。然而，即使波音事故令我難過，我的腦袋所想的第一件事，是弄清楚事情如何發生。

雖然我們對動物情感的研究已有長足進步，擬人化的禁忌依然存在。然而，想像動物的感覺對我來說不費吹灰之力。當我設計約束動物的設備時，我會想像並感覺，當動物置身其中時，會經歷哪些感受。牛會被突然的動作嚇到，我可以根據過去觀察到的牛隻反應，在腦海中產生畫面。如果認為這種覺察破壞了科學家的客觀性，我覺得沒有道理。

普渡大學（Purdue University）的博士生阿瓦倫加（Amanda Alvarenga）聯合四川農業大學等單位，發現與農場動物行為差異有關的基因中，大約有一半也與人類的精神疾病有關聯。更進一步的研究顯示，牛容易感到害怕和狗天生的友善，與人類的自閉症和威廉氏症候群（Williams-Beuren syndrome）涉及相似的遺傳因素。

在我看來，我們對待動物的文化已經產生人格分裂。一方面，人們讓狗穿上嬰兒的衣服、餵牠們吃人類的食物。我在紐約市看到一隻吉娃娃的身上綁了一堆蝴蝶結，坐在嬰兒車裡被主人推著趴趴走。與此同時，有很多狗被主人遺棄，或是每天長時間被關在籠子裡。無論哪一種，這些狗幾乎都沒有機會展現狗的自然行為，像是和其他的狗互動，以及到戶外發揮嗅覺東聞西聞，了解其他的狗在做什麼。有很多狗一整天獨自留在家裡，引發分離焦慮。（新冠肺炎疫情大幅改善了很多狗的生活品質，因為主人被關在家裡，把精神放在牠們身上。）

有兩本書清晰洞察了動物的內心世界，作者都不是學術界出身。湯瑪士（Elizabeth Marshall Thomas）的《狗兒的祕密生活》（*The Hidden Life of Dogs*）與凱拉索（Ted Kerasote）的《莫兒的門》（*Merle's Door*）告訴我們，當狗兒能夠在住家附近自由行動，就能擁有豐富精采的社交生活。牠們可能會遭遇更多的危險（跟其他狗打架、被車撞到、迷路），但生活品質可能會大幅提升（自由、社交、運動、搜尋新鮮有趣的東西）。凱拉索觀察到，狗需要其他的同類夥伴，也喜歡用鼻子探索新奇事物。對狗來說，這些活動遠比玩球、玩具或牛皮潔牙骨更有趣。

▪ 增進動物福祉

農場動物福祉的最新研究強調，讓家畜過著有價值、有正向情感體驗的生活是很重要的事。你可以上網看乳牛讓電動毛刷為自己刷身體的影片。我不該說，乳牛喜歡這麼做，但很顯然，牠們真的喜歡讓機器為牠們刷身體。這些乳牛會一再調整位置，讓刷子梳理身體的多個部位。

我的思考方式與動物相似，這使我更能理解動物的感受，尤其當我身為物體圖像思考者，這使我下定決心要創造與倡導增進動物福祉的方法，而且不限於動物福祉。回顧我漫長的職業生涯，我深知家畜對環境的影響。正確的放牧方式（良好的牧場管理或是有效益的輪耕）可以改善土壤健康，提升碳吸存。放牧動物（像是綿羊、牛和山羊）也能養在不適合農耕的旱地。我認識一些牧場主人，他們妥善管理土地，做到真正的永續經營。

經常有人問，我怎麼能既熱愛動物，又設計動物屠宰場。因為大自然裡的死亡通常既無情又殘酷，人類既然馴養動物做為食物，就必須負起管理照顧的責任。現在，當我在屠宰場看見人類為了獲得更大的生產力而恣意繁殖時，我會很生氣，因為這樣可能會導致瘸腿或心臟衰竭等問題，使動物受苦。十年前，我主張過量的生長激素跟熱壓力和瘸腿問題有關，當時受到很大的反彈。我還記得，有一次我要開六個小時的車，到一個家畜業者會議進行演講。我考慮許久，究竟要不要提出這個主張。在路途中，我看著牧場上的牛並心想，我必須告訴牧場主人，有一些問題需要糾正。

狗的育種問題比牛更嚴重。在基改技術出現之前，鬥牛犬就被育種成極端的形態，頭大口鼻短，這使得鬥牛犬的肩部發生問題，也造成呼吸困難，以及很高比例的剖腹產。我認識的年輕飼主或在家畜產業工作的年輕人，有很多人不知道有這些問題存在。他們以為鬥牛犬「本來就是這樣」。我稱這種現象為「壞事變成正常」。我的年紀夠大，所以我知道那些從來沒有育種相關福祉問題的牛、豬、狗。所有的問題都是傳統育種造成的。

我的科學家工作，以及我跟動物行為和覺知的連結，兩者關係密切，無法切割。對我來說，哺乳動物、鳥類和一些頭足類動物（例如章魚）有意識、也有覺知能力。每隻動物有牠自己的個性。二十五年前，我不能在學術論文中使用「恐懼」這個詞。我必須稱之為「行為上的不安」，因為科學家不應該賦予動物人類的情感。現在，「恐懼」這個詞可以用在論文裡了。科學界慢慢取得共識：人類與其他動物的區別，在於人腦的巨大運算能力。就情感而言，人類和動物是相似的。

我相信，我跟動物的連結，來自身為圖像思考者的人生經驗。我和許多有自閉症的人一樣，情感廣度僅限於神經學家所謂的原始情感。在我小的時候，我覺得自己就像被掠食動物，隨時警戒周遭是否有危險。我在小學階段一直被霸凌，那個時候的我每次穿越學校操場時，就像是一隻鹿在空無一物的開闊場地，隨時警覺是否有掠食者出現。我也會感到快樂和悲傷，但更複雜的感覺就超出我的情感範圍了。我搞不懂愛恨交織的關係，或是為何有人可以著迷一幅畫，雖然我在理智上知道，那些畫作具有很高的文化價值，價格不斐。能讓我著迷的是，走進美國專利商標局，看到各式各樣的聰明機械設計、或是發現有人用簡潔的方法解決困難的設計專案。

羅賓遜也描寫了語言如何在語文思考者的心中引發情感共鳴。她寫道：「文學作品說，悲傷的感覺就像這樣，孤獨的感覺就像那樣，這使人們感受到，自己的感覺被承認了。」她的觀察幫助我明白，語文思考者如何處理情感，以及這種方式和我的方式有什麼不同。

對我來說，文字的功能是提供資訊，文字幾乎不會引發我產生任何聯想。我需要看見某個東西，或是回想某個圖像，才會產生情感。「聖潔」這個概念太過抽象，我無法理解，但我不是沒有情感的人。當媽媽讀《黑神駒》給我聽時，我會在腦海中根據馬的圖像資料，想像一匹真正的馬，然後想像牠被傷害，那時我會覺得很難過。

在我就讀研究所的歲月，我能採取所謂的客觀科學立場。儘管立場很合理，可是當我第一次走進牛隻屠宰廠，把雙手放在牛的身體上，我的立場改變了。當時彷彿有一股暖流流經我的全身。我能立刻分辨，這頭牛是焦慮、憤怒、焦躁不安、或是放鬆。我不需要更多的證據來證明。動物有情感。有些動物（例如黑猩猩和海豚）還擁有自我意識。另一些動物透過感官感覺產生情感，例如，大象會為死去的同伴哀悼。牠們或許無法將牠們的感覺用言語告訴我們，但我相信動物有意識。牠們是圖像思考者。

後記

2022 年 1 月 28 日上午 6 點 39 分，匹茲堡弗里克公園地區的蕨空橋（Fern Hollow Bridge）坍塌，墜入山谷。所幸，那天早上下大雪，學校延後上課時間，這座四線道的橋上不像平常有那麼多車輛。沒有人喪生，但至少有十個人受傷。有一條瓦斯管線破裂，瓦斯輸送雖然立刻就關閉，但附近的居民還是必須疏散，以策安全。當民眾陸續從現場獲救時，空氣中還聞得到殘餘的瓦斯味，不少人有感觸，幸好沒有造成更重大的傷亡。

當我們說「情況可能更糟」，意思是我們很慶幸沒有造成更大的損害，但我們心知肚明，類似的災難還是會再度發生。緊急救護人員、消防車和警察離開之後，我們的生活又回歸正常。現場的碎片會清理乾淨，斷掉的橋或是修復或是拆除，我們回歸歲月靜好的日子，直到下一個災難發生。

你應該可以猜到，我一聽到這個斷橋事故，第一件事就是上網搜尋蕨空橋結構上的重要細節。我發現這座橋使用 K 型鋼架結構，這種結構的強度沒有其他結構那麼高，而且需要更常進行檢查、維修和油漆粉刷，以防腐蝕。

然後，我的橋梁狂人模式火力全開，我查到在 2007 年，明尼亞波里斯市中心附近有一座跨州橋梁崩塌。當我看到災難現場扭曲變形的鋼鐵結構，我的腦海當下有個畫面：這個鋼鐵結構太輕、太廉價，像紙板一樣彎曲。土木工程網站上公布的報告確認了我的判斷。固定鋼梁的接合板只有規定厚度的一半。我猜，兩個城市都有圖像思考者發現這座橋有安全疑慮，但他們不敢說出來，或是說了卻沒有人要聽。

巧合的是，蕨空橋坍塌的那一天，拜登總統剛好按照既定行程來到匹茲堡，發表關於基礎建設的談話，強調我們需要改善供應鏈、振興製造業，以及創造高薪的工作機會。這些目標都很值得肯定，我也不期待政治人物去深入探討細節（他們大多是語文思考者），但問題依然存在：假如我們沿續現行一體適用的教育、就業和溝通模式，我們要如何去找到並訓練人才，來完成總統所說的那些重要工作？

如果想找到人才並訓練他們成為工程師、機械工、焊工、建築師和公共建設規劃師，就需要從幼兒園開始。有些孩子喜歡積木、樂高、工具，能畫出精細的圖畫，或者喜歡把東西拆開、然後再組回去，他們都是圖像思考者。假如我們能辨識這些孩子，投資培養他們的能力，他們長大後就能建造和修理橋梁、飛機、核反應爐。假如我們不為他們提供更多以圖像為基礎的教育，就是在大量摧毀我們的人才庫。

匹茲堡大橋崩塌的原因還在調查中，但大家一致認為主因是「延遲維護」。這個名詞又出現了。我們先前提到，加州斷電事件造成民眾無電可用，並導致火災。「延遲維護」的真實情況是什麼呢？我會說：很少維護，或甚至是不維護。根據2021年的「美國基礎設施成績單」，全國617,000座橋梁當中，有7.5%被認為有結構缺陷，有42%和蕨空橋一樣老，也就是將近五十歲，已經超過使用年限。

但我們還是有希望：橋梁工程師開發了各種很酷的材料，像是高性能鋼筋混凝土、防蝕強化技術，以及更優異的塗層。有新方法可以評估橋梁健康和穩定性，包括紅外線熱影像儀、透地雷達、持續提供反饋的嵌入式感測器，以及我的最愛——搭載相機、能在水底拍照的水下載具。

我一輩子與工業創新者共事，我深信，開發這種尖端技術的人是像愛迪生、涂林和馬斯克的圖像思考者，他們的職業路徑是以自家地下室或車庫做為起點，從自由自在的東拼西湊和做實驗開始。

我也深信，能力的培養取決於兩個關鍵要素：接觸和教導。雖然被送到特殊教育體系或是沉迷電玩的孩子可能具備了對的思考模式，但他們無法讓技術產生重大進展。我們要如何辨識並鼓勵未來的設計師、工程師和藝術家？首先，我們必須看見他們，肯定他們的能力，支持他們的另類學習曲線。最重要的一點，我的目標是幫助那些孩子。如果我們從這裡開始，什麼事都可能發生。

想像一下，如果我們用迎合語文思考者的方式，來迎合圖像思考者的需求，如果我們不預設所有人都同樣是用「以語言為主」的方式去覺知和處理資訊，會有什麼樣的光景？

當橋梁變形、公寓大樓倒塌、飛機墜毀或是反應爐熔毀，我們可以選擇視而不見。然而，假如我們想履行承諾，給孩子更好的生活；假如我們想要打造一個更安全、更有包容力、更進步的社會，在製造業、科技業取得領先地位，並在快速變化的複雜世界找到問題解決方案——我們需要留一些空間給圖像思考者與他們的驚人天賦。

致謝

感謝這個由優秀的語文和圖像思考者組成的團隊，他們共同創造和出版了這本書：Nora Alice Demick、Ashley Garland、Marc Greenawalt、Geoff Kloske、Cheryl Miller、Tyriq Moore、Becky Saletan、Jenefer Shute、Nick Tabor、Shailyn Tavella、Catalina Trigo、Auguste White。

參考文獻

序言

Chomsky, N. *Syntactic Structures*. Eastford, CT: Martino Fine Books, 2015.

Descartes, R. *Meditations on First Philosophy: With Selections from the Objections and Replies.* Translated and edited by John Cottingham. Cambridge, UK: Cambridge University Press, 2017.

Frener & Reifer. Steve Jobs Theater. https://www.frener-reifer.com/news-en/steve-jobs-theater/ (accessed August 7, 2021).

Grandin, T. *Thinking in Pictures*. New York: Doubleday, 1995. Expanded edition. New York: Vintage, 2006.

Kozhevnikov, M., et al. "Revising the Visualizer-Verbalizer Dimensions: Evidence for Two Types of Visualizers." *Cognition and Instruction* 20, no. 1 (2002): 47–77.

Kozhevnikov, M., et al. "Spatial versus Object Visualizers: A New Characterization of Visual Cognitive Style." *Memory and Cognition* 33, no. 4 (2005): 710–26.

Premier Composite Technologies, Dubai, Arab Emirates. Steve Jobs Theater Pavilion. http://www.pct.ae/steve-jobs-theater (accessed August 7, 2021).

Sedak, Gersthofen, Germany. Apple Park, Cupertino, California, 2,500 glass units in facade. https://www.sedak.com/en/references/facades/apple-park-cupertino-usa (accessed August 7, 2021).

第一章　什麼是圖像思考？

Adolphs, R. *The Neuroscience of Emotion*. Princeton, NJ: Princeton University Press, 2018.

Akkermans, M. "Collaborative Life Writing in *Life, Animated*." *Diggit Magazine*, October 4, 2020.

Alfonsi, S. "Matthew Whitaker: Meet the Blind Piano Player Who Is So Good, Scientists Are Studying Him." *60 Minutes*, December 27, 2020.

Amit, E., et al. "An Asymmetrical Relationship between Verbal and Visual Thinking: Converging Evidence from Behavior and fMRI." *NeuroImage*, March 18, 2017.

Ankum, J. "Diagnosing Skin Diseases Using an AI-Based Dermatology Consult." *Science Translational Medicine* 12, no. 548 (2020): eabc8946.

Baer, D. "Peter Thiel: Asperger's Can Be a Big Advantage in Silicon Valley." *Business Insider*, April 8, 2015. https://www.businessinsider.com/peter-thiel-aspergers-is-an-advantage-2015-4.

Bainbridge, W. A., et al. "Quantifying Aphantasia through Drawing: Those without Visual Imagery Show Deficits in Object but Not Spatial Memory." *Cortex* 135 (Feb. 2021): 159–72.

Baron, S. "How Disney Gave Voice to a Boy with Autism." *Guardian*, December 3, 2016.

Baron-Cohen, S. *The Pattern Seekers*. New York: Basic Books, 2020.

Behrmann, M., et al. "Intact Visual Imagery and Impaired Visual Perception in a Patient with Visual Agnosia." *Journal of Experimental Psychology* 20, no. 5 (1994): 1068–87.

Birner, B. "FAQ: Language Acquisition." Linguistic Society of America. https://www.linguisticsociety.org/resource/faq-how-do-we-learn-language.

Blazhenkova, O., and M. Kozhevnikov. "Creative Processes during a Collaborative Drawing Task in Teams of Different Specializations." *Creative Education* 11, no. 9 (2020). Article ID 103051.

Blazhenkova, O., and M. Kozhevnikov. "Types of Creativity and Visualization in Teams of Different Educational Specialization." *Creativity Research Journal* 28, no. 2 (2016): 123–35.

Blazhenkova, O., M. Kozhevnikov, and M. A. Motes. "Object-Spatial Imagery: A New Self-Report Imagery Questionnaire." *Applied Cognitive Psychology* 20, no. 2 (March 2006): 239–63, https://doi.org/10.1002/acp.1182.

Blume, H. "Neurodiversity: On the Neurological Underpinnings of Geekdom." *Atlantic*,

September 1998.

Bouchard, T. J., et al. "Sources of Human Psychological Differences: The Minnesota Study of Twins Reared Apart." *Science* 250, no. 4978 (1990): 223–28.

Bryant, R. A., and A. G. Harvey. "Visual Imagery in Posttraumatic Stress Disorder." *Journal of Traumatic Stress* 9 (1996): 613–19.

Chabris, C. F., et. al. "Spatial and Object Visualization Cognitive Styles: Validation Studies in 3,800 Individuals." *Group Brain Technical Report* 2 (2006): 1–20.

Chen, Q., et al. "Brain Hemisphere Involvement in Visuospatial and Verbal Divergent Thinking." *NeuroImage* 202 (2019): 116065.

Chen, W., et al. "Human Primary Visual Cortex and Lateral Geniculate Nucleus Activation during Visual Imagery." *Neuroreport* 9, no. 16 (1998): 3669–74.

Cho, J. Y., and J. Suh. "Understanding Spatial Ability in Interior Design Education: 2D-to-3D Visualization Proficiency as a Predictor of Design Performance." *Journal of Interior Design* 44, no. 3 (2019): 141–59.

Cooperrider, J. R., et al. "Dr. Temple Grandin: A Neuroimaging Case Study." Presentation, University of Utah, at the International Meeting for Autism Research (IMFAR), San Diego, 2011.

Courchesne, E., et al. "Hypoplasia of Cerebellar Vermal Lobules VI and VII in Autism." *New England Journal of Medicine* 318 (1988): 1349–54.

Cropley, D. H., and J. C. Kaufman. "The Siren Song of Aesthetics? Domain Differences and Creativity in Engineering and Design." *Proceedings of the Institution of Mechanical Engineers, Part C: Journal of Mechanical Engineering Science* 233, no. 2 (2019): 451–64.

Curry, A. "Neuroscience Starts Talking." *Nature* 551 (2017): S81–S83.

Dajose, L. "Reading Minds with Ultrasound: A Less-Invasive Technique to Decode the Brain's Intentions." Caltech, March 22, 2021. https://www.caltech.edu/about/news/reading-minds-with-ultrasound-a-less-invasive-technique-to-decode-the-brains-intentions.

Dean, J. "Making Marines into MacGyvers." *Bloomberg Businessweek*, September 20, 2018, 48–55.

"Diagnosing Bill Gates." *Time*, January 24, 1994, 25.

Dolgin, E. "A Loop of Faith." *Nature* 544 (2017): 284–85.

Doron, G., et al. "Perirhinal Input to Neocortical Layer 1 Controls Learning." *Science* 370 (2020): 1435.

Fehlhaber, K. "A Tale of Two Aphasias." Knowing Neurons, August 13, 2014. https://knowingneurons.com/2014/08/13/a-tale-of-two-aphasias/.

Fernyhough, C. *The Voices Within: The History and Science of How We Talk to Ourselves.*

London: Profile Books, 2016.

Ferrier, D. "On the Localization of the Functions of the Brain." *British Medical Journal*, December 19, 1874, 766.

Ferrier, D., and G. F. Yeo. "A Record of Experiments on the Effects of Lesions of Different Regions of the Cerebral Hemispheres." *Royal Society Philosophical Transactions*, January 1, 1884, https://doi.org/10.1098/rst.1884.0020.

Firat, R. B. "Opening the 'Black Box': Functions of the Frontal Lobes and Their Implications for Sociology. *Frontiers in Sociology* 4, no. 3 (2019). https://www.frontiersin.org/articles/10.3389/fsoc.2019.00003/full.

Freedman, D. J., et al. "Categorical Representation of Visual Stimuli in the Primate Prefrontal Cortex." *Science* 291 (5502): 312–16.

Fulford, J., et al. "The Neural Correlates of Visual Imagery Vividness—An fMRI Study and Literature Review." *Cortex* 105 (2018): 26–40.

Gainotti, G. "A Historical Review of Investigations on Laterality of Emotions in the Human Brain." *Journal of the History of the Neurosciences* 28, no. 1 (2019): 23–41.

Ganis, G., et al. "Brain Areas Underlying Visual Mental Imagery and Visual Perception: An fMRI Study." *Cognitive Brain Research* 20 (2004): 226–41.

Gardner, H. *Creating Minds*. New York: Basic Books, 2006.

Gardner, H. *Frames of Mind*. New York: Basic Books, 1983.

Gardner, H. *Multiple Intelligences: New Horizons in Theory and Practice*. New York: Basic Books, 2008.

Ghasemi, A., et al. "The Principles of Biomedical Scientific Writing: Materials and Methods." *International Journal of Endocrinology and Metabolism* 17, no. 1 (2019): 88155.

Giurfa, M., et al. "The Concepts of 'Sameness' and 'Difference' in an Insect." *Nature* 410, no. 6831 (2001): 930–33.

Glickstein, M. "The Discovery of the Visual Cortex." *Scientific American*, September 1988. https://www.scientificamerican.com/article/the-discovery-of-the-visual-cortex/.

Glickstein, M. *Neuroscience: A Historical Introduction*. Cambridge, MA: MIT Press, 2014.

Goldstein, J. "18-Year-Old Blind Pianist Prodigy Getting Studied by Scientists for His 'Remarkable' Talents." *People*, February 24, 2020. https://people.com/human-interest/blind-pianist-prodigy-matthew-whitaker-studied-by-scientists/.

Golon, A. *Visual-Spatial Learners*. Austin, TX: Prufrock Press, 2017.

Graham, J. "*Life, Animated*: A Film Review." *johngrahamblog* (blog). December 8, 2016. https://johngrahamblog.wordpress.com/2016/12/08/life-animated-a-filmreview/.

Grandin, T. "How Does Visual Thinking Work in the Mind of a Person with Autism? A Personal Account." *Philosophical Transactions of the Royal Society, London, B. Biological Sciences* 364, no. 1522 (2009): 1437–42.

Grandin, T. "My Mind Is a Web Browser: How People with Autism Think." *Cerebrum* 2, no. 1 (2000): 14–22.

Grandin, T. *Temple Grandin's Guide to Working with Farm Animals*. North Adams, MA: Storey, 2017.

Grandin, T. *Thinking in Pictures*. New York: Doubleday, 1995. Expanded edition. New York: Vintage, 2006.

Grandin, T., and R. Panek. *The Autistic Brain*. New York: Houghton Mifflin Harcourt, 2013.

Grandin, T., and M. M. Scariano. *Emergence: Labeled Autistic*. Novato, CA: Arena, 1986.

Gross, C. G. "The Discovery of Motor Cortex and Its Background." *Journal of the History of the Neurosciences* 16, no. 3 (2007): 320–31.

Gualtieri, C. T. "Genomic Variation, Evolvability, and the Paradox of Mental Illness." *Frontiers in Psychiatry* 11 (2021): 593233.

Haciomeroglu, E. S. "Object-Spatial Visualization and Verbal Cognitive Styles and Their Relation to Cognitive Abilities and Mathematical Performance." *Educational Sciences: Theory and Practice* 16, no. 3 (2016): 987–1003.

Haciomeroglu, E. S., and M. LaVenia. "Object-Spatial Imagery and Verbal Cognitive Styles in High School Students." *Perceptual and Motor Skills* 124, no. 3 (2017): 689–702.

Haque, S., et al. "The Visual Agnosias and Related Disorders." *Journal of Neuro-Ophthalmology* 38, no. 3 (2018): 379–92.

Henzel, D. "He Told Me That He Has No Sensory Thinking, Cannot Visualize, Feel or Hear His Own Dog." Howwesolve.com, 2021 (accessed fall 2021).

Hirsch, C., and S. Schildknecht. "In Vitro Research Reproducibility: Keeping Up High Standards." *Frontiers in Pharmacology* 10 (2019): 1484. doi:10.3389/fphar.2019.01484.

Hitch, G. J., et al. "Visual and Phonological Components of Working Memory in Children." *Memory and Cognition* 17, no. 2 (1989): 175–85.

Höffler, T. N., M. Koć-Januchta, and D. Leutner. "More Evidence for Three Types of Cognitive Style: Validating the Object-Spatial Imagery and Verbal Questionnaire Using Eye Tracking When Learning with Texts and Pictures." *Applied Cognitive Psychology* 31, no. 1 (2017). doi.org/10.1002/acp.3300.

Hsieh, T., et al. "Enhancing Scientific Foundations to Ensure Reproducibility: A New

Paradigm." *American Journal of Pathology* 188, no. 1 (2018): 6–10.

Huff, T., et al. "Neuroanatomy, Visual Cortex." National Library of Medicine, National Institutes of Health, July 31, 2021.

Ishai, A., et al. "Distributed Neural Systems for the Generation of Visual Images." *Neuron* 28, no. 3 (2000): 979–90.

Jamiloux, Y., et al. "Should We Stimulate or Suppress Immune Responses in COVID-19? Cytokine and Anti-Cytokine Interventions." *Autoimmunity Reviews* (July 2020): 102567.

Jensen, A. R. "Most Adults Know More Than 42,000 Words." *Frontiers*, August 16, 2016.

Keogh, R., and J. Pearson. "The Blind Mind: No Sensory Visual Imagery in Aphantasia." *Cortex* 105 (2018): 53–60.

Khatchadourian, R. "The Elusive Peril of Space Junk." *The New Yorker*, September 21, 2020.

Khatchadourian, R. "The Trash Nebula." *New Yorker*, September 28, 2020.

Koć-Januchta, M., et al. "Visualizers versus Verbalizers: Effects of Cognitive Style on Learning with Texts and Pictures." *Computers in Human Behavior* 68 (2017): 170–79. doi.org/10.1016/j.chb.2016.11.028.

Koppenol-Gonzales, G. V., S. Bouwmeester, and J. K. Vermunt. "The Development of Verbal and Visual Working Memory Processes: A Latent Variable Approach." *Journal of Experimental Child Psychology* 111, no. 3 (2012): 439–54. https://doi.org/10.1016/j.jecp.2011.10.001.

Koppenol-Gonzales, G. V., et al. "Accounting for Individual Differences in the Development of Verbal and Visual Short-Term Memory Processes in Children." *Learning and Individual Differences* 66 (2018): 29–37.

Kosslyn, S. M., et al. "The Role of Area 17 in Visual Imagery: Convergent Evidence from PET and rTMS." *Science* 284, no. 5411 (1999): 167–70.

Kosslyn, S. M., et al. "Topographical Representations of Mental Images in Primary Visual Cortex." *Nature* 378 (1995): 496–98.

Kozhevnikov, M., O. Blazhenkova, and M. Becker. "Tradeoffs in Object versus Spatial Visualization Abilities: Restriction in the Development of Visual Processing Resources." *Psychonomic Bulletin and Review* 17, no. 1 (2009): 29–33.

Kozhevnikov, M., M. Hegarty, and R. E. Mayer. "Revising the Visualizer-Verbal Dimension: Evidence for Two Types of Visualizers." *Cognition and Instruction* 20, no. 1 (2002): 47–77.

Kozhevnikov, M., and J. Shepherd. "Spatial versus Object Visualizers: A New Characterization of Visual Cognitive Style." *Memory and Cognition* 33, no. 4 (2005): 710–26.

Lee, S.-H., D. J. Kravitz, and C. I. Baker. "Disentangling Visual Imagery and Perception of Real-World Objects." *NeuroImage* 59, no. 4 (2012): 4064–73.

Masataka, N. "Were Musicians as Well as Artists in the Ice Age Caves Likely with Autism Spectrum Disorder? A Neurodiversity Hypothesis." In *The Origins of Language Revisited*, edited by N. Masataka, 323–45. Singapore: Springer, 2020. doi.org/10.1007/978-981-15-4250-3_9.

Mathewson, J. H. "Visual-Spatial Thinking: An Aspect of Science Overlooked by Educators." *Science Education* 83, no. 1 (1999): 33–54. https://onlinelibrary.wiley.com/doi/10.1002/(SICI)1098-237X(199901)83:1%3C33::AID-SCE2%3E3.0.CO;2-Z.

Mazard, A., et al. "A PET Meta-Analysis of Object and Spatial Mental Imagery." *Cognitive Psychology* 16 (2004): 673–95.

McFarland, M. "Why Shades of Asperger's Syndrome Are the Secret to Building a Great Tech Company." *Washington Post*, April 3, 2015. https://www.washingtonpost.com/news/innovations/wp/2015/04/03/why-shades-of-aspergers-syndrome-are-the-secret-to-building-a-great-tech-company/.

Mellet, E., et al. "Functional Anatomy of Spatial Mental Imagery Generated from Verbal Instructions." *Journal of Neuroscience* 16, no. 20 (2020): 6504–12.

Mishkin, M., et al. "Object Vision and Spatial Vision: Two Cortical Pathways." *Trends in Neuroscience* 6 (1983): 414–17.

Morena, N., et al. "Vividness of Mental Imagery Is Associated with the Occurrence of Intrusive Memories." *Journal of Behavior Therapy and Experimental Psychiatry* 44 (2013): 221–26.

Moscovitch, G., et al. "What Is Special About Face Recognition? Nineteen Experiments on a Person with Visual Object Agnosia and Dyslexia but Normal Face Recognition." *Journal of Cognitive Neuroscience* 9, no. 5 (1997): 555–604.

Mottron, L. "The Power of Autism." *Nature* 479 (2011): 34–35.

Mottron, L., and S. Belleville. "A Study of Perceptual Analysis in a High-Level Autistic Subject with Exceptional Graphic Abilities." *Brain and Cognition* 23 (1993): 279–309.

Mottron, L., et. al. "Enhanced Perceptual Functioning in Autism: An Update, and Eight Principles of Perception." *Journal of Autism and Developmental Disorders* 36, no. 1 (2006): 27–43.

Nishimura, K., et al. "Brain Activities of Visual and Verbal Thinkers: A MEG Study." *Neuroscience Letters* 594 (2015): 155–60.

Nishimura, K., et al. "Individual Differences in Mental Imagery Tasks: A Study of Visual Thinkers and Verbal Thinkers." *Neuroscience Communications* (2016).

Pant, R., S. Kanjlia, and M. Bedny. "A Sensitive Period in the Neural Phenotype of Language in Blind Individuals." *Developmental Cognitive Neuroscience* 41 (2020). https://www.sciencedirect.com/science/article/pii/S1878929319303317#sec0010.

Park, C. C. *Exiting Nirvana: A Daughter's Life with Autism*. New York: Little, Brown, 2001.

Pashler, H., et al. "Learning Styles: Concepts and Evidence." *Psychological Science in the Public Interest* 9, no. 3 (2008).

Pearson, J. "The Human Imagination: The Cognitive Neuroscience of Visual Mental Imagery." *Nature Reviews Neuroscience* 20 (2019): 624–34.

Peissig, J. J., and M. J. Tarr. "Visual Object Recognition: Do We Know More Now Than We Did 20 Years Ago?" *Annual Review of Psychology* 58 (2007): 75–96.

Peissig, J. J., et al. "Pigeons Spontaneously Form Three-Dimensional Shape Categories." *Behavioral Processes* 158 (2019): 70–75.

Pérez-Fabello, M. J., A. Campos, and D. Campos-Juanatey. "Is Object Imagery Central to Artistic Performance?" *Thinking Skills and Creativity* 21 (2016): 67–74. doi.org/10.1016/j.tsc.2016.05.006.

Pérez-Fabello, M. J., A. Campos, and F. M. Felisberti. "Object-Spatial Imagery in Fine Arts, Psychology and Engineering." *Thinking Skills and Creativity* 27 (2018): 131–38.

Phillips, M., et al. "Detection of Malignant Melanoma Using Artificial Intelligence: An Observational Study of Diagnostic Accuracy." *Dermatology Practical & Conceptual* 10, no. 1 (2020): e2020011. doi.org/10.5826/dpc.1001a11.

Pidgeon, L. M., et al. "Functional Neuroimaging of Visual Creativity: A Systematic Review and Meta-Analysis." *Brain and Behavior* 6, no. 10 (2016). doi.org/10.1002/brb3.540.

Pinker, S. *The Language Instinct: How the Mind Creates Language*. New York: William Morrow, 1994.

Putt, S., et al. "The Role of Verbal Interaction during Experimental Bifacial Stone Tool Manufacture." *Lithic Technology* 39, no. 2 (2014): 96–112.

Reeder, R. R., et al. "Individual Differences Shape the Content of Visual Representations." *Vision Research* 141 (2017): 266–81.

Ryckegham, A. V. "How Do Bats Echolocate and How Are They Adapted to This Activity?" *Scientific American*, December 21, 1998. https://www.scientificamerican.com/article/how-do-bats-echolocate-an/.

Sacks, O. *An Anthropologist on Mars*. New York: Alfred A. Knopf, 1995.

Sacks, O. *The Man Who Mistook His Wife for a Hat*. New York: Summit Books, 1985.

Schweinberg, M., et al. "Same Data, Different Conclusions: Radical Dispersion in Empirical Results When Independent Analysts Operationalize and Test the Same Hypothesis." *Organizational Behavior and Human Decision Process* 165 (2021): 228–49.

Servick, K. "Echolocation in Blind People Reveals the Brain's Adaptive Powers." *Science Magazine*, 2019. https://www.sciencemag.org/news/2019/10/echolocation-blind-people-reveals-brain-s-adaptive-powers.

Servick, K. "Ultrasound Reads Monkey Brains, Opening New Way to Control Machines with Thought." *Science*, March 22, 2021.

Shah, A., and U. Frith. "Why Do Autistic Individuals Show Superior Performance on the Block Design Task?" *Journal of Child Psychology and Psychiatry* 34, no. 8 (1993): 1351–64.

Shuren, J. E. "Preserved Color Imagery in an Achromatopsic." *Neuropsychologia* 34, no. 4 (1996): 485–89.

Sikela, J. M., and V. B. Searles Quick. "Genomic Tradeoffs: Are Autism and Schizophrenia the Steep Price for a Human Brain." *Human Genetics* 137, no. 1 (2018): 1–13.

Silberman, S. "The Geek Syndrome." *Wired*, December 1, 2001. https://www.wired.com/2001/12/aspergers/.

Silverman, L. K. *Upside-Down Brilliance: The Visual-Spatial Learner*. Denver: Deleon, 2002.

Smith, B. Moving *'Em: A Guide to Low Stress Animal Handling*. University of Hawai'i, Mānoa: Graziers Hui, 1998.

Soares, J. M., et al. "A Hitchhiker's Guide to Functional Magnetic Resonance Imaging." *Frontiers in Neuroscience* (2016). doi.org/10.3389/forins.2016.0015.

Spagna, A., et al. "Visual Mental Imagery Engages the Left Fusiform Gyrus, but Not the Early Visual Cortex: A Meta-Analysis of Neuroimaging Evidence." *Neuroscience and Biobehavioral Reviews* (2020). doi:10.1016/j.neubiorev.2020.12.029.

Sperry, R. W. "Lateral Specialization of Cerebral Function in the Surgically Separated Hemispheres." In *The Psychophysiology of Thinking*, ed. F. J. McGuigan and R. A. Schoonover, chap. 6. New York: Academic Press, 1973.

Sumner, N., et al. "Single-Trial Decoding of Movement Intentions Using Functional Ultrasound Neuroimaging." *Neuron* (2021). https://pubmed.ncbi.nlm.nih.gov/33756104/.

Suskind, O. "Happy Easter, Walter Post." A cartoon drawing by Owen Suskind on Facebook, 2020.

Sutton, M. "Snakes, Sausages and Structural Formulae." *Chemistry World*, 2015.

Takeda, M. "Brain Mechanisms of Visual Long-Term Memory Retrieval in Primates."

Neuroscience Research 142 (2019): 7–15.

Thaler, L. "Echolocation May Have Real-Life Advantages for Blind People: An Analysis of Survey Data." *Frontiers in Physiology* (2013). doi.org/10.3389/fphys.2013.00098.

Thaler, L., S. R. Arnott, and M. A. Goodale. "Neural Correlates of Natural Human Echolocation in Early and Late Blind Echolocation Experts." *PLOS ONE* (2011). doi.org/10.1371/journal.pone.0020162.

Thorpe, S. J., et al. "Seeking Categories in the Brain." *Science* 291, no. 5502 (2001): 260–63.

Thorudottir, S., et al. "The Architect Who Lost the Ability to Imagine: The Cerebral Basis of Visual Imagery." *Brain Sciences* 10, no. 2 (2020). doi.org/10.3390/brainsci10020059.

Tubbs, S. R., et al. "Tatsuji Inouye: The Mind's Eye." *Child's Nervous System* 28 (2012): 147–50.

Vance, A. *Elon Musk: Tesla, SpaceX, and the Quest for a Fantastic Future*. New York: Ecco, 2015.

Vannucci, M., et al. "Visual Object Imagery and Autobiographical Memory: Object Imagers Are Better at Remembering Their Personal Past." *Memory* 24, no. 4 (2016): 455–70.

Vazquez, C. M. "Technology Boot Camp Aims to Upgrade Okinawa-Based Marines' Problem-Solving Skills." *Stars and Stripes*, March 26, 2019.

Warford, N., and M. Kunda. "Measuring Individual Difference in Visual and Verbal Thinking Styles." Presented at the 40th Annual Meeting of the Cognitive Science Society, Madison, Wisconsin, 2018.

Watanabe, S., J. Sakamoto, and M. Wakita. "Pigeons' Discrimination of Paintings by Monet and Picasso." *Journal of the Experimental Analysis of Behavior* 63 (1995): 165–74.

Weintraub, K."Temple Grandin on How the Autistic'Think Different." *USA Today*, May 1, 2013, https://www.usatoday.com/news/nation/2013/05/01/autism-temple-grandin-brain/2122455 (accessed September 1, 2021).

West, T. Commencement address, Siena School, Silver Spring, Maryland, June 9, 2020. *In the Mind's Eye: Dyslexic Renaissance* (blog), December 22, 2020.

Wheeler, M. "Damaged Connections in Phineas Gage's Brain: Famous 1848 Case of Man Who Survived Accident Has Modern Parallel." ScienceDaily, May 16, 2012. https://www.sciencedaily.com/releases/2012/05/120516195408.htm.

Zeman, A., et al. "Phantasia—The Psychological Significance of Lifelong Visual Imagery Vividness Extremes." *Cortex* 130 (2020): 426–40. doi:10.1016/j.cortex.2020.04.003.

Zhang, W., et al. "The Use of Anti-Inflammatory Drugs in the Treatment of People with Severe Coronavirus Disease 2019 (COVID-19): The Perspectives of Clinical Immunologists from China." *Clinical Immunology* 214 (2020): 108393.

Zimmer, C. "Many People Have a Vivid 'Mind's Eye,' While Others Have None at All." *New York Times*, June 8, 2021. https://www.nytimes.com/2021/06/08/science/minds-eye-mental-pictures-psychology.html.

第二章　校園裡的篩選

Adams, S. "The Forbes Investigation: How the SAT Failed America." *Forbes*, November 30, 2020. https://www.forbes.com/sites/susanadams/2020/09/30/the-forbes-investigation-how-the-sat-failed-america.

Adelman, K. "Secrets of the Brain and Dyslexia: Interview with Thomas West." *Washingtonian*, July 1, 2005. https://www.washingtonian.com/2005/07/01/secrets-of-the-brain-dyslexia-interview-with-thomas-west/(accessed June 27, 2021).

Arnold, K. D. "Academic Achievement—A View from the Top. The Illinois Valedictorian Project." Office of Educational Research and Improvement, 1993.

Asmika, A., et al. "Autistic Children Are More Responsive to Tactile Sensory Stimulus." *Iranian Journal of Child Neurology* 12, no. 4 (2018): 37–44.

Baird, L. L. "Do Grades and Tests Predict Adult Accomplishment?" *Research in Higher Education* 23, no. 1 (1985): 3–85. https://doi.org/10.1007/BF00974070.

Baker, A. "Common Core Curriculum Now Has Critics on the Left." *New York Times*, February 16, 2014.

Ballotpedia. "Education Policy in the U.S." https://ballotpedia.org/Education_policy_in_the_United_States.

Bardi, M., et al. "Behavioral Training and Predisposed Coping Strategies Interact to Influence Resilience in Male Long-Evans Rats: Implications for Depression." *Stress* 15, no. 3 (2012): 306–17.

Baril, D. "Is It Autism? The Line Is Getting Increasingly Blurry." ScienceDaily, August 21, 2019.

Belkin, D. "Who Needs a Four-Year Degree?" *Wall Street Journal*, November 13, 2020, R3.

Bernstein, B. O., D. Lubinski, and C. P. Benbow. "Academic Acceleration in Gifted Youth and Fruitless Concerns Regarding Psychological Well-Being: A 35 Year Longitudinal Study." *Journal of Educational Psychology* (2020). https://

my.vanderbilt.edu/smpy/files/2013/02/Article-JEP-Bernstein-2020-F.pdf.

Bhattacharya, S. "Meet Dr. Nita Patel and Her All-Female Team Developing the COVID-19 Vaccine." *Brown Girl Magazine*, April 28, 2020.

Bower, B. "When It's Playtime, Many Kids Prefer Reality over Fantasy." *Science News*, February 6, 2018.

Bowler, D. M., et al. "Nonverbal Short-Term Serial Order Memory in Autism Spectrum Disorder." *Journal of Abnormal Psychology* 125, no. 7 (2016): 886–93.

Bowles, N. "A Dark Consensus about Screens and Kids Begins to Emerge in Silicon Valley." *New York Times*, October 26, 2018.

Brown, T. T. "The Death of Shop Class and America's Skilled Work Force." *Forbes*, May 30, 2012. https://www.forbes.com/sites/tarabrown/2012/05/30/the-death-of-shop-class-and-americas-high-skilled-workforce/.

Brunner, E., et al. "The Promise of Career and Technical Education." *Brown Center Chalkboard* (blog), Brookings, September 20, 2019. https://www.brookings.edu/blog/brown-center-chalkboard/2019/09/20/the-promise-of-career-and-technical-education/.

Carey, B. "Cognitive Science Meets Pre-Algebra." *New York Times*, September 2, 2013.

Carey, B. "New Definition of Autism Will Exclude Many, Study Suggests." *New York Times*, January 19, 2012.

Carey, K. "The Demise of the Great Education Saviors." *Washington Post*, March 18, 2020.

Conway Center for Family Business. "Family Business Facts." https://www.familybusinesscenter.com/resources/family-business-facts/.

Cooper, S. A., et al. "Akinetopsia: Acute Presentation and Evidence for Persisting Defects in Motion." *Journal of Neurology, Neurosurgery and Psychiatry* 83, no. 2 (2012): 229–30.

Courchesne, V., et al. "Autistic Children at Risk of Being Underestimated: School-Based Pilot Study of a Strength-Informed Assessment." *Molecular Autism* 6, no. 12 (2015).

Cuenca, P. "On Chess: Chess and Mathematics." St. Louis Public Radio, March 28, 2019.

Danovich, T. "Despite a Revamped Focus on Real-life Skills, 'Home Ec' Classes Fade Away." *The Salt* (blog), NPR, June 14, 2018. https://www.npr.org/sections/thesalt/2018/06/14/618329461/despite-a-revamped-focus-on-real-life-skills-home-ec-classes-fade-away.

Dawson, M., et al. "The Level and Nature of Autistic Intelligence." *Psychological Science* 18, no. 8 (2007): 657–62.

Deiss, H. S., and Miller, D. "Who Was Katherine Johnson?" *NASA Knows!* NASA, January 8, 2017, updated January 7, 2021.

Depenbrock, J., and K. Lattimore. "Say Goodbye to X + Y: Should Community Colleges Abolish Algebra?" *All Things Considered*, NPR, July 19, 2017. https://www.npr.org/2017/07/19/538092649/say-goodbye-to-x-y-should-community-colleges-abolish-algebra.

Dishman, L. "This Job Platform Is for Undergrads Who Get Nowhere on LinkedIn." *Fast Company*, October 20, 2017. https://www.fastcompany.com/40483000/this-job-platform-is-for-undergrads-who-get-nowhwere-on-linkedin.

Donaldson, M. "The Mismatch between School and Children's Minds." *Human Nature* 2 (1979): 60–67.

Drager, K. W. "The Relationship between Abstract Reasoning and Performance in High School Algebra." Master's thesis, University of Kansas, July 24, 2014.

Drew, C. "Why Science Majors Change Their Minds." *New York Times*, November 4, 2011.

Dyas, B. "Who Killed Home Ec? Here's the Real Story behind Its Demise." *Huffington Post*, September 29, 2014, updated December 6, 2017.

Edley, C., Jr. "At Cal State, Algebra Is a Civil Rights Issue." *EdSource*, June 5, 2017. https://edsource.org/2017/at-cal-state-algebra-is-a-civil-rights-issue/582950.

Eis, R. "The Crisis in Education in Theory." *National Affairs*, Summer 2019.

Gara, S. K., et al. "The Sensory Abnormalities and Neuropsychopathology of Autism and Anxiety." *Cureus* 12, no. 5 (2020): e8071.

García, L. E., and O. Thornton. " 'No Child Left Behind' Has Failed." *Washington Post*, February 13, 2015.

Gardner, H. *Frames of Mind: The Theory of Multiple Intelligences*. New York: Basic Books, 1983.

Gardner, M. "Study Tracks Success of High School Valedictorians." *Christian Science Monitor*, May 25, 1995.

Geschwind, N."The Brain of a Learning-Disabled Individual."*Annals of Dyslexia* 34 (1984): 319–27.

Gigliotti, J. *Who Is Stevie Wonder?* New York: Grosset & Dunlap, 2016.

"The Girl Who Asked Questions." *Economist*, February 27, 2020, 72.

Goldstein, D. " 'It Just Isn't Working': PISA Test Scores Cast Doubt on U.S. Education Efforts." *New York Times*, December 3, 2019.

Goodson-Espy, T. "Understanding Students' Transitions from Arithmetic to Algebra: A Constructivist Explanation." Paper presented at the Annual Meeting of the American Educational Research Association, San Francisco, April 1995.

Goyal, N. *Schools on Trial: How Freedom and Creativity Can Fix our Educational Malpractice*. New York: Anchor Books, 2016.

Green, S. A., et al. "Overreactive Brain Responses to Sensory Stimuli in Youth with Autism Spectrum Disorders." *Journal of the American Academy of Child and Adolescent Psychiatry* 52, no. 11 (2013): 1158–72.

Greene, J. P., B. Kisida, and D. H. Bowen. "Why Field Trips Matter." *Museum*, January 2014. https://www.aam-us.org/2014/01/01/why-field-trips-matter/.

Gross, A., and J. Marcus. "High-Paying Trade Jobs Sit Empty, While High School Grads Line Up for University." NPR, April 25, 2018.

"Guidance Counselor." Princeton Review. https://www.princetonreview.com/careers/75/guidance-counselor.

Haciomeroglu, E. S. "Object-Spatial Visualization and Verbal Cognitive Styles, and Their Relation to Cognitive Abilities and Mathematical Performance." *Educational Sciences: Theory and Practice* 16, no. 3 (2016): 987–1003.

Haciomeroglu, E. S., and M. LaVenia. "Object-Spatial Imagery and Verbal Cognitive Styles in High School Students." *Perceptual and Motor Skills* 124, no. 3 (2017): 689–702.

Hacker, A. "Is Algebra Necessary?" *New York Times*, July 28, 2012.

Hacker, A. *The Math Myth: And Other STEM Delusions*. New York: New Press, 2016.

Hanford, E. "Trying to Solve a Bigger Math Problem." *New York Times*, February 3, 2017.

Haque, S., et al. "The Visual Agnosias and Related Disorders." *Journal of Neuro-Ophthalmology* 38, no. 3 (2018): 379–92. doi: 10.1097/WNO.0000000000000556.

Harris, C. "The Earning Curve: Variability and Overlap in Labor-Market Outcomes by Education Level." Manhattan Institute, February 2020. https://files.eric.ed.gov/fulltext/ED604364.pdf.

Harris, E. A. "Little College Guidance: 500 High School Students Per Counselor." *New York Times*, December 25, 2014.

Hartocollis, A. "After a Year of Turmoil, Elite Universities Welcome More Diverse Freshman Classes." *New York Times*, April 17, 2021, updated April 31, 2021.

Hartocollis, A. "Getting into Med School without Hard Sciences." *New York Times*, July 29, 2010.

Hinshaw, S. P., and R. M. Scheffler. *The ADHD Explosion*. London: Oxford University Press, 2014.

Hirsh-Pasek, K., et al. "A New Path to Education Reform: Playful Learning Promotes 21st-Century Skills in Schools and Beyond." Policy 2020, Brookings, October 2020. https://www.brookings.edu/policy2020/bigideas/a-new-path-to-education-reform-playful-learning-promotes-21st-century-skills-in-schools-and-beyond/.

Hoang, C. "Oscar Avalos Dreams in Titanium." NASA Jet Propulsion Laboratory, 2019.

https://www.nasa.gov/feature/jpl/oscar-avalos-dreams-in-titanium.

Hora, M. T. "Entry Level Workers Can Lose 6% of Their Wages If They Don't Have These." *Fast Company*, February 1, 2020. https://www.fastcompany.com/90458673/5-things-standing-in-the-way-of-students-taking-internships.

Hough, L. "Testing. Testing. 1-2-3." *Ed.: Harvard Ed. Magazine*, Winter 2018.

Hubler, S. "Why Is the SAT Falling Out of Favor?" *New York Times*, May 23, 2020.

"IDEA: Specific Learning Disabilities." American Speech and Hearing Association. https://www.asha.org/advocacy/federal/idea/04-law-specific-ld/.

"IDEA Full Funding: Why Should Congress Invest in Special Education?" National Center for Learning Disabilities. https://ncld.org/news/policy-and-advocacy/idea-full-funding-why-should-congress-invest-in-special-education/.

Iversen, S. M., and C. J. Larson. "Simple Thinking Using Complex Math vs. Complex Thinking Using Simple Math." *ZDM* 38, no. 3 (2006): 281–92.

Jaswal, V. K., et al. "Eye-Tracking Reveals Agency in Assisted Autistic Communication." *Scientific Reports* 10 (2020): art. no. 7882.

Jewish Virtual Library. "Nazi Euthanasia Program: Persecution of the Mentally and Physically Disabled." https://www.jewishvirtuallibrary.org/nazi-persecution-of-the-mentally-and-physically-disabled.

Keith, J. M., et al. "The Influence of Noise on Autonomic Arousal and Cognitive Performance in Adolescents with Autism Spectrum Disorder." *Journal of Autism and Developmental Disorders* 49, no. 1 (2019): 113–26.

Kercood, S., et al. "Working Memory and Autism: A Review of the Literature." *Research in Autism Spectrum Disorders* 8 (2014): 1316–32.

Klass, P. "Fending Off Math Anxiety." *New York Times*, April 24, 2017.

Koretz, D. "The Testing Charade." *Ed.: Harvard Ed. Magazine*, Winter 2018.

Kuss, D. J., et al. "Neurobiological Correlates in Internet Gaming Disorder: A Systematic Literature Review." *Frontiers in Psychiatry* 9, no. 166 (2018).

Laski, E. V., et al. "Spatial Skills as a Predictor of First Grade Girls' Use of Higher Level Arithmetic Strategies." *Learning and Individual Differences* 23 (2013): 123–30.

Learning Disabilities Association of America. "Types of Learning Disabilities." https://ldaamerica.org/types-of-learning-disabilities/.

Lindsay, S. "The History of the ACT Test." *PrepScholar* (blog), June 30, 2015. https://blog.prepscholar.com/the-history-of-the-act-test.

Lloyd, C. "Does Our Approach to Teaching Math Fail Even the Smartest Kids?" Great!Schools.org, March 10, 2014. https://www.greatschools.org/gk/articles/why-americas-smartest-students-fail-math/.

Lockhart, P. *A Mathematician's Lament*. New York: Bellevue Literary Press, 2009.

Louv, R. *Last Child in the Woods*. Chapel Hill, NC: Algonquin Books, 2005.

Mackinlay, R., et al. "High Functioning Children with Autism Spectrum Disorder: A Novel Test of Multitasking." *Brain and Cognition* 61, no. 1 (2006): 14–24.

Mathewson, J. H. "Visual-Spatial Thinking: An Aspect of Science Overlooked by Educators." *Science Education* 83, no. 1 (1999): 33–54.

Moody, J. "ACT vs. SAT: How to Decide Which Test to Take." *U.S. News & World Report*, March 10, 2021.

Mottron, L. "The Power of Autism." *Nature* 479 (2011): 33–35.

Mottron, L. "Temporal Changes in Effect Sizes of Studies Comparing Individuals with and without Autism: A Meta-Analysis." *JAMA Psychiatry* 76, no. 11 (November 2019): 1124–32.

Mukhopadhyay, T. R. *How Can I Talk If My Lips Don't Move? Inside My Autistic Mind*. New York: Arcade, 2011.

"NAEP Report Card: 2019 NAEP Mathematics Assessment—Highlighted Results at Grade 12 for the Nation." The Nation's Report Card, 2019. https://www.nationsreportcard.gov/highlights/mathematics/2019/g12/.

National Association for Gifted Children. "Acceleration." Developing Academic Acceleration Policies, 2018. https://www.nagc.org/resources-publications/gifted-education-practices/acceleration.

National Center for Education Statistics. "Fast Facts—Mathematics." https://nces.ed.gov/fastfacts/display.asp?id=514.

National Center for Education Statistics. "Students with Disabilities." *Condition of Education*. U.S. Department of Education, Institute of Education Sciences. Last updated May 2022. https://nces.ed.gov/programs/coe/indicator/cgg.

National Education Association. "History of Standardized Testing in the United States," 2020.

Park, G., D. Lubinski, and C. P. Benbow. "When Less Is More: Effects of Grade Skipping on Adult STEM Productivity among Mathematically Precocious Adolescents." *Journal of Educational Psychology* 105, no. 1 (2013): 176–98.

Pashler, H., et al. "Learning Styles: Concepts and Evidence." *Psychological Science in the Public Interest* 9, no. 3 (2009): 105–19.

Paulson, A. "Less Than 40% of 12th-Graders Ready for College, Analysis Finds." *Christian Science Monitor*, May 14, 2014.

Pilon, M. "Monopoly Was Designed to Teach the 99% about Income Inequality." *Smithsonian Magazine*, 2015. https://www.smithsonianmag.com/arts-culture/monopoly-was-designed-teach-99-about-income-inequality-180953630/.

Pilon, M. "The Secret History of Monopoly." *Guardian*, April 11, 2015.

Porter, E. "School vs. Society in America's Failing Students." *New York Times*, November 3, 2015.

Provini, C. "Why Field Trips Still Matter." *Education World*, 2011.

Quinton, S. "Some States Train Jobless for Post-Pandemic Workforce." *Stateline* (blog), Pew Charitable Trusts, December 10, 2020. https://www.pewtrusts.org/en/research-and-analysis/blogs/stateline/2020/12/10/some-states-train-jobless-for-post-pandemic-workforce.

Riastuti, N., Mardiyana, and I. Pramudya. "Analysis of Students [*sic*] Geometry Skills Viewed from Spatial Intelligence." AIP Conference Proceedings 1913, 2017. https://doi.org/10.1063/1.5016658.

Ripley, A. "What America Can Learn from Smart Schools in Other Countries." *New York Times*, December 6, 2016.

Rodgaard, E. M., et al. "Temporal Changes in Effect Sizes of Studies Comparing Individuals with and without Autism." *JAMA Psychiatry* 76, no. 11 (2019): 1124–32.

Root-Bernstein, R., et al. "Arts Foster Scientific Success: Avocations of Nobel, National Academy, Royal Society, and Sigma Xi Members." *Journal of Psychology of Science and Technology* 1, no. 2 (2008): 51–63. doi:10/1891/1939-7054.1.251.

Rosen, J. "How a Hobby Can Boost Researchers' Productivity and Creativity." *Nature* 558 (2018): 475–77.

Rosenstock, L., et al. "Confronting the Public Health Workforce Crisis." *Public Health Reports* 123, no. 3 (2008): 395–98.

Rosholm, M., et al. "Your Move: The Effect of Chess on Mathematics Test Scores." *PLOS ONE* 12, no. 5 (2017): e0177257. https://doi.org/10.1371/journal.pone.0177257.

Rosin, H. "Hey Parents, Leave the Kids Alone." *Atlantic*, April 2014, 75–86.

Ross, M., R. Kazis, N. Bateman, and L. Stateler. "Work-Based Learning Can Advance Equity and Opportunity for America's Young People." Brookings, 2020. https://www.brookings.edu/research/work-based-learning-can-advance-equity-and-opportunity-for-americas-young-people/.

Ross, M., and T. Showalter. "Millions of Young Adults Are out of School or Work." *The Avenue* (blog), Brookings, 2020. https://www.brookings.edu/blog/the-avenue/2020/12/18/making-a-promise-to-americas-young-people/.

Ruppert, S. "How the Arts Benefit Student Achievement." *Critical Evidence*, 2006.

Ryan, J. "American Schools vs. the World: Expensive, Unequal, Bad at Math." *Atlantic*, December 3, 2013.

Saul, R. *ADHD Does Not Exist: The Truth about Attention Deficit and Hyperactivity*

Disorder. New York: Harper Wave, 2015.

SC Johnson College of Business. "Family Business Facts," 2021. https://www.johnson.cornell.edu/smith-family-business-initiative-at-cornell/resources/family-business-facts/.

Schleicher, A. "PISA 2018: Insights and Interpretations." OECD, 2018. https://www.oecd.org/pisa/PISA%202018%20Insights%20and%20Interpretations%20FINAL%20PDF.pdf.

Schoen, S. A., et al. "A Systematic Review of Ayres Sensory Integration Intervention for Children with Autism." *Autism Research* 12, no. 1 (2019): 6–19.

"School Counselors Matter." *Education Trust*, February 2019 https://edtrust.org/resource/school-counselors-matter/.

Schwartz, Yishai. "For Parents Willing to Pay Thousands, College Counselors Promise to Make Ivy League Dreams a Reality." *Town & Country*, June 28, 2017. https://www.townandcountrymag.com/leisure/a10202220/college-counseling-services/.

Seymour, K., et al. "Coding and Binding Color and Form in Visual Cortex." *Cerebral Cortex* 20, no. 8 (2010): 1946–54.

Sheltzer, J. M., and R. Visintin. "Angelika Amon (1967– 2020): Trailblazing Cell Cycle Biologist." *Science* 370, no. 6522 (2020): 1276.

Shetterly, M. L. *Hidden Figures: The American Dream and the Untold Story of the Black Women Mathematicians Who Helped Win the Space Race*. New York: William Morrow, 2016.

Silverman, L. K. *Upside-Down Brilliance*. Denver: DeLeon, 2002.

Smith, A. "Two Community Colleges Show How Students Can Succeed without Remedial Math Courses." *EdSource*, 2019. https://edsource.org/2019/two-community-colleges-show-how-students-can-succeed-without-remedial-math-courses/619740.

Smith, P. "Uniquely Abled Academy at COC Looks to Pilot Opportunities for Those on Autism Spectrum." KHT SAM 1220, September 4, 2017. https://www.hometownstation.com/santa-clarita-news/education/college-of-the-canyons/uniquely-abled-academy-at-coc-looks-to-pilot-opportunities-for-those-on-autism-spectrum-203809.

Sorvo, R., et al. "Math Anxiety and Its Relationship with Basic Arithmetic Skills among Primary School Children." *British Journal of Educational Psychology* 87, no. 3 (2017): 309–27.

Strauss, V. "Is It Finally Time to Get Rid of the SAT and ACT College Admissions Tests?" *Washington Post*, March 19, 2019.

Sušac, A., A. Bubić, A. Vrbanc, and M. Planinić. "Development of Abstract

Mathematical Reasoning: The Case of Algebra." *Frontiers in Human Neuroscience* (2014). https://www.frontiersin.org/articles/10.3389/fnhum.2014.00679/full.

Taggart, J., et al. "The Real Thing: Preschoolers Prefer Actual Activities to Pretend Ones." *Developmental Science* 21, no. 3 (2017). doi.org/10.1111/desc.12582.

Thaler, L. "Echolocation May Have Real-Life Advantages for Blind People: An Analysis of Survey Data." *Frontiers in Physiology* (2013). doi.org/10.3389/fphys.2013.00098.

Thaler, L., S. R. Arnott, and M. A. Goodale. "Neural Correlates of Natural Human Echolocation in Early and Late Blind Echolocation Experts." *PLOS ONE* (2011). doi.org/10.1371/journal.pone.0020162.

Tough, P. "How Kids Really Succeed." *Atlantic*, June 2016, 56–66.

Treffert, D. A. *Islands of Genius*. London: Jessica Kingsley, 2010.

US Congress, Office of Technology Assessment. "Lessons from the Past: A History of Educational Testing in the United States." Chapter 4 in *Testing in American Schools: Asking the Right Questions*, OTA-SET-519. Washington, DC: US Government Printing Office, 1992. https://www.princeton.edu/~ota/disk1/1992/9236/9236.PDF.

Wa Munyi, C. "Past and Present Perceptions towards Disability: A Historical Perspective." *Disabilities Studies Quarterly* 32, no. 2 (2012).

Wadman, M. "'Nothing Is Impossible,' Says Lab Ace Nita Patel." *Science* 370 (2020): 652.

Walker, T. "Should More Students Be Allowed to Skip a Grade?" *NEA News*, March 27, 2017. https://www.nea.org/advocating-for-change/new-from-nea/should-more-students-ve-allowed-skip-grade.

Watanabe, T., and R. Xia. "Drop Algebra Requirement for Non-STEM Majors, California Community Colleges Chief Says." *Los Angeles Times*, July 17, 2017.

Watkins, L., et al. "A Review of Peer-Mediated Social Interaction for Students with Autism in Inclusive Settings." *Journal of Autism and Developmental Disorders* 45 (2015): 1070–83.

Wellemeyer, J. "Wealthy Parents Spend Up to $10,000 on SAT Prep for Their Kids." *MarketWatch*, July 7, 2019. https://marketwatch.com/story/wealthy-parents-are-dropping-up-to-10000-on-sat-test-prep-for-their-kids-2019-06-21.

Wells, R., D. Lohman, and M. Marron. "What Factors Are Associated with Grade Acceleration?" *Journal of Advanced Academics* 20, no. 2 (Winter 2009): 248–73.

Westervelt, E. "The Value of Wild, Risky Play: Fire, Mud, Hammers and Nails." *NPR Ed*, NPR, April 3, 2015. https://www.npr.org/sections/ed/2015/04/03/395797459/the-value-of-wild-risky-play-fire-mud-hammers-and-nails.

Williams, D. *Autism—An Inside-Out Approach: An Innovative Look at the Mechanics of*

"Autism" and Its Developmental "Cousins." London: Jessica Kingsley, 1996.

Williams, D. L., et al. "The Profile of Memory Function in Children with Autism." *Neuropsychology* 20, no. 1 (2006): 21–29.

Willingham, D. T. "Is It True That Some People Just Can't Do Math?" *American Educator*, Winter 2009–2010.

Winerip, M. "A Field Trip to a Strange New Place: Second Grade Visits the Parking Garage." *New York Times*. February 12, 2012.

Wonder, S. Video interview with Mesha McDaniel. Celebrity Profile Entertainment, March 23, 2013. YouTube. https://www.youtube.com/watch?v=126ni6rvzPU.

Wonder, S. Video interview on *Larry King Now*. YouTube. https://www.youtube.com/watch?v=vJh-DV1v1JM.

Zhang, X., et al. "Misbinding of Color and Motion in Human Visual Cortex." *Current Biology* 24, no. 12 (2014): 1354–60.

Zihl, J., and C. A. Heywood. "The Contribution of LM to the Neuroscience of Movement Vision." *Frontiers in Integrative Neuroscience* 9, no. 6 (February 17, 2015). https://www.frontiersin.org/articles/10.3389/fnint.2015.00006/full.

Zinshteyn, M. "Cal State Drops Intermediate Algebra as Requirement to Take Some College-Level Math Courses." *EdSource*, 2017. https://edsource.org/2017/cal-state-drops-intermediate-algebra-requirement-allows-other-math-courses/585595.

第三章　聰明的工程師在哪裡？

American Society of Civil Engineers. Infrastructure Report Card. ASCE, Reston, Virginia, 2017.

Anthes, E. "Richard R. Ernst, Nobel Winner Who Paved the Way for the M.R.I., Dies at 87." *New York Times*, June 16, 2021.

Aspiritech.org. Chicago.

Austin, R. D., and G. P. Pisano. "Neurodiversity as a Competitive Advantage." *Harvard Business Review*, May–June 2017.

Belli, G. "How Many Jobs Are Found through Networking, Really?" Payscale, April 6, 2017. https://www.payscale.com/career-advice/many-jobs-found-networking/.

Burger, D., et al. "Filtergraph: A Flexible Web Application for Instant Data Visualization of Astronomy Datasets." arXiv:1212.4458.

Cabral, A. "How Dubai Powers Apple's 'Spaceship.'" *Khaleej Times*, September 13, 2017. https://www.khaleejtimes.com/tech/how-dubai-powers-apples-spaceship.

Cann, S. "The Debate behind Disability Hiring." *Fast Company*, November 26, 2012. https://www.fastcompany.com/3002957/disabled-employee-amendment.

Cass, O., et al. "Work, Skills, Community: Restoring Opportunity for the Working Class."

Opportunity America, American Enterprise Institute, and Brookings Institution, 2018. https://www.aei.org/wp-content/uploads/2018/11/Work-Skills-Community-FINAL-PDF.pdf?x91208.

Chakravarty, S. "World's Top 10 Industrial Robot Manufacturers." Market Research Reports, 2019. https://www.marketresearchreports.com/blog/2019/05/08/world's-top-10-industrial-robot-manufacturers.

Chang, C. "Can Apprenticeships Help Reduce Youth Unemployment?" Century Foundation, November 15, 2015. https://tcf.org/content/report/apprenticeships/.

Collins, M. "Why America Has a Shortage of Skilled Workers." *IndustryWeek*, 2015. https://www.industryweek.com/talent/education-training/article/22007263/why-america-has-a-shortage-of-skilled-workers.

"Construction Workforce Shortages Reach Pre-Pandemic Levels Even as Coronavirus Continues to Impact Projects & Disrupt Supply Chains." The Construction Association, September 2, 2021. https://www.agc.org/news/2021/09/02/construction-workforce-shortages-reach-pre-pandemic-levels-even-coronavirus-0.

"Conveyor Systems: Dependable Cost-Effective Product Transport." Dematic.com. https://www.dematic.com/en/products/products-overview/conveyor-systems/.

Coudriet, C. "The Top 25 Two-Year Trade Schools." *Forbes*, August 16, 2018. https://www.forbes.com/sites/cartercoudriet/2018/08/15/the-top-25-two-year-trade-schools-colleges-that-can-solve-the-skills-gap.

Danovich, T. "Despite a Revamped Focus on Real-Life Skills, 'Home Ec' Classes Fade Away." *The Salt* (blog), NPR, June 14, 2018. https://www.npr.org/sections/thesalt/2018/06/14/618329461/despite-a-revamped-focus-on-real-life-skills-home-ec-classes-fade-away.

Delphos, K. "Dematic to Fill 1,000 New Jobs in North America by End of 2020." Dematic.com press release, September 2, 2020.

Duberstein, B. "Why ASML Is Outperforming Its Semiconductor Equipment Peers." The Motley Fool, February 27, 2019. www.fool.com/investing/2019/02/27/why-asml-is-outperforming-its-semiconductor-equipment.aspx.

Duckworth, A. Grit: The Power of Passion and Perseverance. New York: Scribner, 2016.

Elias, M. *Stir It Up: Home Economics in American Culture*. Philadelphia: University of Pennsylvania Press, 2010.

Farrell, M. "Global Researcher: Professor Shaun Dougherty Presents Vocational Research Abroad." NEAG School of Education, 2017. https://cepare.uconn.edu/2017/10/10/global-researcher-professor-shaun-dougherty-presents-vocational-education-research-abroad/.

Felicetti, K. "These Major Tech Companies Are Making Autism Hiring a Priority." Monster, March 8, 2016.

Ferenstein, G. "How History Explains America's Struggle to Revive Apprenticeships." *Brown Center Chalkboard* (blog), Brookings, May 23, 2018. https://www.brookings.edu/blog/brown-center-chalkboard/2018/05/23/how-history-explains-americas-struggle-to-revive-apprenticeships/.

Ferguson, E. S. *Engineering and the Mind's Eye*. Cambridge, MA: MIT Press, 1994.

Ferguson, E. S. "The Mind's Eye: Nonverbal Thought in Technology." *Science* 197, no. 4306 (1977): 827–36.

Flynn, C. "The Chip-Making Machine at the Center of Chinese Dual-Use Concerns." Brookings TechStream, June 30, 2020. https://www.brookings.edu/techstream/the-chip-making-machine-at-the-center-of-chinese-dual-use-concerns/.

"Fort Collins Leads the Pack on Undergrounding." *BizWest*, September 5, 2003. https://bizwest.com/2003/09/05/fort-collins-leads-the-pack-on-undergrounding/.

Frener & Reifer. "Steve Jobs Theater," 2020. https://www.frener-reifer.com/news-en/steve-jobs-theater/.

FY 2020 Data and Statistics: Registered Apprenticeship National Results Fiscal Year 2020: 10/01/2019 to 9/30/2020. Employment and Training Administration, U.S. Department of Labor. https://www.dol.gov/agencies/eta/apprenticeship/about/statistics/2020/.

Goger, A., and C. Sinclair. "Apprenticeships Are an Overlooked Solution for Creating More Access to Quality Jobs." *The Avenue* (blog), Brookings, January 27, 2021. https://www.brookings.edu/blog/the-avenue/2021/01/27/apprenticeships-are-an-overlooked-solution-for-creating-more-access-to-quality-jobs/.

Gold, R., K. Blunt, and T. Ansari. "PG& E Reels as California Wildfire Burns." *Wall Street Journal*, October 26, 2019, A1–A2.

Gold, R., R. Rigdon, and Y. Serkez. "PG& E's Network Heightens California's Fire Risk." *Wall Street Journal*, October 30, 2019, A6.

Goldman, M. A. "Evolution Gets Personal." *Science* 367, no. 6485 (2020): 1432.

"Governor John Hickenlooper Announces $9.5 Million to Launch Statewide Youth Apprenticeship and Career Readiness Programs." Business Wire, September 14, 2016. https://www.businesswire.com/news/home/20160914006145/en/Gov.-John-Hickenlooper-Announces-9.5-Million-to-Launch-Statewide-Youth-

Apprenticeship-and-Career-Readiness-Programs.

Gray, M. W. "Lynn Margulis and the Endosymbiont Hypothesis: 50 Years Later." *Molecular Biology of the Cell* 28, no. 10 (2017). doi.org/10.1091/mbc.e16-07-0509.

Gross, A., and J. Marcus. "High-Paying Trade Jobs Sit Empty While High School Grads Line Up for University." *NPR Ed*, NPR, April 25, 2018.

Gummer, C. "German Robots School U.S. Workers." *Wall Street Journal*, September 10, 2014, B7.

Gunn, D. "The Swiss Secret to Jump-Starting Your Career." *Atlantic*, September 7, 2018.

Hagerty, J. R. "The $140,000-a-Year Welding Job." *Wall Street Journal*, January 7, 2015, B1–B2.

Hardy, B. L., and D. E. Marcotte. "Education and the Dynamics of Middle-Class Status." Brookings, June 2020.

Harris, C. "The Earning Curve: Variability and Overlap in Labor-Market Outcomes by Education Level." Manhattan Institute, February 2020. https://files.eric.ed.gov/fulltext/ED604364.pdf.

Hoffman, N., and R. Schwartz. "Gold Standard: The Swiss Vocational Education and Training System. International Comparative Study of Vocational Educational Systems." National Center on Education and the Economy, 2015. https://eric.ed.gov/?id=ED570868.

Hotez, E. "How Children Fail: Exploring Parent and Family Factors That Foster Grit." In *Exploring Best Child Development Practices in Contemporary Society*, edited by N. R. Silton, 45–65. IGI Global, 2020. doi:10.4018/978-1-7998-2940-9.ch003.

Howard, S., et al. "Why Apprenticeship Programs Matter to 21st Century Post-Secondary Education." *CTE Journal* 7, no. 2 (2019): ISSN 2327-0160 (online).

Jacob, B. A. "What We Know about Career and Technical Education in High School." Brookings, October 5, 2017. https://www.brookings.edu/research/what-we-know-about-career-and-technical-education-in-high-school/.

Jacobs, D. *Master Builders of the Middle Ages*. New York: Harper and Row, 1969.

Jacobs, J. "Seven of the Deadliest Infrastructure Failures throughout History." *New York Times*, August 14, 2018.

Jacoby, T. "Community Colleges Are an Agile New Player in Job Training." *Wall Street Journal*, September 25, 2021.

Khazan, O. "Autism's Hidden Gifts." *Atlantic*, September 23, 2015.

King, K. "Apprenticeships on the Rise at the New York Tech and Finance Firms." *Wall Street Journal*, September 23, 2018.

"Kion to Buy U.S. Firm Dematic in $3.25 Billion Deal." Reuters. June 21, 2016.

Lambert, K. G., et al. "Contingency-Based Emotional Resilience: Effort-Based Reward Training and Flexible Coping Lead to Adaptive Responses to Uncertainty in Male Rats." *Frontiers in Behavioral Neuroscience* 8 (2014). doi.org/10.3389/fnbeh.2014.00124.

LeBlanc, C. "You're Working from Home Wrong. Here's How to Fix It." Fatherly, 2020. https://www.fatherly.com/love-money/work-from-hyatt-home-office/.

Lewis, R. *No Greatness without Goodness: How a Father's Love Changed a Company and Sparked a Movement*. Carol Stream, IL: Tyndale House, 2016.

Linke, R. "Lost Einsteins: The US May Have Missed Out on Millions of Inventors." MIT Sloan School of Management, February 16, 2018. https://mitsloan.mit.edu/ideas-made-to-matter/lost-einsteins-us-may-have-missed-out-millions-inventors.

Lohr, S. "Greasing the Wheels of Opportunity." *New York Times*, April 8, 2021.

Lythcott-Haims, J. *How to Raise an Adult*. New York: Henry Holt, 2015.

Maguire, C."How the Snowplow Parenting Trend Affects Kids."Parents.com, December 4, 2019.

Martin, J. J. "Class Action: The Fashion Brands Training Tomorrow's Artisans." Business of Fashion, September 3, 2014. https://www.businessoffashion.com/articles/luxury/class-action/.

Martinez, S. "7-Year Turnaround: How Dematic Bounced Back from Layoffs to $1B in Annual Sales." MLive (Michigan), February 20, 2014. https://www.mlive.com/business/west-michigan/2014/02/7-year_turnaround_how_dematic.html.

Milne, J. "Thinking Differently—The Benefits of Neurodiversity." Diginomica, 2018. https://diginomica.com/thinking-differently-benefits-neurodiversity.

Moran, G. "As Workers Become Harder to Find, Microsoft and Goldman Sachs Hope Neurodiverse Talent Can Be the Missing Piece." *Fortune*, December 7, 2019. https://fortune.com/2019/12/07/autism-aspergers-adhd-dyslexia-neurodiversity-hiring-jobs-work/.

Neuhauser, A. "This School Has a Tougher Admission Rate Than Yale—and Doesn't Grant Degrees." *U.S. News & World Report*, May 11, 2016.

"100 Best Internships for 2021." Vault Careers, October 27, 2020.

"PSPS Wind Update: Wind Gusts in Nearly Two Dozen Counties Reached above 40 MPH; in 15 Counties Wind Gusts Topped 50 MPH." Business Wire, October 16, 2019. https://www.businesswire.com/news/home/20191016005951/en/PSPS-Wind-Update-Wind-Gusts-in-Nearly-Two-Dozen-Counties-Reached-Above-40-MPH-in-15-Counties-Wind-Gusts-Topped-50-MPH.

Redden, E. "Importing Appprenticeships." *Inside Higher Ed*, August 8, 2017.

Redman, R. "Analyst: Reported Amazon-Dematic Partnership 'Validates the MFC

Model.'" *Supermarket News*, February 21, 2020.

Ren, S. "China Tries to Tame Its Tiger Parents." *Bloomberg Businessweek*, November 1, 2021, 92.

Renault, M. "FFA Asks: Who Will Train the Next Generation of Farmers?" *Minneapolis Star Tribune*, February 13, 2015, B3–B5.

Robertson, S. M. "Neurodiversity, Quality of Life, and Autistic Adults: Shifting Research and Professional Focuses onto Real-Life Challenges." *Disability Studies Quarterly* 30, no. 1 (2010).

"A Robot Maker Fetches $2.1 Billion as E-Commerce Warehouse Automation Grows." Bloomberg News, June 22, 2016.

Rubin, S. "The Israeli Army Unit That Recruits Teens with Autism." *Atlantic*, January 6, 2016. https://www.theatlantic.com/health/archive/2016/01/israeli-army-autism/422850/.

Sales, B. "Deciphering Satellite Photos, Soldiers with Autism Take On Key Roles in IDF." Jewish Telegraphic Agency, December 8, 2015. https://www.jta.org/2015/12/08/israel/deciphering-satellite-photos-soldiers-with-autism-take-on-key-roles-in-idf.

Schwartz, N. D. "A New Look at Apprenticeships as a Path to the Middle Class." *New York Times*, July 13, 2015.

Seager, S. *The Smallest Lights in the Universe*. New York: Crown, 2020.

"Shipbuilding Apprentices Set Sail at Huntington Ingalls Graduation." *Industry Week*, February 27, 2017. https://www.industryweek.com/talent/education-training/article/22005850/shipbuilding-apprentices-set-sail-at-huntington-ingalls-graduation.

Sidhwani, P. "People Spend 14% of Their Time on Video Games in 2020." *Techstory*, March 18, 2021.

Smith, R. "PG& E's Wildfire Mistakes Followed Years of Violations." *Wall Street Journal*, September 6, 2019.

St-Esprit, M. "The Stigma of Choosing Trade School over College." *Atlantic*, March 6, 2019.

Stockman, F. "Want a White-Collar Career without College Debt? Become an Apprentice." *New York Times*, December 10, 2019.

"Structural Glass Designs by Seele Dominate the First Impression of Apple Park." www.seele.com/references/apple-park-visitor-center-reception-buildings.

Thomas, D. S. "Annual Report on U.S. Manufacturing Industry Statistics: 2020." National Institute of Standards and Technology, U.S. Department of Commerce, 2020.

"20+ Incredible Statistics on Loss of Manufacturing Jobs [2021 Data]." *What to Become* (blog), August 11, 2021. https://whattobecome.com/blog/loss-of-manufacturing-jobs/.

US Bureau of Labor Statistics. *Occupational Outlook Handbook,* 2020. https://www.bls.gov/ooh.

U.S. Youth Unemployment Rate 1991–2022. Macrotrends. https://www.macrotrends.net/countries/USA/united-states/youth-unemployment-rate.

Wallis, L. "Autistic Workers: Loyal, Talented . . . Ignored." *Guardian*, April 6, 2012.

Wang, R. "Apprenticeships: A Classic Remedy for the Modern Skills Gap." *Forbes*, October 21, 2019.

West, D. M., and C. Lansang. "Global Manufacturing Scorecard: How the US Compares to 18 Other Nations." Brookings, July 10, 2018.

Woetzel, J., et al. "Reskilling China: Transforming the World's Largest Workforce into Lifelong Learners." McKinsey Global Institute, January 12, 2021. https://www.mckinsey.com/featured-insights/china/reskilling-china-transforming-the-worlds-largest-workforce-into-lifelong-learners.

Wyman, N. "Closing the Skills Gap with Apprenticeship: Costs vs. Benefits." *Forbes*, January 9, 2020.

Wyman, N. "Jobs Now! Learning from the Swiss Apprenticeship Model." *Forbes*, October 20, 2017.

Wyman, N. "Why We Desperately Need to Bring Back Vocational Training in Schools." *Forbes*, September 1, 2015. https://www.forbes.com/sites/nicholaswyman/2015/09/01/why-we-desperately-need-to-bring-back-vocational-training-in-schools.

Xinhua. "China to Accelerate Training of High-Quality Workers, Skilled Talent." *China Daily*, December 1, 2021. http://www.news.cn/english/2021-12/01/c_1310345807.htm.

第四章　互補的頭腦

Aero Antiques. "Preserving Warbird History One Artifact at a Time: Bendix Fluxgate Gyro Master Compass Indicator AN5752-2 WWII B-17, B-24-B-29." AeroAntique, 2021.

Anderson, G. *Mastering Collaboration: Make Working Together Less Painful and More Productive*. Sebastopol, CA: O'Reilly Media, 2019.

Antranikian, H. Magnetic field direction and intensity finder. US Patent 2047609, US Patent Office, issued 1936.

"The Art of Engineering: Industrial Design at Delta Faucet." *Artrageous with Nate*. YouTube, June 9, 2016. https://www.youtube.com/watch?v=c1ksrjRA678.

Baker, K. *America the Ingenious*. New York: Workman, 2016.

Baker, M., and E. Dolgin. "Cancer Reproducibility Project Releases First Results." *Nature* 541 (2017): 269–70.

Ball, P. "The Race to Fusion Energy." *Nature* 599 (2021): 362–66.

Ban, T. A. "The Role of Serendipity in Drug Discovery." *Dialogues in Clinical Neuroscience* 8, no. 3 (2006): 335–44.

Beach, L. F. Activated fin stabilizer. US Patent US3020869A, UA, US Patent Office, issued 1962.

"Bellevue Psychiatric Hospital." Asylum Projects. http://asylumprojects.org/index.php/Bellevue_Psychiatric_Hospital.

Bik, E. M., et al. "The Prevalence of Inappropriate Image Duplication in Biomedical Research Publications." *mBio* 7, no. 3 (2016). doi:10.1128/mBio.00809-16.

Braddon, F. D., L. F. Beach, and J. H. Chadwick. Ship stabilization system. US Patent US2979010A, US Patent Office, issued 1961.

Brown, R. R., A. Deletic, and T. H. F. Wong. "Interdisciplinarity: How to Catalyse Collaboration." *Nature* 525 (2015): 315–17.

Büyükboyaci, M., and A. Robbett. "Team Formation with Complementary Skills." *Journal of Economics and Management Strategy* 28, no. 4 (Winter 2019): 713–33.

Carlson, N. "At Last—The Full Story of How Facebook Was Founded." *Business Insider*, March 5, 2010. https://www.businessinsider.com/how-facebook-was-founded-2010-3.

Chabris, C., et al. "Spatial and Object Visualization Cognitive Styles: Validation Studies in 3800 Individuals." Submitted to *Applied Cognitive Psychology* June 12, 2006. https://www.researchgate.net/publication/238687967_Spatial_and_Object_Visualization_Cognitive_Styles_Validation_Studies_in_3800_Individuals.

Chaiken, A. "Neil Armstrong's Spacesuit Was Made by a Bra Manufacturer." *Smithsonian Magazine*, November 2013. https://www.smithsonianmag.com/history/neil-armstrongs-spacesuit-was-made-by-a-bra-manufacturer-3652414/.

Chandler, D. L. "Behind the Scenes of the Apollo Mission at M.I.T." *MIT News*, July 18, 2019.

Communications & Power Industries. "About Us: History." https://www.cpii.com/history.cfm.

Cropley, D. H., and J. L. Kaufman. "The Siren Song of Aesthetics? Domain Differences and Creativity in Engineering and Design." *Journal of Mechanical Engineering Science*, May 31, 2018.

Cutler, E. *A Thorn in My Pocket*. Arlington, TX: Future Horizons, 2004.

Daily Tea Team. "Origins of the Teapot." The Daily Tea, March 18, 2018. https://thedailytea.com/travel/origins-of-the-teapot/.

Davis, A. P. "The Epic Battle behind the Apollo Spacesuit." *Wired*, February 28, 2011.

De Monchaux, N. *Spacesuit: Fashioning Apollo*. Cambridge, MA: MIT Press, 2011.

Dean, J. "Making Marines into MacGyvers." *Bloomberg Businessweek*, September 24, 2018, 48–55.

Edwards, J. "Russell and Sigurd Varian: Inventing the Klystron and Saving Civilization." Electronic Design, November 22, 2010. https://www.electronicdesign.com/technologies/communications/article/21795573/russell-and-sigurd-varian-inventing-the-klystron-and-saving-civilization.

Eliot, M. P*aul Simon: A Life*. Hoboken, NJ: Wiley, 2010.

Enserink, M. "Sloppy Reporting on Animal Studies Proves Hard to Change." *Science* 357 (2017): 1337–38.

Fei, M. C. Y. "Forming the Informal: A Conversation with Cecil Balmond." *Dialogue* 67 (March 2003).

Fishman, C. "The Improbable Story of the Bra-Maker Who Won the Right to Make Astronaut Spacesuits." *Fast Company*, 2019. https://www.fastcompany.com/90375440/the-improbable-story-of-the-bra-maker-who-won-the-right-to-make-astronaut-spacesuits.

Fitzgerald, D. "Architecture vs. Engineering: Solutions for Harmonious Collaboration." *Redshift*, May 3, 2018. https://web.archive.org/web/20201127180130/https://redshift.autodesk.com/architecture-vs-engineering/.

Fraser, D. C. "Memorial Tribute—J. Halcombe Laning." National Academy of Engineering. https://www.nae.edu/29034/Dr-J-Halcombe-Laning.

Friedman, J. "How to Build a Future Series: Elon Musk." Y Combinator. https://www.ycombinator.com/future/elon/.

Fuller, T. "No Longer an Underdog Team, a Deaf High School Team Takes California by Storm." *New York Times*, November 16, 2021.

"Germany's Wendelstein 7-X Stellarator Proves Its Confinement Efficiency." *Nuclear Newswire*, August 17, 2021. http://www.ans.org/news/article-3166/germanys-wendelstein-7x-stellarator-proves-its-confinement-efficiency/.

Ghasemi, A., et al. "The Principles of Biomedical Scientific Writing: Materials and Methods." *International Journal of Endocrinology and Metabolism* 17, no. 1 (2019): e88155.

Giger, W., et al. "Equipment for Low-Stress, Small Animal Slaughter." *Transactions of the ASAE* 20 (1977): 571–74.

Grandin, T. "The Contribution of Animals to Human Welfare." *Scientific and Technical Review* 37, no. 1 (April 2018): 15–20.

Grandin, T. "Double Rail Restrainer Conveyor for Livestock Handling." *Journal of Agricultural Engineering Research* 41 (1988): 327–38.

Grandin, T. "Handling and Welfare of Livestock in Slaughter Plants." In *Livestock Handling and Transport*, edited by T. Grandin, 289–311. Wallingford, UK: CABI Publishing, 1993.

Grandin, T. "Transferring Results of Behavioral Research to Industry to Improve Animal Welfare on the Farm, Ranch, and the Slaughter Plant." *Applied Animal Behaviour Science* 81 (2003): 215–28.

Gropius, W. Speech at Harvard Department of Architecture, 1966. In P. Heyer, *Architects on Architecture: New Directions in America*. New York: Walker, 1978.

Gross, T. "How Rodgers and Hammerstein Revolutionized Broadway." NPR, May 28, 2018. https://www.npr.org/2018/05/28/614469172/how-rodgers-and-hammerstein-revolutionized-broadway/.

Hendren, S. *What Can a Body Do? How We Meet the Built World*. New York: Riverhead Books, 2020.

Hilburn, R. *Paul Simon: The Life*. New York: Simon & Schuster, 2018.

Hines, W. C., et al. "Sorting Out the FACS: A Devil in the Details." *Cell Reports* 6 (2014): 779–81.

Hirsch, C., and S. Schildknecht. "In Vitro Research Producibility: Keeping Up High Standards." *Frontiers in Pharmacology* 10 (2019): 1484. doi:10.3389/fphar.2019.01484.

Hsieh, T., et al. "Enhancing Scientific Foundations to Ensure Reproducibility: A New Paradigm." *American Journal of Pathology* 188, no. 1 (2018): 6–10.

Iachini, A. L., L. R. Bronstein, and E. Mellin, eds. *A Guide for Interprofessional Collaboration*. Council on Social Work Education, 2018.

Isaacson, W. *Steve Jobs*. New York: Simon & Schuster, 2011.

Jambon-Puillet, E., et al. "Liquid Helix: How Capillary Jets Adhere to Vertical Cylinders." *Physics*, May 8, 2019. https://journals.aps.org/prl/abstract/10.1103/PhysRevLett.122.184501/.

Jobs, S. "You've Got to Find What You Love." Commencement Address, Stanford University. *Stanford News*, June 14, 2005.

Kastens, K. "Commentary: Object and Spatial Visualization in Geosciences." *Journal of Geoscience Education* 58, no. 2 (2010): 52–57. doi.org/10.5408/1.3534847.

Khatchadourian, R. "The Trash Nebula." *New Yorker*, September 28, 2020.

Kim, K. M., and K. P. Lee. "Collaborative Product Design Processes of Industrial Design and Engineering Design in Consumer Product Companies." *Design Studies* 46 (2016): 226–60.

Kim, K. M., and K. P. Lee. "Industrial Designers and Engineering Designers: Causes of Conflicts, Resolving Strategies and Perceived Image of Each Other." Design Research Society Conference, 2014.

Kuang, C. "The 6 Pillars of Steve Jobs's Design Philosophy." *Fast Company*, November 7, 2011.

Laird, C. T. "Real Life with Eustacia Cutler." *Parenting Special Needs Magazine*, November/December 2010. www.parentingspecialneeds.org/article/reallife-eustacia-cutler/.

Landau, J. "Paul Simon: The Rolling Stone Interview." *Rolling Stone*, July 20, 1972. https://www.rollingstone.com/music/music-news/paul-simon-the-rolling-stone-interview-2-231656/.

Ledford, H. "Team Science." *Nature* 525 (2015): 308–11.

Lithgow, G. J., M. Driscoll, and P. Phillips. "A Long Journey to Reproducible Results." *Nature* 548 (2017): 387–88.

López-Muñoz, F., et al. "History of the Discovery and Clinical Introduction of Chlorpromazine." *Annals of Clinical Psychiatry* 17, no. 3 (2005): 113–35.

Moore, W. "WWII Magnetic Fluxgate Compass." YouTube, 2016. https://www.youtube.com/watch?v=3QJ5C_NeD6E.

Mukherjee, S. "Viagra Just Turned 20. Here's How Much Money the ED Drug Makes." *Fortune*, March 27, 2018. https://fortune.com/2018/03/27/viagra-anniversary-pfizer/.

Nolan, F. *The Sound of Their Music: The Story of Rodgers and Hammerstein*. New York: Applause Theatre and Cinema Books, 2002.

Norman, D. *The Design of Everyday Things*. New York: Basic Books, 2013.

Okumura, K. "Following Steve Jobs: Lessons from a College Typography Class." UX Collective, November 8, 2019. https://uxdesign.cc/following-steve-jobs-lessons-from-a-college-typography-class-4f9a603bc964.

Olsen, C., and S. Mac Namara. *Collaborations in Architecture and Engineering*. New York: Routledge, 2014.

Ouroussoff, N. "An Engineering Magician, Then (Presto) He's an Architect." *New York Times*, November 26, 2006. https://www.nytimes.com/2006/11/26/arts/design/26ouro.html.

Owen, D. "The Anti-Gravity Men: Cecil Balmond and the Structural Engineers of Arup." *New Yorker*, June 18, 2007.

Parreno, C. "Glass talks to Cecil Balmond, One of the World's Leading Designers." *Glass*,

September 9, 2016. https://www.theglassmagazine.com/from-the-archive-glass-talks-to-cecil-balmond-one-of-the-worlds-leading-designers/.

Picot, W. "Magnetic Fusion Confinement with Tokamaks and Stellarators." International Atomic Energy Agency (IAEA), 2021.

Prince, R. P., P. E. Belanger, and R. G. Westervelt. Double-rail animal securing assembly, US Patent US3997940A, US Patent Office, issued 1976.

Purves, J. C., and L. Beach. Magnetic field responsive device, US Patent 2383460A, US Patent Office, issued 1945.

Ramaley, J. "Communicating and Collaborating across Disciplines." Accelerating Systemic Change Network, 2017. http://ascnhighered.org/ASCN/posts/192300.html/.

Reynolds, A., and D. Lewis. "Teams Solve Problems Faster When They're More Cognitively Diverse." *Harvard Business Review*, March 30, 2017.

Rodgers, R. *Musical Stages: An Autobiography*. New York: Random House, 1975.

Rodgers, R. "Reminiscences of Richard Rodgers." Columbia University Libraries, 1968. https://clio.columbia.edu/catalog/4072940/.

Rogers, T. N. "Meet Eric Yuan, the Founder and CEO of Zoom, Who Has Made over $12 Billion since March and Now Ranks among the 400 Richest People in America." *Business Insider*, September 9, 2020. https://www.businessinsider.com/meet-zoom-billionaire-eric-yuan-career-net-worth-life.

"Russell and Sigurd Varian." Wikipedia. https://en.wikipedia.org/wiki/Russell_and_Sigurd_Varian/.

"Russell H. Varian and Sigurd F. Varian." *Encyclopaedia Britannica Online*, 1998. https://www.britannica.com/biography/Russell-H-Varian-and-Sigurd-F-Varian/.

Rylance, R. "Grant Giving: Global Funders to Focus on Interdisciplinarity." *Nature* 525 (2015): 313–15.

Saint, A. *Architect and Engineer: A Study in Sibling Rivalry*. New Haven: Yale University Press, 2007.

Scheck, W. "Lawrence Sperry: Genius on Autopilot." HistoryNet. https://www.historynet.com/lawrence-sperry-autopilot-inventor-and-aviation-innovator.htm.

Schindler, J. "The Benefits of Cognitive Diversity." *Forbes*, November 26, 2018.

Sciaky, Inc. "The EBAM 300 Series Produces the Largest 3D Printed Metal Parts and Prototypes in the Addictive Manufacturing Market," 2021. https://www.sciaky.com/largest-metal-3D-printer-available/.

"The Seamstresses Who Helped Put Men on the Moon." CBS News, July 14, 2019. https://www.cbsnews.com/news/apollo-11-the-seamstresses-who-helped-put-a-man-on-the-moon/.

Seyler, M., and D. Kerley. "50 Years Later: From Bras and Girdles to a Spacesuit for the

Moon." ABC News, July 13, 2019.

Shah, H. "How Zoom Became the Best Web-Conferencing Project in the World in Less Than 10 Years." *Nira* (blog), 2020. https://nira.com/zoom-history/.

Smith, J. F. "Asperger's Are Us Comedy Troupe Jokes about Everything but That." *New York Times*, July 15, 2016.

Sperry Gyroscope Company ad, 1945 (Gyrosyn Compass Flux Valve Repeater Aviation Instrument). https://www.periodpaper.com/products/1945-ad-sperry-gyrosyn-compass-flux-valve-repeater-aviation-instrument-wwii-art-216158-ysw3-34.

Teitel, A. S. "Hal Laning: The Man You Didn't Know Saved Apollo 11." *Discover Magazine*, May 23, 2019. https://www.discovermagazine.com/the-sciences/hal-laning-the-man-you-didnt-know-saved-apollo-11.

Thompson, C. *Coders*. New York: Penguin Press, 2019.

Thompson, C. "The Secret History of Women in Coding." *New York Times Magazine*, February 13, 2019.

U/Entrarchy. "Mechanical Engineering vs Industrial Design." Reddit, May 3, 2013. https://www.reddit.com/r/IndustrialDesign/comments/1dmuoa/mechanical_engineering_vs_industrial_design/.

Van Noorden, R. "Interdisciplinary Research by the Numbers." *Nature* 525 (2015): 306–7.

Vance, A. *Elon Musk: Tesla, SpaceX, and the Quest for a Fantastic Future*. New York: Ecco, 2015.

Vazquez, C. M. "Technology Boot Camp Aims to Upgrade Okinawa-Based

Marines' Problem-Solving Skills." *Stars and Stripes*, March 26, 2019.

Wattles, J. "She Turns Elon Musk's Bold Space Ideas into a Business." CNN Business, March 10, 2019.

Westervelt, R. G., et al. "Physiological Stress Measurement during Slaughter of Calves and Lambs." *Journal of Animal Science* 42 (1976): 831–37.

Whitman, A. "Richard Rodgers Is Dead at Age 77; Broadway's Renowned Composer." *New York Times*, December 31, 1979. https://www.nytimes.com/1979/12/31/archives/richard-rodgers-is-dead-at-age-77-broadways-renowned-composer.html/.

Witt, S. "Apollo 11: Mission Out of Control." *Wired*, June 24, 2019. https://www.wired.com/story/apollo-11-mission-out-of-control/.

Woolley, A. W., et al. "Evidence for a Collective Intelligence Factor in the Performance of Human Groups." *Science* 330, no. 6004 (September 30, 2010): 686–88.

Woolley, A. W., et al. "Using Brain-Based Measures to Compose Teams." *Social Neuroscience* 2, no. 2 (2007): 96–105.

Wozniak, S. *iWOZ: From Computer Geek to Cult Icon*. New York: W. W. Norton, 2006.

第五章 天才與神經多樣性

Abraham, A. *The Neuroscience of Creativity*. Cambridge, UK: Cambridge University Press, 2018.

Amalric, M., and S. Dehaene. "Origins of the Brain Networks for Advanced Mathematics in Expert Mathematicians." *Proceedings of the National Academy of Sciences* 113, no. 18 (2016): 4909–17.

Armstrong, T. "The Myth of the Normal Brain: Embracing Neurodiversity." *AMA Journal of Ethics*, April 2015.

Arshad, M., and M. Fitzgerald. "Did Michelangelo (1475– 1564) Have High-Functioning Autism?" *Journal of Medical Biography* 12, no. 2 (2004): 115–20.

"Attention-Deficit/Hyperactivity Disorder (ADHD)." Centers for Disease Control and Prevention. https://www.cdc.gov/ncbddd/adhd/index.html.

"Augusta Savage." Smithsonian American Art Museum. https://americanart.si.edu/artist/augusta-savage-4269/.

Baer, D. "Peter Thiel: Asperger's Can Be a Big Advantage in Silicon Valley." *Business Insider*, April 8, 2015. https://www.businessinsider.com/peter-thiel-aspergers-is-an-advantage-2015-4/.

Baron-Cohen, S., et al. "The Autism-Spectrum Quotient (AQ): Evidence from Asperger's Syndrome/High-Functioning Males and Females, Scientists and Mathematicians." *Journal of Autism and Developmental Disorders* 31, no. 1 (2001): 5–17.

Beaty, R. E., et al. "Creative Cognition and Brain Network Dynamics." *Trends in Cognitive Sciences* 20, no. 2 (2016): 87–95.

Bernstein, B. O., D. Lubinski, and C. P. Benbow. "Academic Acceleration in Gifted Youth and Fruitless Concerns Regarding Psychological Well-Being: A 35-Year Longitudinal Study." *Journal of Educational Psychology* (2020). https://my.vanderbilt.edu/smpy/files/2013/02/Article-JEP-Bernstein-2020-F.pdf.

Bianchini, R. "Apple iPhone Design—from the 1st Generation to the iPhone 12." January 18, 2021. https://www.inexhibit.com/case-studies/apple-iphone-history-of-a-design-revolution/.

Blume, H. "Neurodiversity: On the Neurobiological Underpinning of Geekdom." *Atlantic*, September 1998.

Blumenthal, K. *Steve Jobs: The Man Who Thought Different*. New York: Feiwel and Friends, 2012.

Bouchard, T. J., Jr., et al. "Sources of Human Psychological Differences: The Minnesota Study of Twins Reared Apart." *Science* 250 (October 12, 1990): 223–28.

Bouvet, L., et al. "Synesthesia and Autistic Features in a Large Family: Evidence for Spatial Imagery as a Common Factor." *Behavioural Brain Research* 362 (2019): 266–72.

Bradlee, Quinn. "Quinn Interviews Steven Spielberg." Recorded September 2012. *Friends of Quinn*. YouTube, March 14, 2019. https://www.youtube.com/watch?v=jTX0OxE_3mU.

Brandt, K. "Twin Studies: Histories and Discoveries in Neuroscience." BrainFacts, June 12, 2019. https://www.brainfacts.org/brain-anatomy-and-function/genes-and-molecules/2019/twin-studies-histories-and-discoveries-in-neuroscience-061119.

Brinzea, V. M. "Encouraging Neurodiversity in the Evolving Workforce—The Next Frontier to a Diverse Workplace." *Scientific Bulletin, Economic Sciences* (University of Pitești), 18, no. 3 (2019).

Bruck, C. "Make Me an Offer: Ari Emanuel's Relentless Fight to the Top." *New Yorker*, April 26 and May 3, 2021.

Bucky, P. A. *The Private Albert Einstein*. Kansas City, MO: Andrews and McMeel, 1993.

Carey, R."The Eight Greatest Quotes from Steve Jobs: The Lost Interview."*Paste*, March 6, 2013. https://www.pastemagazine.com/tech/the-eight-most-important-passages-from-steve-jobs-the-lost-interview/.

Carrillo-Mora, P., et al. "What Did Einstein Have That I Don't? Studies on Albert Einstein's Brain." *Neurosciences and History* 3, no. 3 (2015): 125–29.

Carson, S. "The Unleashed Mind." *Scientific American*, May/June 2011, 22–25.

Chavez-Eakle, R. A. "Cerebral Blood Flow Associated with Creative Performance: A Comparative Study." *NeuroImage* 38, no. 3 (2007): 519–28.

Chen, H., et al. "A Genome-Wide Association Study Identifies Genetic Variants Associated with Mathematics Ability." *Scientific Reports* 7 (2017): 40365.

Chen, Q., R. E. Beaty, and J. Qiu. "Mapping the Artistic Brain: Common and Distinct Neural Activations Associated with Musical, Drawing, and Literary Creativity." *Human Brain Mapping* 41, no. 12 (2020). doi.org/10.1002/hbm.25025.

Clark, R. *Edison: The Man Who Made the Future*. London: Bloomsbury Reader, 2012.

"Cognitive Theories Explaining ASD." Interactive Autism Network. https://iancommunity.org/cs/understanding_research/cognitive_theories_explaining_

asds/.

Colloff, P. "Suddenly Susan." *Texas Monthly*, August 2000.

Condivi, A. *The Life of Michelangelo*. Baton Rouge: Louisiana State University Press, 1976.

Cranmore, J., and J. Tunks. "Brain Research on the Study of Music and Mathematics: A Meta-Synthesis." *Journal of Mathematics Education* 8, no. 2 (2015): 139–57.

Cringely, R. X. *Steve Jobs: The Lost Interview*. Apple TV, 2012.

Cringely, R. X., host. *The Triumph of the Nerds: The Rise of Accidental Empires*. PBS, 1996.

D'Agostino, R. "The Drugging of the American Boy." *Esquire*, March 27, 2014.

de Manzano, Ö., and F. Ullén. "Same Genes, Different Brains: Neuroanatomical Differences between Monozygotic Twins Discordant for Musical Training." *Cerebral Cortex* 28 (2018): 387–94.

Deiss, H. S., and Miller, D. "Who Was Katherine Johnson?" *NASA Knows!* NASA, January 8, 2017, updated January 7, 2021.

Demir, A., et al. "Comparison of Bipolarity Features between Art Students and Other University Students." *Annals of Medical Research* 26, no. 10 (2019): 2214–18.

"Diagnosing Bill Gates." *Time*, January 24, 1994, 25.

Du Plessis, S. "What Are the 12 Types of Dyslexia?" Edublox Online Tutor, November 3, 2021. https://www.edubloxtutor.com/dyslexia-types/.

Dyer, F. L., and T. C. Martin. *Edison, His Life and Inventions*. 1910; reissue CreateSpace, August 13, 2010.

Einstein, A. "The World As I See It." Center for History of Physics. https://history.aip.org/exhibits/einstein/essay.htm.

Engelhardt, C. R., M. O. Mazurek, and J. Hilgard. "Pathological Game Use in Adults with and without Autism Spectrum Disorder." *Peer Journal* (2017). doi:10.7717/peerg3393.

Everatt, J., B. Steffert, and I. Smythe. "An Eye for the Unusual: Creative Thinking in Dyslexics." *Dyslexia*, March 26, 1999.

Falk, D. "The Cerebral Cortex of Albert Einstein: A Description and Preliminary Analysis of Unpublished Photographs." *Brain* 136, no. 4 (2013): 1304–27.

Falk, D. "New Information about Albert Einstein's Brain." *Frontiers in Evolutionary Neuroscience* (2009). doi.org/10.3389/neuro.18.003.2009.

Felicetti, K., and Monster. "These Major Tech Companies are Making Autism Hiring a Priority." *Fortune*, March 8, 2016.

Fishman, C. "Face Time with Michael Dell." *Fast Company*, February 28, 2001.

Folstein, S., and M. Rutter. "Infantile Autism: A Genetic Study of 21 Twin Pairs." *Journal of Child Psychology and Psychiatry* 18, no. 4 (1977). https://doi.org/10.1111/j.1469-7610.1977.tb00443.x.

Foster, B. "Einstein and His Love of Music." *Physics World* 18, no. 1 (2005): 34.

Fuller, T. "No Longer an Underdog, a Deaf High School Team Takes California by Storm." *New York Times*, November 26, 2021, A12.

Gable, S. L., et al. "When the Muses Strike: Creative Ideas Routinely Occur during Mind Wandering." *Psychological Science*, January 7, 2019.

Gainotti, G. "Emotions and the Right Hemisphere: Can New Data Clarify Old Models?" *Neuroscientist* 25, no. 3 (2019): 258–70.

Gainotti, G. "A Historical Review of Investigations on Laterality of Emotions in the Human Brain." *Journal of the History of Neuroscience* 28, no. 1 (2019): 23–41.

Galton, F. "History of Twins." *Inquiries into Human Faculty and Its Development*, 1875: 155–73.

Gardner, H. *Creating Minds*. New York: Basic Books, 2011.

Gigliotti, J. *Who Is Stevie Wonder?* New York: Grosset & Dunlap, 2016.

"The Girl Who Asked Questions." *Economist*, February 29, 2020, 72.

Gleick, J. *Isaac Newton*. New York: Vintage, 2004.

Goldberg, E. *Creativity: The Human Brain in the Age of Innovation*. New York: Oxford University Press, 2018.

Grandin, T. *Thinking in Pictures*. New York: Doubleday, 1995. Expanded edition. New York: Vintage, 2006.

Grant, D. A., and E. Berg. "A Behavioral Analysis of Degree of Reinforcement and Ease of Shifting to New Responses in a Weigl-Type Card-Sorting Problem." *Journal of Experimental Psychology* 38, no. 4 (1948): 404–11. https://doi.org/10.1037/h0059831/.

Greenwood, T. A. "Positive Traits in the Bipolar Spectrum: The Space between Madness and Genius." *Molecular Neuropsychiatry* 2 (2017): 198–212.

Griffin, E., and D. Pollak. "Student Experiences of Neurodiversity in Higher Education: Insights from the BRAINHE Project." *Dyslexia* 15, no. 1 (2009). doi.org/10.1002/dys.383.

Hadamard, J. *The Psychology of Invention in the Mathematical Field*. Princeton, NJ: Dover, 1945.

Han, W., et al. "Genetic Influences on Creativity: An Exploration of Convergent and Divergent Thinking." *Peer Journal* (2018). doi:10.7717/peerj.5403.

Hashem, S., et al. "Genetics of Structural and Functional Brain Changes in Autism Spectrum Disorder." *Translational Psychiatry* 10 (2020).

Haskell, M. *Steven Spielberg: A Life in Films*. New Haven: Yale University Press, 2017.

Hegarty, J. P., et al. "Genetic and Environmental Influences on Structural Brain Measures in Twins with Autism Spectrum Disorder." *Molecular Psychiatry* 25 (2020):

2556–66.

Helmrich, B. H. "Window of Opportunity? Adolescence, Music, and Algebra." *Journal of Adolescent Research* 25, no. 4 (2010): 557–77.

Hodges, A. *Alan Turing: The Enigma*. Princeton, NJ: Princeton University Press, 2015.

Huddleston, T., Jr. "Bill Gates: Use This Simple Trick to Figure Out What You'll Be Great at in Life." CNBC, March 12, 2019. https://www.cnbc.com/2019/03/12/bill-gates-how-to-know-what-you-can-be-great-at-in-life.html.

Isaacson, W. *Einstein: His Life and Universe*. New York: Simon & Schuster, 2007.

Itzkoff, D. "Elon Musk Tries to Have Fun Hosting 'S.N.L.'" *New York Times*, May 10, 2021.

James, I. *Asperger's Syndrome and High Achievement*. London: Jessica Kingsley, 2005.

James, I. "Singular Scientists." *Journal of the Royal Society of Medicine* 96, no. 1 (2003): 36–39.

Johnson, R. "A Genius Explains." *Guardian*, February 11, 2005.

Kanjlia, S., R. Pant, and M. Bedny. "Sensitive Period for Cognitive Repurposing of Human Visual Cortex." *Cerebral Cortex* 29, no. 9 (2019): 3993–4005.

Kapoula, Z., and M. Vernet. "Dyslexia, Education and Creativity, a Cross-Cultural Study." *Aesthetics and Neuroscience* (2016): 31–42.

Kapoula, Z., et al. "Education Influences Creativity in Dyslexic and Non-Dyslexic Children and Teenagers." *PLOS ONE*, 11, no. 3 (2016). doi.org/10.1371/journal.pone.0150421.

Katz, J., et al. "Genetics, Not the Uterine Environment, Drive the Formation of Trophoblast Inclusions: Insights from a Twin Study." *Placenta* 114 (2021). https://www.sciencedirect.com/science/article/abs/pii/S0143400421001284.

Kirby, P. "A Brief History of Dyslexia." *Psychologist* 31 (March 2018): 56–59.

Knecht, S., et al. "Language Lateralization in Healthy Right-Handers." *Brain* 123, no. 1 (2000): 74–81.

Kyaga, S., et al. "Creativity and Mental Disorder: Family Study of 300,000 People with Severe Mental Disorder." *British Journal of Psychiatry* 199, no. 5 (2011): 373–79. doi: 10.1192/bjp.bp.110.085316.

Larsen, S. A. "Identical Genes, Unique Environments: A Qualitative Exploration of Persistent Monozygotic Twin Discordance in Literacy and Numeracy." *Frontiers in Education* (2019). doi.org/10.3389/feduc.2019.00021.

Le Couteur, A, et al. "A Broader Phenotype of Autism: The Clinical Spectrum in Twins." *Journal of Child Psychology and Psychiatry* 37, no. 7 (1996). doi.org/10.1111/j.1469-7610.1996.tb01475.x.

Lehman, C. "Interview with a Software Engineer." Quillette.com. January 5, 2018.

Leibowitz, G. "Steve Jobs Might Have Never Started Apple If He Didn't Do This 1 Thing." *Inc.*, 2018. https://www.inc.com/glenn-leibowitz/in-a-rare-23-year-old-interview-steve-jobs-said-this-1-pivotal-experience-inspired-him-to-start-apple-computer.html/.

Lesinski, J. M. *Bill Gates: Entrepreneur and Philanthropist.* Springfield, MO: Twenty-First Century Books, 2009.

Lienhard, D. A. "Roger Sperry's Split Brain Experiments (1959– 1968)." *Embryo Project Encyclopedia*, December 27, 2017. http://embryo.asu.edu/handle/10776/13035.

"Life of Thomas Alva Edison." Library of Congress. https://www.loc.gov/collections/edison-company-motion-pictures-and-sound-recordings/articles-and-essays/biography/life-of-thomas-alva-edison/.

Linneweber, G. A., et al. "A Neurodevelopmental Origin of Behavioral Individuality in the Drosophila Visual System." *Science* 367, no. 6482 (2020): 1112–19.

Lubinski, D., and C. P. Benbow. "Intellectual Precocity: What Have We Learned Since Terman?" *Gifted Child Quarterly*, July 28, 2020.

Maggioni, E., et al. "Twin MRI Studies on Genetic and Environmental Determinants of Brain Morphology and Function in the Early Lifespan." *Neuroscience and Biobehavioral Reviews* 109 (2020): 139–49.

"Maya Lin: Artist and Architect." Interview, Scottsdale, Arizona, June 16, 2000. Academy of Achievement. https://achievement.org/achiever/maya-lin/#interview.

Maya Lin: A River Is a Drawing (notes on exhibition). Hudson River Museum, 2019. https://www.hrm.org/exhibitions/maya-lin/.

Maya Lin: Systematic Landscapes (notes on exhibition). Contemporary Art Museum St. Louis. https://camstl.org/exhibitions/maya-lin-systematic-landscapes.

"Maya Lin Quotations." Quotetab. https://www.quotetab.com/quotes/by-maya-lin/.

McBride, J. *Steven Spielberg.* Jackson: University Press of Mississippi, 2011.

McFarland, M. "Why Shades of Asperger's Syndrome Are the Secret to Building a Great Tech Company." *Washington Post*, April 3, 2015. https://www.washingtonpost.com/news/innovations/wp/2015/04/03/why-shades-of-aspergers-syndrome-are-the-secret-to-building-a-great-tech-company/.

Mejia, Z. "Bill Gates Learned What He Needed to Start Microsoft in High School." CNBC, May 24, 2018. https://www.cnbc.com/2018/05/24/bill-gates-got-what-he-needed-to-start-microsoft-in-high-school.html.

Men, W., et al. "The Corpus Callosum of Albert Einstein's Brain: Another Clue to His High Intelligence?" *Brain* 137, no. 4 (2013): e268.

Miller, G. "Music Builds Bridges in the Brain." *Science*, April 16, 2008.

Mitchell, K. J. *Innate: How the Wiring of Our Brains Shapes Who We Are.* Princeton, NJ:

Princeton University Press, 2018.

Moffic, H. S. "A Deaf Football Team Sees a Way to Victory!" *Psychiatric Times*, November 18, 2021.

Moore, C. B., N. H. McIntyre, and S. E. Lanivich. "ADHD-Related Neurodiversity and the Entrepreneurial Mindset." *Entrepreneurship Theory and Practice* 45, no. 1 (December 6, 2019). doi.org/10.1177/1042258719890986.

Morris, E. *Edison*. New York: Random House, 2019.

Moyers, B. "Personal Journeys: Maya Lin." *Becoming American: The Chinese Experience*, PBS, https://www.pbs.org/becomingamerican/.

Nasar, S. *A Beautiful Mind*. New York: Simon & Schuster, 2011.

Nurmi, E. L., et al. "Exploratory Subsetting of Autism Families Based on Savant Skills Improves Evidence of Genetic Linkage to 15q11–q13." *Journal of the American Academy of Child and Adolescent Psychiatry* 42, no. 7 (July 2003). doi: 10.1097/01.CHI.0000046868.56865.0F.

O'Brian, P. *Pablo Ruiz Picasso: A Biography*. New York: W. W. Norton, 1976.

O'Connell, H., and M. Fitzgerald. "Did Alan Turing Have Asperger's Syndrome?" *Irish Journal of Psychological Medicine* 20, no. 1 (2003): 28–31.

"Oprah Winfrey Biography." *Encyclopedia of World Biography*. https://www.notablebiographies.com/We-Z/Winfrey-Oprah.html.

Parker, R. G. *A School Compendium in Natural and Experimental Philosophy*. First published by A. S. Barnes, 1837. Reprinted by Legare Street Press, 2021.

Patten, B. M. "Visually Mediated Thinking: A Report of the Case of Albert Einstein." *Journal of Learning Disabilities* 6, no. 7 (1973).

Peters, L., et al. "Dyscalculia and Dyslexia: Different Behavioral, yet Similar Brain Activity Profiles during Arithmetic." *NeuroImage: Clinical* 18 (2018): 663–74.

Pinker, S. "The Gifted Kids Are All Right." *Wall Street Journal*, September 19, 2020, C4.

Ravilious, K. "Different Minds." *New Scientist* 212, no. 2387 (2011): 34–37.

Reser, J. E. "Solitary Mammals Provide an Animal Model for Autism Spectrum Disorders." *Journal of Comparative Psychology* 128, no. 1 (2014): 99–113.

Richardson, J. *A Life of Picasso*. 4 volumes. New York: Alfred A. Knopf, 1991–2021.

Robinson, A. "Can We Define Genius?" *Psychology Today*, November 30, 2010.

Root-Bernstein, R., et al. "Arts Foster Scientific Success: Avocations of Nobel, National Academy, Royal Society, and Sigma Xi Members." *Journal of Psychology of Science and Technology* 1, no. 2 (2008). doi:10/1891/1939-7054.1.251.

Rose, C. "Chairman and CEO of Microsoft Corporation Bill Gates Explores the Future of the Personal Computer, the Internet, and Interactivity." *Charlie Rose*, PBS, November 25, 1996.

Rosen, P. "Neurodiversity: What You Need to Know." Understood, https://www.understood.org.

Ruthsatz, J., and K. Stephens. *The Prodigy's Cousin: The Family Link between Autism and Extraordinary Talent.* New York: Current, 2016.

Ruzich, E., et al. "Sex and STEM Occupation Predict Autism-Spectrum Quotient (AQ) Scores in Half a Million People." *PLOS ONE*, October 21, 2015. https://doi.org/10.1371/journal.pone.0141229.

Sacks, O. "An Anthropologist on Mars." *New Yorker*, December 27, 1993, on the story of Temple Grandin. Published also in Sacks, *An Anthropologist on Mars*. New York: Alfred A. Knopf, 1995.

Sacks, O. "The Case of the Colorblind Painter." In Sacks, *An Anthropologist on Mars*, 3–41. New York: Alfred A. Knopf, 1995.

"Savage, Augusta 1892–1962." Johnson Collection. https://thejohnsoncollection.org/augusta-savage/.

Schatzker, E. " 'We Must Bring This Pandemic to a Close.'" Interview with Bill Gates. *Bloomberg Businessweek*, September 21, 2020, 47–49.

Seabrook, J. "Email from Bill." *New Yorker*, January 10, 1994.

Segal, N. *Born Together—Reared Apart*. Cambridge, MA: Harvard University Press, 2012.

Sharma, B. "How a Calligraphy Course Rewrote the Life Story of Steve Jobs." *Million Centers* (blog), May 11, 2018. https://www.millioncenters.com/blog/how-a-calligraphy-course-rewrote-the-life-story-of-steve-jobs.

Shelton, J. "Study of Twins Shows It's Genetics That Controls Abnormal Development." *YaleNews*, May 3, 2021. https://news.yale.edu/2021/05/03/genetics-not-environment-uterus-controls-abnormal-development.

Shetterly, M. L. *Hidden Figures: The American Dream and the Untold Story of the Black Women Mathematicians Who Helped Win the Space Race*. New York: William Morrow, 2016.

Shuren, J. E., et al. "Preserved Color Imagery in an Achromatopsic." *Neuropsychologia* 34, no. 6 (1996): 485–89.

Sikela, J. M., and V. B. Searles Quick. "Genomic Trade-offs: Are Autism and Schizophrenia the Steep Price of the Human Brain?" *Human Genetics* 137, no. 1 (2018): 1–13.

Silberman, S. "The Geek Syndrome." *Wired*, December 1, 2001. https://www.wired.com/2001/12/aspergers/.

Silberman, S. *NeuroTribes*. New York: Avery, 2015.

Simonton, D. K. *Origins of Genius*. Oxford, UK: Oxford University Press, 1999.

Spielberg, S. *Steven Spielberg Interviews*. Edited by B. Notbohm and L. D. Friedman.

Jackson: University Press of Mississippi, 2000.

Spitkins, P. "The Stone Age Origins of Autism." In Recent Advances in *Autism Spectrum Disorder*, ed. M. Fitzgerald, vol. 2, 3–24. London: IntechOpen, 2013. Also available as DOI:10.5772/53883.

Spitkins, P., B. Wright, and D. Hodgson. "Are There Alternative Adaptive Strategies to Human Pro-Sociality? The Role of Collaborative Morality in the Emergence of Personality Variation and Autistic Traits." *Journal of Archaeology, Consciousness and Culture* 9, no. 4 (2016). doi/full/10.1080/1751696X.2016.1244949.

"Steven Spielberg Escaped His Dyslexia through Filmmaking." ABC News, September 27, 2012. https://abcnews.go.com/blogs/entertainment/2012/09/steven-spielberg-escaped-his-dyslexia-through-filmmaking.

Stevenson, J. L., and M. A. Gernsbacher. "Abstract Spatial Reasoning as an Autistic Strength." PLOS ONE 8, no. 3 (2013): e59329.

Thaler, L. "Echolocation May Have Real-Life Advantages for Blind People: An Analysis of Survey Data." *Frontiers in Physiology*, May 8, 2013. doi.org/10.3389/fphys.2013.00098.

Thaler, L., S. R. Arnott, and M. A. Goodale. "Neural Correlates of Natural Human Echolocation in Early and Late Blind Echolocation Experts." *PLOS ONE* (2011). doi.org/10.1371/journal.pone.0020162.

Than, K. "A Brief History of Twin Studies." *Smithsonian Magazine*, March 4, 2016. https://www.smithsonianmag.com/science-nature/brief-history-twin-studies-180958281/.

Tikhodeyev, O. N., and O. V. Shcherbakova. "The Problem of Non-Shared Environment in Behavioral Genetics." *Behavioral Genetics* 49, no. 3 (May 2019): 259–69. doi: 10.1007/s10519-019-09950-1.

Treffert, D. A. "A Gene for Savant Syndrome." Agnesian Health Care, April 25, 2017.

Treffert, D. A. *Islands of Genius*. London: Jessica Kingsley, 2010.

Turing, A. M. "The Chemical Basis of Morphogenesis." *Philosophical Transactions of the Royal Society of London, Series B, Biological Sciences* 237, no. 641 (August 14, 1952): 37–72.

Turing, A. M. "Computing Machinery and Intelligence." *Mind* 59, no. 236 (October 1950): 433–60.

Van Noorden, R. "Interdisciplinary by the Numbers." *Nature* 525, no. 7569 (2015): 305–7.

Vance, A. *Elon Musk: How the Billionaire CEO of SpaceX and Tesla Is Shaping Our Future*. New York: Virgin Books, 2015.

Vietnam Veterans Memorial Fund. "The Names." https://www.vvmf.org/About-The-Wall/

the-names/.

von Károlyi, C. V., et al. "Dyslexia Linked to Talent: Global Visual-Spatial Ability." *Brain and Language* 85, no. 3 (2003): 427–31.

Wai, J. "Was Steve Jobs Smart? Heck Yes!" *Psychology Today*, November 7, 2011. https://www.psychologytoday.com/us/blog/finding-the-next-einstein/201111/was-steve-jobs-smart-heck-yes/.

Wei, X., et al. "Science, Technology, Engineering, and Mathematics (STEM) Participation among College Students with an Autism Spectrum Disorder." *Journal of Autism and Developmental Disorders* 43, no. 7 (July 2013). https://www.ncbi.nlm.nih.gov/pmc/articles/PMC3620841/.

Weiner, E. *The Geography of Genius*. New York: Simon & Schuster, 2016.

Weiss, H. "Artists at Work: Maya Lin." *Interview*, August 10, 2017. https://www.interviewmagazine.com/art/artists-at-work-maya-lin/.

Wertheimer, M. *Productive Thinking*. New York: Harper & Row, 1959.

West, T. G. *In the Mind's Eye: Visual Thinkers, Gifted People with Dyslexia and Other Learning Difficulties, Computer Images, and the Ironies of Creativity*. Amherst, NY: Prometheus Books, 2009.

Witelson, S. F., D. L. Kigar, and T. Harvey. "The Exceptional Brain of Albert Einstein." *Lancet* 353 (1999): 2149–53.

Wolff, B., and H. Goodman. "The Legend of the Dull-Witted Child Who Grew Up to Be a Genius." The Albert Einstein Archives, 2007. http://www.albert-einstein.org/article_handicap.html.

Wolff, U., and I. Lundberg. "The Prevalence of Dyslexia among Art Students." *Dyslexia* 8, no. 1 (2002). doi.org/10.1002/dys.211.

Wonder, S. Interview with Mesha McDaniel, Celebrity Profile Entertainment, March 23, 2013. YouTube. https://www.youtube.com/watch?v=126ni6rvzPU.

Wonder, S. Interview with Larry King, *Larry King Live*, CNN. YouTube. https://www.youtube.com/watch?v=VtNLoaT9S24.

Young, J. B. "Maya Lin's Elegiac Sculptures and Installations Sing a Requiem for the Disappearing Natural World." *Orlando Weekly*, March 4, 2015.

Zagai, U., et al. "The Swedish Twin Registry: Content and Management as a Research Infrastructure." *Twin Research and Human Genetics* 22, no. 6 (December 2019): 672–80. doi: 10.1017/thg.2019.99.

Zeliadt, N. "Autism Genetics, Explained." *Spectrum*, June 2017, updated May 28, 2021. https://www.spectrumnews.org/news/autism-genetics-explained/.

Zhu, W., et al. "Common and Distinct Brain Networks Underlying Verbal and Visual Creativity." *Human Brain Mapping* 38, no. 4 (2017). doi.org/10.1002/

hbm.23507.

Zihl, J., and C. A. Heywood. "The Contribution of LM to the Neuroscience of Movement Vision." *Frontiers in Integrative Neuroscience* 9, no. 6 (February 17, 2015). https://www.frontiersin.org/articles/10.3389/fnint.2015.00006/full.

Zitarelli, D. E. "Alan Turing in America—1942–1943." *Convergence*, January 2015. https://www.maa.org/press/periodicals/convergence/alan-turing-in-america.

第六章　預見風險以預防災難

Acton, J. M., and M. Hibbs. "Why Fukushima Was Preventable." Carnegie Endowment for International Peace, March 6, 2012. https://carnegieendowment.org/2012/03/06/why-fukushima-was-preventable-pub-47361.

Ankrum, J., et al. "Diagnosing Skin Diseases Using an AI-Based Dermatology Consult." *Science Translational Medicine* 12, no. 548 (2020): eabc8946.

"Assessment of C-Band Mobile Communications Interference Impact on Low Range Radar Altimeter Operations." Radio Technical Commission for Aeronautics, RTCA Paper No. 274-20/PMC-2073, October 7, 2020.

Baker, M., and D. Gates. "Lack of Redundancies on Boeing 737 MAX System Baffles Some Involved in Developing the Jet." *Seattle Times*, March 26, 2019.

Bard, N., et al. "The Hanabi Challenge: A New Frontier for AI Research." *Artificial Intelligence* 280 (2020): 103216.

Barry, R., T. McGinty, and A. Pasztor. "Foreign Pilots Face More Snags in Landing in San Francisco." *Wall Street Journal*, December 12, 2013, A1, A4.

Barstow, D., D. Rohde, and S. Saul. "Deepwater Horizon's Final Hours." *New York Times*, December 25, 2010, http://www.nytimes.com/2010/12/26/US/26spill.html.

Benedict. "Google AI Sees 3D Printed Turtle as a Rifle, MIT Researchers Explain Why." 3D Printer and 3D Printing News, November 2, 2017. https://www.3ders.org/articles/20171102-google-ai-sees-3d-printed-turtle-as-a-rifle-mit-researchers-explain-why.html.

Bennett, J. "Screws and Washers Are Falling off NASA's Multi-Billion Dollar Space Telescope." *Popular Mechanics*, May 3, 2018.

Bloomberg. "Lion Air Pilots Battled Confusing Malfunctioning before Deadly Crash." *Fortune*, November 24, 2018. https://fortune.com/2018/11/24/lion-air-plane-crash/.

Bourzac, K. "Upgrading the Quantum Computer." *Chemical and Engineering News*,

April 15, 2019, 26–32.

Bressan, D. "Historic Tsunamis in Japan." *History of Geology* (blog), March 17, 2011. http://historyofgeology.fieldofscience.com/2011/03/historic-tsunamis-in-japan.html.

Casto, C. "Fukashima Daiichi and Daini—A Tale of Two Leadership Styles," Chartered Quality Institute, August 9, 2016. https://www.quality.org/knowledge/%E2%80%8Bfukashima-daiichi-and-daini-tale-two-leadership-styles.

Catchpole, D. "The Forces behind Boeing's Long Descent." *Fortune*, January 20, 2020. https://fortune.com/longform/boeing-737-max-crisis-shareholder-first-culture/.

Cho, A. "Critics Question Whether Novel Reactor Is 'Walk-Away Safe.'" *Science* 369, no. 6506 (August 21, 2020): 888–89. https://www.science.org/doi/10.1126/science.369.6506.888.

Chubu Electric Power. "Blocking a Tsunami: Prevention of Flooding on the Station Site." https://www.chuden.co.jp/english/energy/hamaoka/provision/tsunami/station/.

Davis, C. "Merrimack Valley Gas Pipeline Contractors Lacked Necessary Replacement Info, Says NTSB." NGI, National Gas Intelligence, October 12, 2018. https://www.naturalgasintel.com/merrimack-valley-gas-pipeline-contractors-lacked-necessary-replacement-info-says-ntsb/.

Enserink, M. "Sloppy Reporting on Animal Studies Proves Hard to Change." *Science* 357, no. 6358 (September 29, 2017): 1337–38. https://www.science.org/doi/10.1126/science.357.6358.1337.

Federal Aviation Administration. Air Worthiness Directive. Transport and Commuter Category Airplanes. Docket No. FFA 2021-0953. Project Identifier AS-2021-01169-T.

Flightradar24.com. JT610 Granular ADS-B Data, 2018.

Ford, D. "Cheney's Defibrillator Was Modified to Prevent Hacking." CNN, October 24, 2013.

Foster, C. *My Octopus Teacher*. Directed by P. Ehrlich and J. Reed. Netflix, 2020.

Fountain, H. "Focus Turns to Well-Blocking System." *New York Times*, May 10, 2010. https://www.nytimes.com/2010/05/11/science/11blowout.html/.

Fowler, J. T. "Deepwater Horizon: A Lesson in Risk Analysis." American Public University, EDGE, March 13, 2017. https://apuedge.com/deepwater-horizon-a-lesson-in-risk-analysis/.

Freed, J., and E. M. Johnson. "Optional Warning Light Could Have Aided Lion Air Engineers Before Crash: Experts." Reuters, November 30, 2018.

Furchtgott-Roth, D. "Canada Limits 5G to Protect Air Travel." *Forbes*, November 21, 2021.

Garrett, E., et al. "A Systematic Review of Geological Evidence for Holocene Earthquakes and Tsunamis along the Nankai-Suruga Trough, Japan." *Earth-Science Reviews* 159 (August 2016): 337–57. dx.doi.org/10.1016/j.earscirev.2016.06.011.

Gates, D., and D. Baker. "The Inside Story of MCAS: How Boeing's 737 MAX System Gained Power and Lost Safeguards." *Seattle Times*, June 22, 2019. https://www.seattletimes.com/seattle-news/times-watchdog/the-inside-story-of-mcas-how-boeings-737-max-system-gained-power-and-lost-safeguards/.

Gibson, E. J., and R. D. Walk. "The 'Visual Cliff.'" *Scientific American* 202, no. 4 (1960): 64–71.

Glantz, J., et al. "Jet's Software Was Updated, Pilots Weren't." *New York Times*, February 3, 2019, 1, 18.

"The Great, Late James Webb Space Telescope." *Economist*, November 27, 2021, 76–78.

Greene-Blose, J. M. "Deepwater Horizon: Lessons in Probabilities." Paper presented at PMI Global Congress 2015—EMEA, London. Newton Square, PA: Project Management Institute.

Gulati, R., C. Casto, and C. Krontiris. "How the Other Fukushima Plant Survived." *Harvard Business Review*, July–August 2014. https://hbr.org/2014/07/how-the-other-fukushima-plant-survived.

Harris, R. "Elon Musk: Humanity Is a Kind of 'Biological Boot Loader' of AI." *Wired*, September 1, 2019.

Herkert, J., J. Borenstein, and K. Miller. "The Boeing 737 MAX Lessons for Engineering Ethics." *Science and Engineering Ethics* 26 (2020): 2957–74.

Hern, A. "Yes, Androids Do Dream of Electric Sheep." *Guardian*, June 18, 2015.

Hines, W. C., et al. "Sorting Out the FACS: A Devil in the Details." *Cell Reports* 6 (2014): 779–81.

Hirsch, C., and S. Schildknecht. "In Vitro Research Reproducibility: Keeping Up High Standards." *Frontiers in Pharmacology* 10 (2019): 1484. doi:10.3389/fphar.2019.01484.

Hollnagel, E., and Y. Fujita. "The Fukushima Disaster—Systemic Failures as the Lack of Resilience." *Nuclear Engineering and Technology* 45 (2013): 13–20.

Horgan, R. "Fatal Taiwan Bridge Collapse Is Latest Example of Maintenance Failings." *New Civil Engineer*, October 7, 2019. https://www.newcivilengineer.com/latest/fatal-taiwan-bridge-collapse-is-latest-example-of-maintenance-failings-07-10-2019/.

Hsieh, T., et al. "Enhancing Scientific Foundations to Ensure Reproducibility: A New

Paradigm." *American Journal of Pathology* 188, no. 1 (2018): 6–10.

Hubbard, D. W. *The Failure of Risk Management*. Hoboken, NJ: Wiley, 2009.

"Injury Facts: Preventable Deaths: Odds of Dying." National Safety Council. https://injuryfacts.nsc.org/all-injuries/preventable-death-overview/odds-of-dying/.

Jensen, A. R. "Most Adults Know More Than 42,000 Words." *Frontiers*, August 16, 2016.

Johnston, P., and R. Harris. "The Boeing 737 MAX Saga: Lessons for Software Organizations." *Software Quality Profession* 21, no. 3 (May 2019): 4–12. https://asq.org/quality-resources/articles/the-boeing-737-max-saga-lessons-for-software-organizations?id=489c93e1417945b8b9ecda7e3f937f5d.

Kaiser, J. "Key Cancer Results Failed to Be Reproduced." *Science* 374, no. 6573 (2021): 1311.

Kalluri, P. "Don't Ask If AI Is Good or Fair, Ask How It Shifts Power." *Nature* 583 (2020): 169.

Kansai Electric Power. "Nuclear Power Information: Measures against Potential Tsunami." 2019. https://www.kepco.co.jp/english/energy/nuclear_power/tsunami.html.

Kawano, A. "Lessons Learned from Our Accident at Fukushima Nuclear Power Stations." Global 2011, Tokyo Electric Power Company, PowerPoint presentation, 2011.

Kennedy, M. "Federal Investigators Pinpoint What Caused String of Gas Explosions in Mass." NPR, November 16, 2018. https://www.wnyc.org/story/federal-investigators-pinpoint-what-caused-string-of-gas-explosions-in-mass.

Keshavan, M. S., and M. Sudarshan. "Deep Dreaming, Aberrant Salience and Psychosis: Connecting the Dots by Artificial Neural Networks." *Schizophrenia Research* 188 (2017): 178–81.

Kitroeff, N., et al. "Boeing Rush to Finish Jet Left Little Time for Pilot Training." *New York Times*, March 17, 2019, 1, 26.

Koenig, D. "Messages from a Former Boeing Test Pilot Reveal MAX Concerns." Associated Press, October 18, 2019.

Komatsubara, J., et al. "Historical Tsunamis and Storms Recorded in Coastal Lowland, Shizwoka Prefecture, along the Pacific Coast of Japan." *Sedimentology* 55, no. 6 (2008). doi.org/10.1111/j.1365-3081.2008.00964.x.

Koren, M. "Who Should Pay for the Mistakes on NASA's Next Big Telescope?" *Atlantic*, July 27, 2018.

Lahiri, T. "An Off-Duty Pilot Saved Lion Air's 737 MAX from a Crash the Day before Its Fatal Flight." *Quartz*, March 19, 2019. https://qz.com/1576597/off-duty-pilot-saved-lion-airs-737-max-the-day-before-its-fatal-flight/.

Langewiesche, W. "System Crash—What Really Brought Down the Boeing 737 MAX? A 21st Century Aviation Industry That Made Airplanes Astonishingly Easy to Fly, but Not Foolproof." *New York Times Magazine*, September 22, 2019, 36–45, 57.

"Lion Air: How Could a Brand New Plane Crash?" BBC News, October 29, 2018. www.bbc.com/news/world-asia-46014260/.

Lithgow, G. J., et al. "A Long Journey to Reproducible Results." *Nature* 548 (2017): 387–88.

Lopes, L., et al. "174— A Comparison of Machine Learning Algorithms in the Classification of Beef Steers Finished in Feedlot." *Journal of Animal Science* 98, issue supplement (November 30, 2020): 126–27.

Massaro, M. "Next Generation of Radio Spectrum Management: Licensed Shared Access for 5G." *Telecommunications Policy* 41, no. 5–6 (2017): 422–33.

McCartney, S. "Inside the Effort to Fix the Troubled Boeing 737 MAX." *Wall Street Journal*, June 5, 2019.

McNutt, M. K., et al. "Applications of Science and Engineering to Quantify and Control the Deepwater Horizons Oil Spill." *Proceedings of the National Academy of Sciences* 109, no. 50 (2012): 20222–228. https://www.pnas.org/doi/full/10.1073/pnas.1214389109.

Miller, A. *The Artist in the Machine*. Cambridge, MA: MIT Press, 2019.

Miller, A. "DeepDream: How Alexander Mordvintsev Excavated the Computer's Hidden Layers." *MIT Press Reader*, July 1, 2020.

Mohrbach, L. "The Defense-in-Depth Safety Concept: Comparison between the Fukushima Daiichi Units and German Nuclear Power Units." *VGB PowerTech* 91, no. 6 (2011).

Mullard, A. "Half of Top Cancer Studies Fail High-Profile Reproducibility Effort." *Nature*, December 9, 2021. https://www.nature.com/articles/d41586-021-03691-0.

Naoe, K. "The Heroic Mission to Save Fukashima Daini." Nippon.com, April 7, 2021. https://www.nippon.com/en/japan-topics/g01053/the-heroic-mission-to-save-fukushima-daini.html.

National Transportation Safety Board. "Preliminary Report: Pipeline Over-pressure of a Columbia Gas of Massachusetts Low-pressure Natural Gas Distribution System [September 13, 2018]." October 11, 2018.

Niler, E. "NASA's James Webb Space Telescope Plagued by Delays, Rising Costs." *Wired*, June 27, 2018. https://www.wired.com/story/delays-rising-costs-plague-nasas-james-webb-space-telescope/.

Norman, C. "Chernobyl: Errors and Design Flaws." *Science* 233, no. 4768 (September 5, 1986): 1029–31.

"NRC Nears Completion of NuScale SMR Design Review." *World Nuclear News*, August 27, 2020.

Onyanga-Omara, J., and T. Maresca. "Previous Lion Air Flight Passengers 'Began to Panic and Vomit.'" *USA Today*, October 30, 2018.

Pasztor, A. "Air Safety Panel Hits Pilot's Reliance on Automation." *Wall Street Journal*, November 18, 2013, A4.

Pasztor, A., and A. Tangel."FAA Gives Boeing MAX Fix List."*Wall Street Journal*, August 4, 2020, B1–B2.

Perkins, R. "Fukushima Disaster Was Preventable, New Study Finds." *USC News*, September 15, 2015.

Perrow, C. "Fukushima, Risk, and Probability: Expect the Unexpected." *Bulletin of the Atomic Scientists* (April 2011). https://thebulletin.org/2011/04/fukushima-risk-and-probability-expect-the-unexpected/.

"Perseverance's Selfie with Ingenuity." NASA Science, Mars Exploration Program, April 7, 2021. https://mars.nasa.gov/resources/25790/perseverance-selfie-with-ingenuity/.

Peterson, A. "Yes, Terrorists Could Have Hacked Dick Cheney's Heart." *Washington Post*, October 21, 2013.

Phillips, M., et al. "Detection of Malignant Melanoma Using Artificial Intelligence: An Observational Study of Diagnostic Accuracy." *Dermatology Practical and Conceptual* 10, no. 1 (2020): e2020011.

Pistner, C. "Fukushima Daini—Comparison of the Events at Fukushima Daini and Daiichi." Presentation, 1st NURIS Conference, Vienna, April 16–17, 2015.

Rahu, M. "Health Effects of the Chernobyl Accident: Fears, Rumors and Truth." *European Journal of Cancer* 39 (2003): 295–99.

Rausand, M. *Risk Assessment: Theory, Methods, and Applications*. Hoboken, NJ: Wiley, 2011.

Razdan, R. "Temple Grandin, Elon Musk, and the Interesting Parallels between Autonomous Vehicles and Autism." *Forbes*, June 7, 2020.

Rice, J. "Massachusetts Utility Pleads Guilty to 2018 Gas Explosion." *ENR, Engineering News-Record*, March 9, 2020.

Robison, P. *Flying Blind: The MAX Tragedy and the Fall of Boeing*. New York: Doubleday, 2021.

Ropeik, D. "How Risky Is Flying?" *Nova*, PBS. https://www.pbs.org/wgbh/nova/planecrash/risky.html/.

Rosenblatt, G. "When We Converse with the Alien Intelligence of Machines." *Vital Edge* (blog), June 27, 2017. https://www.the-vital-edge.com/alien-machine-intelligence/.

"Safety Measures Implementation at Kashiwazaki-Kariwa Nuclear Power Station." Tokyo Electric Power Company Holdings. Last update February 14, 2018. https://www.

tepco.co.jp/en/nu/kk-np/safety/index-e.html.

Schaper, D., and V. Romo. "Boeing Employees Mocked FAA in Internal Messages before 737 MAX Disasters." *Morning Edition*, NPR, January 9, 2020.

Shuto, N., and K. Fujima. "A Short History of Tsunami Research and Countermeasures in Japan." *Proceedings of the Japan Academy, Series B Physical and Biological Sciences* 85, no. 8 (October 2009): 267–75. https://www.jstage.jst.go.jp/article/pjab/85/8/85_8_267/_article.

Silver, D., et al. "Mastering the Game of GO without Human Knowledge." *Nature* 550 (2017): 354–59.

Singh, M., and T. Markeset. "A Methodology for Risk-Based Inspection Planning of Oil and Gas Pipes Based on Fuzzy Logic Framework." *Engineering Failure Analysis* 16 (2009): 2098–2113.

Smith, R. "U.S. Water Supply Has Few Protections against Hacking." *Wall Street Journal*, February 12, 2021. https://www.wsj.com/articles/u-s-water-supply-has-few-protections-against-hacking-11613154238.

Solkin, M. "Electromagnetic Interference Hazards in Flight and the 5G Mobile Phone: Review of Critical Issues in Aviation Security." Special issue "10th International Conference on Air Transport—INAIR 2021, towards Aviation Revival." *Transportation Research Procedia* 59 (2021): 310–18. https://doi.org/10.1016/j.trpro.2021.11.123.

Sparks, J. "Ethiopian Airlines Crash, Anguish and Anger at Funeral for Young Pilot." Sky News, 2019.

Sullenberger, C. "What Really Brought Down the Boeing MAX?" Letter to the Editor, *New York Times Magazine*, October 13, 2019, 16.

Swaminathan, N. "What Are We Thinking When We (Try to) Solve Problems?" *Scientific American*, January 25, 2008. https://www.scientificamerican.com/article/what-are-we-thinking-when/.

Synolakis, C., and U. Kânoğlu. "The Fukushima Accident Was Preventable." *Philosophical Transactions of the Royal Society A* (2015). doi.10.1098/rsta.2014.0379.

Tangel, A., A. Pasztor, and M. Maremont. "The Four-Second Catastrophe: How Boeing Doomed the 737 MAX." *Wall Street Journal*, August 16, 2019.

Thompson, C. "The Miseducation of Artificial Intelligence." *Wired*, December 2018.

Travis, G. "How the Boeing 737 MAX Disaster Looks to a Software Developer." *IEEE Spectrum*, April 18, 2019.

Tsuji, Y., et al. "Tsunami Heights along the Pacific Coast of Northern Honshu Recorded from the 2011 Tohoku and Previous Great Earthquakes." *Pure and Applied*

Geophysics 171 (2014): 3183–215.

Tung, S. "The Day the Golden Gate Bridge Flattened." *Mercury News*, May 23, 2012.

Turton, W. "Breakthrough Technologies for Surviving a Hack." *Bloomberg Businessweek*, July 27, 2020, 50–53.

US Department of Labor. "Number and Rate of Fatal Work Injuries, by Industry Sector," 2018. stats.bls.gov.

US Government Accountability Office. "James Webb Space Telescope: Integration and Test Challenges Have Delayed Launch and Threaten to Push Costs over Cap." *GAO Highlights* 18-273 (2018), a report to Congressional Committee.

US Nuclear Regulatory Commission. "Backgrounder on the Three Mile Island Accident." https://www.nrc.gov/reading-rm/doc-collections/fact-sheets/3mile-isle.html.

US Nuclear Regulatory Commission. *NRC Collection of Abbreviations, NOREG-0544 Rev 4*. Washington, DC: US Government Printing Office, 1998.

Vance, A. *Elon Musk: Tesla, SpaceX, and the Quest for a Fantastic Future*. New York: Ecco, 2015.

Vanian, J. "Why Google's Artificial Intelligence Confused a Turtle for a Rifle." *Fortune*, November 8, 2017.

Waite, S., et al. "Analysis of Perceptual Expertise in Radiology—Current Knowledge and a New Perspective." *Frontiers in Human Neuroscience* (2019). doi:10.3389/fnhum.2019.00213.

Washington State Department of Transportation. "Tacoma Narrows Bridge History—Lessons from the Failure of a Great Machine." https://www.wsdot.wa.gov/TNBhistory/Machine/machine3.htm/.

"'Weak Engineering Management' Probable Cause of Columbia Gas Explosions, NTSB Says." WBZ, CBS 4, Boston, October 24, 2019.

Webster, B. Y. "Understanding and Comparing Risk." Reliabilityweb. www.reliabilityweb.com/articles/entry/understanding_and_comparing_risk/.

Weinstein, D. "Hackers May Be Coming to Your City's Water Supply." *Wall Street Journal*, February 26, 2021.

Wilkin, H. "Psychosis, Dreams, and Memory in AI." *Special Edition on Artificial Intelligence* (blog), Graduate School of Arts and Sciences, Harvard University, August 28, 2017. https://sitn.hms.harvard.edu/flash/2017/psychosis-dreams-memory-ai/.

Witze, A. "One Telescope to Rule Them All." *Nature* 600 (December 9, 2021): 208–12.

Wolff, J. "Engineering Acronyms: What the Heck Are They Saying?" 2014. https://www.jaredwolff.com/the-crazy-world-of-engineering-acronyms.

World Nuclear Association. "Fukushima Daiichi Accident," 2020. https://world-nuclear.

org/information-library/safety-and-security/safety-of-plants/fukushima-daiichi-accident.aspx.

World Nuclear Association. "Three Mile Island Accident," 2020. https://www.world-nuclear.org (accessed August 4, 2020).

Yoichi, F., and K. Kitazawa. "Fukushima in Review: A Complex Disaster, a Disastrous Response." *Bulletin of the Atomic Scientists* 68, no. 2 (March 1, 2012): 9–21. doi:10.1177/0096340212440359.

第七章　動物意識與圖像思考

Abramson, C. I. "Charles Henry Turner: Contributions of a Forgotten African American to Honey Bee Research." *American Bee Journal* 143 (2003): 643–44.

Allen, C., and M. Bekoff. *Species of Mind: The Philosophy and Biology of Cognitive Ethology*. Cambridge, MA: MIT Press, 1997.

Alvarenga, A. B., et al. "A Systematic Review of Genomic Regions and Candidate Genes Underlying Behavioral Traits in Farmed Mammals and Their Link with Human Disorders." *Animals* 11, no. 3 (2021): 715. https://doi.org/10.3390/ani11030715/.

Anderson, D. J., and R. Adolphs. "A Framework for Studying Emotions across Species." *Cell* 157, no. 1 (March 2014): 187–200.

"Animal Consciousness." *Stanford Encyclopedia of Philosophy*. Stanford, CA: Metaphysics Research Lab, 1995, 2016. https://plato.stanford.edu/entries/consciousness-animal/.

Aristotle. *Nichomachean Ethics*. Edited by R. C. Bartlett and S. D. Collins. Chicago: University of Chicago Press, 2011.

ASPCA. "History of the ASPCA." American Society for the Protection of Animals, 2020. aspca.org/about-us/history-of-the-ASPCA.

Bailey, I. E., et al. "Image Analysis of Weaverbird Nests Reveals Signature Weave Textures." *Royal Society Open Science*, June 1, 2015. https://doi.org/10.1098/r505.150074/.

Bailey, P., and E. W. Davis. "Effects of Lesions of the Periaqueductal Gray Matter in the Cat." *Proceedings of the Society for Experimental Biology and Medicine* 51 (1942): 305–6.

Bates, M. "Bumblebees Can Recognize Objects across Senses." *Psychology Today*, February 20, 2020.

Bekoff, M. "Do Animals Recognize Themselves?" *Scientific American*, November 1,

2016. https://www.scientificamerican.com/article/do-animals-recognize-themselves/.

Benedictus, A. D. "Anatomo-Functional Study of the Temporo-Parietal-Occipital Region: Dissections, Traceographic and Brain Mapping Evidence from a Neurosurgical Perspective." *Journal of Anatomy* 225, no. 14 (2014). doi.10.1111/joa.12204.

Bentham, J. *An Introduction to the Principles of Morals and Legislation*. First published by T. Payne and Sons, 1789. Reprinted by Oxford University Press Academic, 1996.

Bentham, J. *Of the Limits of the Penal Branch of Jurisprudence*. First published by T. Payne and Sons, 1780. Reprinted, edited by Philip Schofield, by Oxford University Press, 2010.

Berns, G. *What It's Like to Be a Dog: And Other Adventures in Animal Neuroscience*. New York: Basic Books, 2017.

Betz, E. "A Brief History of Chimps in Space." *Discover*, April 21, 2020.

Birch, J., et al. "Dimensions of Animal Consciousness." *Trends in Cognitive Sciences* 24, no. 10 (2020) 311–13: 789–801.

Bjursten, L. M., et al. "Behavioural Repertory of Cats without Cerebral Cortex from Infancy." *Experimental Brain Research* 25, no. 2 (1976): 115–30.

Black, J. "Darwin in the World of Emotions." *Journal of the Royal Society of Medicine* 95, no. 6 (June 2002): 311–13.

Boly, M., et al. "Are the Neural Correlates of Consciousness in the Front or in the Back of the Cerebral Cortex? Clinical and Neuroimaging Evidence." *Journal of Neuroscience* 37, no. 40 (2017): 9603–13.

Borrell, B. "Are Octopuses Smart?" *Scientific American*, February 27, 2009. https://www.scientificamerican.com/article/are-octopuses-smart/.

Breland, K., and M. Breland. *Animal Behavior*. New York: Macmillan, 1966.

Breland, K., and M. Breland. "The Misbehavior of Organisms." *American Psychologist* 16, no. 11 (1961): 681–84.

Cabrera, D., et al. "The Development of Animal Personality across Ontogeny: A Cross-Species Review." *Animal Behavior* 173 (2021): 137–44.

Cataldo, D. M., et al. "Speech, Stone Tool-Making and the Evolution of Language." *PLOS ONE* 13, no. 1 (2018): e0191071.

Cep, C. "Marilynne Robinson's Essential American Stories." *New Yorker*, October 5, 2020, 44–53.

Ceurstemont, S. "Inside a Wasp's Head: Here's What It Sees to Find Its Way Home." *NewScientist*, February 12, 2016. https://www.newscientist.com/article/2077306-

inside-a-wasps-head-heres-what-it-sees-to-find-its-way-home/.

"Charles Henry Turner." Biography.com, 2014. https://www.biography.com/scientist/charles-henry-turner/.

Chen, A. "A Neuroscientist Explains Why We Need Better Ways to Talk about Emotions." *The Verge*, July 6, 2018.

Christianson, J. P. "The Head and the Heart of Fear." *Science* 374, no. 6570 (2021): 937–38.

Collias, E. C., and N. E. Collias. "The Development of Nest-Building Behavior in a Weaverbird." *The Auk* 81 (1964): 42–52.

Collins, R. W. "What Does It Mean to be Human, and Not Animal? Examining Montaigne's Literary Persuasiveness in 'Man Is No Better Than the Animals.'" Animals and Society Institute, 2018.

Colpaert, F. C., et al. "Opiate Self-Administration as a Measure of Chronic Nociceptive Pain in Arthritic Rats." *Pain* 91 (2001): 33–45.

Cook, P., et al. "Jealousy in Dogs? Evidence from Brain Imaging." *Animal Sentience* 22, no. 1 (2018). https://www.wellbeingintlstudiesrepository.org/animalsent/vol3/iss22/1.

Costilla, R., et al. "Genetic Control of Temperament Traits across Species: Association of Autism Spectrum Disorder Risk Genes with Cattle Temperament." *Genetics Selection Evolution* 52 (2020): 51.

Dagg, A. I. *Giraffe: Biology, Behaviour and Conservation*. New York: Cambridge University Press, 2014.

Danbury, T. C., et al. "Self-Selection of the Analgesic Drug Carprofen by Lame Broiler Chickens." *Veterinary Research* 146 (2000): 307–11.

Darwin, C. *The Descent of Man*. London: John Murray, 1871.

Davis, J. M. "The History of Animal Protection in the United States." Organization of American Historians, *The American Historian*. https://www.oah.org/tah/issues/2015/november/the-history-of-animal-protection-in-the-united-states/.

Davis, K. L., and C. Montag. "Selected Principles of Pankseppian Affective Neuroscience." *Frontiers in Neuroscience*, January 17, 2019. https://www.frontiersin.org/articles/10.3389/fnins.2018.01025/full/.

de Molina, A. F., and R. W. Hunsperger. "Central Representation of Affective Reactions in the Forebrain and Brain Stem: Electrical Stimulation of the Amygdala, Stria Terminalis and Adjacent Structures." *Journal of Physiology* 145 (1959): 251–65.

de Molina, A. F., and R. W. Hunsperger. "Organization of the Subcortical System Governing Defence and Flight Reactions in a Cat." *Journal of Physiology* 160, no. 2 (1962): 200–213.

de Waal, F. B. M. "Fish, Mirrors, and a Gradualist Perspective of Self-Awareness." *PLOS Biology* 17, no. 2 (2019): e3000112.

de Waal, F. *Mama's Last Hug*. New York: W. W. Norton, 2019.

Della Rosa, P. A., et al. "The Left Inferior Frontal Gyrus: A Neural Crossroads between Abstract and Concrete Knowledge." *NeuroImage* 175 (2018): 449–59.

Denson, T. F. "Inferring Emotion from the Amygdala Activation Alone Is Problematic." *Animal Sentience* 22, no. 9 (2018).

Descartes, R. "Animals Are Machines." Reproduced from unidentified translation at https://webs.wofford.edu/williamsnm/back%20up%20jan%204/hum%20101/animals%20are%20machines%20descartes.pdf/.

Dona, H. S. G., and L. Chittka. "Charles H. Turner, Pioneer in Animal Cognition." *Science* 370, no. 6516 (2020): 530–31.

Douglas-Hamilton, I., et al. "Behavioural Reactions of Elephants towards a Dying and Deceased Matriarch." *Applied Animal Behaviour Science* 100 (2006): 87–102.

Duncan, I. J. H. "The Changing Concept of Animal Sentience." *Applied Animal Behaviour Science* 100, no. 1–2 (2006): 11–19.

Fang, Z., et al. "Unconscious Processing of Negative Animals and Objects: Role of the Amygdala Revealed by fMRI." *Frontiers in Human Neuroscience* 10 (2016). doi: 10.3389/fnhum.2016.00146.

Fanselow, M. S., and Z. T. Pennington. "The Danger of LeDoux and Pine's Two-System Framework for Fear." *American Journal of Psychiatry* 174, no. 11 (2017): 1120–21.

Faull, O. K., et al. "The Midbrain Periaqueductal Gray as an Integrative and Interoceptive Neural Structure for Breathing."*Neuroscience and Biobehavioral Reviews* 98 (2019). https://doi.org/10.1016/j.neubiorev.2018.12.020.

Favre, D., and V. Tsang. "The Development of the Anti-Cruelty Laws during the 1800s." *Detroit College Law Review* 1 (1993).

Feinberg, T. E., and J. Mallatt. "Phenomenal Consciousness and Emergence: Eliminating the Explanatory Gap." *Frontiers in Psychology*, June 12, 2020.

Finkemeier, M. A., et al. "Personality Research in Mammalian Farm Animals: Concepts, Measures, and Relationships to Welfare." *Frontiers in Veterinary Science* (2018). https://doi.org/10.3389/fvets.2018.00131.

Fortenbaugh, W. "Aristotle: Animals, Emotion, and Moral Virtue." *Arethusa* 4, no. 2 (1971): 137–65. http://www.jstor.org/stable/26307269/.

Foster, C. *My Octopus Teacher*. Directed by P. Ehrlich and J. Reed. Netflix, 2020.

Freeberg, E. *A Traitor to His Species: Henry Bergh and the Birth of the Animal Rights Movement*. New York: Basic Books, 2020.

Gent, T. C., et al. "Thalamic Dual Control of Sleep and Wakefulness." *Nature Neuroscience* 21, no. 7 (2018): 974–84.

Giurfa, M., and M. G. de Brito Sanchez. "Black Lives Matter: Revisiting Charles Henry Turner's Experiments on Honey Bee Color Vision." *Current Biology*, October 19, 2020.

Goodall, J. "Tool-Using and Aimed Throwing in a Community of Free-Living Chimpanzees." *Nature* 201 (1964): 1264–66.

Grandin, T. *Temple Grandin's Guide to Working with Farm Animals*. North Adams, MA: Storey, 2017.

Grandin, T. *Thinking in Pictures*. New York: Doubleday, 1995. Expanded edition. New York: Vintage, 2006.

Grandin, T., and M. J. Deesing. "Behavioral Genetics and Animal Science." In *Genetics and the Behavior of Domestic Animals*, 2nd ed., edited by T. Grandin and M. J. Deesing, 1–40. Cambridge, MA: Academic Press/Elsevier, 2013.

Grandin, T., and C. Johnson. *Animals in Translation*. New York: Scribner, 2005.

Grandin, T., and C. Johnson. *Animals Make Us Human*. New York: Mariner Books, 2010.

Grandin, T., and M. M. Scariano. *Emergence: Labeled Autistic*. Novato, CA: Arena, 1986.

Gray, T. "A Brief History of Animals in Space." National Aeronautics and Space Administration, 1998, updated 2014. https://history.nasa.gov/animals.html.

Guest, K. Introduction to Anna Sewell, *Black Beauty*. Cambridge, UK: Cambridge Scholars, 2011.

Hemati, S., and G. A. Hossein-Zadeh. "Distinct Functional Network Connectivity for Abstract and Concrete Mental Imagery." *Frontiers in Human Neuroscience* 12 (2018). doi: 10.3389/fnhum.2018.00515.

Herculano-Houzel, S. "Birds Do Have a Cortex—and Think." *Science* 369 (2020): 1567–68.

Herculano-Houzel, S. "Numbers of Neurons as Biological Correlates of Cognitive Capability." *Current Opinion in Behavioral Sciences* 16 (2017): 1–7.

Herculano-Houzel, S., et al. "The Elephant Brain in Numbers." *Frontiers in Neuroanatomy* (2014). https://doi.org/10.3389/fnana.2014.00046.

Hill, E. "Archaeology and Animal Persons: Towards a Prehistory of Human-Animal Relations." *Environment and Society* (2013). https://doi.org/10.3167/ares.2013.040108.

Hunt, G. R. "Manufacture and Use of Hook-Tools by New Caledonian Crows." *Nature* 379 (1996): 249–51.

Hussain, S. T., and H. Floss. "Sharing the World with Mammoths, Cave Lions and Other Beings: Linking Animal-Human Interactions and Aurignacian 'Belief World.'"

Quartar 62 (2015): 85–120.

"In an Ant's World, the Smaller You Are the Harder It Is to See Obstacles." *The Conversation*, April 17, 2018. https://theconversation.com/in-an-ants-world-the-smaller-you-are-the-harder-it-is-to-see-obstacles-92837.

Jackson, J. C., et al. "Emotion Semantics Show Both Cultural Variation and Universal Structure." *Science* 366, no. 6472 (2019): 1517–22.

Jacobs, L. F., and E. R. Liman. "Grey Squirrels Remember the Locations of Buried Nuts." *Animal Behavior* 41, no. 1 (1991): 103–10.

James, W. *The Will to Believe*. New York: Longmans, Green, 1897. Project Gutenberg, https://www.gutenberg.org/files/26659/26659-h/26659-h.htm#58/.

Judd, S. P. D., and T. S. Collett. "Multiple Stored Views and Landmark Guidance in Ants." *Nature* 392, no. 6677 (1998): 710–14.

Kerasote, T. A. "Essay: Lessons from a Freethinking Dog," 2008. kerasote.com/essays/ted-kerasote-merle-essay.pdf.

Khattab, M. *The Clear Quran: A Thematic English Translation*. 2015.

Klein, A. S., et al. "Fear Balance Is Maintained by Bodily Feedback to the Insular Cortex in Mice." *Science* 374, no. 6570 (2021): 1010–15.

Klüver, H., and P. C. Bucy. "'Psychic Blindness' and Other Symptoms Following Bilateral Temporal Lobectomy in Rhesus Monkeys." *American Journal of Physiology* 119 (1937): 352–53.

Knight, K. "Paper Wasps Really Recognise Each Other's Faces." *Journal of Experimental Biology* 220 (2017). doi:10.1242/jeb.163477.

Koch, C. "What Is Consciousness? Scientists Are Beginning to Unravel a Mystery That Has Long Vexed Philosophers." *Nature* 557 (2018): S8–S12.

Koch, C., et al. "Neural Correlates of Consciousness: Progress and Problems." *Nature Reviews Neuroscience* 17 (2016): 307–21.

Kremer, L., et al. "The Nuts and Bolts of Animal Emotion." *Neuroscience and Biobehavioral Reviews* 113 (2020): 273–86.

Kucyi, A., and K. D. Davis. "Dynamic Functional Connectivity of the Default Mode Network Tracks Daydreaming." *NeuroImage* 100 (2014): 471–80.

Learmonth, M. J. "The Matter of Non-Avian Reptile Sentience and Why It 'Matters' to Them: A Conceptual, Ethical and Scientific Review." *Animals* 10, no. 5 (2020). doi.org/10.3390/ani/10050901.

LeDoux, J. *Anxious: Using the Brain to Understand and Treat Fear and Anxiety*. New York: Penguin Press, 2015.

LeDoux, J. *The Emotional Brain: The Mysterious Underpinnings of Emotional Life*. New York: Simon & Schuster, 1996.

LeDoux, J. "Rethinking the Emotional Brain." *Neuron* 73, no. 4 (2012): 653–76. https://doi.org/10.1016/j.neuron.2012.02.004.

LeDoux, J., and N. D. Daw. "Surviving Threats: Neural Circuit and Computational Implications of a New Taxonomy of Defensive Behavior." *Nature Reviews Neuroscience* 19 (2018): 269–82.

LeDoux, J. E., M. Michel, and H. Lau. "A Little History Goes a Long Way toward Understanding Why We Study Consciousness the Way We Do Today." *Proceedings of the National Academy of Sciences* 117, no. 13 (2020): 6976–84.

LeDoux, J. E., and D. S. Pine. "Using Neuroscience to Help Understand Fear and Anxiety: A Two-System Framework." *American Journal of Psychiatry* 173, no. 11 (2016): 1083–93.

Lee, DN. "Charles Henry Turner, Animal Behavior Scientist." The Urban Scientist (blog), *Scientific American, February* 13, 2012. https://blogs.scientificamerican.com/urban-scientist/charles-henry-turner-animal-behavior-scientist/.

Lehrman, D. S. "A Critique of Konrad Lorenz's Theory of Instinctive Behavior." *Quarterly Review of Biology* 28, no. 4 (1953): 337–63.

Lejeune, H., et al. "About Skinner and Time: Behavior-Analytic Contributions to Research on Animal Timing." *Journal of the Experimental Analysis of Behavior* 85, no. 1 (2006): 125–42.

Lewis, M. *The Rise of Consciousness and the Development of Emotional Life*. New York: Guilford Press, 2014.

Lorenz, K. Nobel Lecture, 1973. https://www.nobelprize.org/prizes/medicine/1973/lorenz/lecture/.

Lorenz, K. "Science of Animal Behavior (1975)." YouTube, September 27, 2016. https://www.youtube.com/watch?v=IysBMqaSAC8.

Maier, A., and N. Tsuchiya. "Growing Evidence for Separate Neural Mechanisms for Attention and Consciousness." *Attention, Perception, & Psychophysics* 83, no. 2 (2021): 558–76.

Majid, A. "Mapping Words Reveals Emotional Diversity." *Science* 366 (2019): 1444–45.

Mcnaughton, N., and P. J. Corr. "Survival Circuits and Risk Assessment." *Current Opinion in Behavioral Sciences* 24 (2018): 14–20.

Mobbs, D. "Viewpoints: Approaches to Defining and Investigating Fear." *Nature Neuroscience* 22 (2019): 1205–16. Contains comments by Ralph Adolpho on verbal language.

Montaigne, M. de. "The Language of Animals." http://www.animal-rights-library.com/texts-c/montaigne01.htm.

Morris, C. L., et al. "Companion Animals Symposium: Environmental Enrichment for

Companion, Exotic, and Laboratory Animals." *Journal of Animal Science* 89 (2011): 4227–38.

Motta, S. C., et al. "The Periaqueductal Gray and Primal Emotional Processing Critical to Influence Complex Defensive Responses, Fear Learning and Reward Seeking." *Neuroscience and Biobehavioral Reviews* 76(A) (2017): 39–47.

Nash, R. F. *The Rights of Nature: A History of Environmental Ethics*. Madison: University of Wisconsin Press, 1989.

Nawroth, C., et al. "Farm Animal Cognition—Linking Behavior, Welfare and Ethics." *Frontiers in Veterinary Science* (2019). doi.org/10.3380/fvets.2019.00024.

"New York Court of Appeals Agrees to Hear Landmark Elephant Rights Case." *Nonhuman Rights Blog*, May 4, 2021. https://www.nonhumanrights.org/blog/appeal-granted-in-landmark-elephant-rights-case/.

Nieder, A., et al. "A Neural Correlate of Sensory Consciousness in a Corvid Bird." *Science* 369 (2020): 1626–29.

Ohman, A. "The Role of the Amygdala in Human Fear: Automatic Detection of Threat." *Psychoneuroendocrinology* 30, no. 10 (2005): 953–58.

Olkowicz, S., et al. "Birds Have Primate-Like Numbers of Neurons in the Forebrain." *Proceedings of the National Academy of Sciences* 113, no. 26 (2016): 7255–60.

"Organismal Biology." Georgia Tech Biological Sciences. https://organismalbio.biosci.gatech.edu/growth-and-reproduction/plant-development-i-tissue-differentiation-and-function/.

"Our Legacy of Science." Jane Goodall Institute. https://www.janegoodall.org/our-story/our-legacy-of-science/.

Padian, K. "Charles Darwin's Views of Classification in Theory and Practice." *Systematic Biology* 48, no. 2 (1999): 352–64.

Panksepp, J. "The Basic Emotional Circuits of Mammalian Brains: Do Animals Have Affective Lives?" *Neuroscience and Biobehavioral Reviews* 35 (2011): 1791–1804.

Panksepp, J., et al. "Effects of Neonatal Decortication on the Social Play of Juvenile Rats." *Physiology and Behavior* 56, no. 3 (1994): 429–43.

Pauen, S. "The Global-to-Basic Shift in Infants' Categorical Thinking: First Evidence from a Longitudinal Study." *International Journal of Behavioral Development* 26, no. 6 (2002): 492–99.

Paul, E., and M. Mendl. "Animal Emotion: Descriptive and Prescriptive Definitions and Their Implications for a Comparative Perspective." *Applied Animal Behaviour Science* 205 (August 2018): 202–9.

Peissig, J. J., et al. "Pigeons Spontaneously Form Three-Dimensional Shape Categories." *Behavioral Processes* 158 (2019): 70–76.

Pennartz, C. M. A., M. Farisco, and K. Evers. "Indicators and Criteria of Consciousness in Animals and Intelligent Machines: An Inside-Out Approach." *Frontiers in Systems Neuroscience*, July 16, 2019.

Peper, A. "A General Theory of Consciousness I: Consciousness and Adaptation." *Communicative and Integrative Biology* 13, no. 1 (2020): 6–21.

Plotnik, J. M., et al. "Self-Recognition in an Asian Elephant." *Proceedings of the National Academy of Sciences* 103, no. 45 (2006): 17053–57.

Prior, H., et al. "Mirror-Induced Behavior in the Magpie (Pica pica): Evidence of Self-Recognition." *PLOS Biology* 6, no. 8 (2008): e202. https://doi.org/10.1371/journal.pbio.0060202.

Proctor, H. S., et al. "Searching for Animal Sentience: A Systematic Review of the Scientific Literature." *Animals* 3, no. 3 (2013): 882–906.

Quervel-Chaumette, M., et al. "Investigating Empathy-Like Responding to Conspecifics' Distress in Pet Dogs." *PLOS ONE* 11, no. 4 (2016): e015920.

Raby, C. R., et al. "Planning for the Future by Western Scrub-Jays." *Nature* 445, no. 7130 (2007): 919–21.

Rahman, S. A. "Religion and Animal Welfare—An Islamic Perspective." *Animals* 7, no. 2 (2017): 11.

Rand, A. L. "Nest Sanitation and an Alleged Releaser." *Auk* 59, no. 3 (July 1942): 404–9.

Ratcliffe, V., A. Taylor, and D. Reby. "Cross-Modal Correspondences in Non-Human Mammal Communication." *Multisensory Research* 29, nos. 1–3 (January 2016): 49–91. doi:10.1163/22134808-00002509.

Redinbaugh, M. J., et al. "Thalamus Modulates Consciousness via Layer-Specific Control of Cortex." *Neuron* 106, no. 1 (2020): 66–75e12.

Rees, G., et al. "Neural Correlates of Consciousness in Humans." *Nature Reviews Neuroscience* 3 (2002): 261–70.

Reiss, D. *The Dolphin in the Mirror: Exploring Dolphin Minds and Saving Dolphin Lives.* New York: Houghton Mifflin Harcourt, 2011.

Robinson, M. "Jack and Della." *New Yorker*, July 20, 2020.

Rutherford, L., and L. E. Murray. "Personality and Behavioral Changes in Asian Elephants (Elephas maximus) Following the Death of Herd Members." *Integrative Zoology* 16, no. 2 (2020): 170–88.

Schleidt, W., et al. "The Hawk/Goose Story: The Classical Ethological Experiments of Lorenz and Tinbergen, Revisited." *Journal of Comparative Psychology* 125, no. 2 (2011): 121–33.

Sewell, A. *Black Beauty: His Grooms and Companions, The Autobiography of a Horse.* London, UK: Jarrold and Sons, 1877.

Sheehan, M. J., and E. A. Tibbetts. "Robust Long-Term Social Memories in a Paper Wasp." *Current Biology* 18, no. 18 (2008): R851–R852.

Shewmon, D. A., et al. "Consciousness in Congenitally Decorticate Children: Developmental Vegetative State as Self-Fulfilling Prophecy." *Developmental Medicine and Child Neurology* 41, no. 6 (1999): 364–74.

Skinner, B. F. *The Behavior of Organisms*. Century Psychology Series. New York: D. Appleton-Century, 1938.

Skinner, B. F. *Science and Human Behavior*. New York: Macmillan, 1953.

Skinner, B. F. "The Technology of Teaching, Review Lecture." *Proceedings of the Royal Society of London, Series B Biological Sciences* 162, no. 989 (1965): 427–43.

Skinner, B. F. "Why I Am Not a Cognitive Psychologist." *Behaviorism* 5, no. 2 (1977): 1–10.

Smulders, T., et al. "Using Ecology to Guide the Study of Cognitive and Neural Mechanisms of Different Aspects of Spatial Memory in Food-Hoarding Animals." *Philosophical Transactions, Royal Society London Biological Science* 365, no. 1542 (201): 888–900.

Solvi, C., et al. "Bumblebees Display Cross-Modal Object Recognition between Visual and Tactile Senses." *Science* 367, no. 6480 (2020): 910–12.

Stacho, M., et al. "A Cortex-Like Canonical Circuit in the Avian Forebrain." *Science* 369, no. 6511 (2020). doi.10.1126/science.abc5534.

Szaflarski, J. P., et al. "A Longitudinal Functional Magnetic Resonance Imaging Study of Language Development in Children 5 to 11 Years Old." *Annals of Neurology* 59, no. 5 (2006). doi.org/10.002/ana20817.

Tinbergen, N. "Derived Activities; Their Causation, Biological Significance, Origin, and Emancipation during Evolution." *Quarterly Review of Biology* 27, no. 1 (1952): 1–32.

von Bayern, A., et al. "Compound Tool Construction by New Caledonian Crows." *Scientific Reports* 8, no. 15676 (2018). https://www.nature.com/articles/s41598-018-33458-z/.

von der Emde, G., and T. Burt de Perera. "Cross-Modal Sensory Transfer: Bumble Bees Do It." *Science* 367 (2020): 850–51.

vonHoldt, B. M., et al. "Structural Variants in Genes Associated with Human Williams-Beuren Syndrome Underlie Stereotypical Hypersocialability in Domestic Dogs." *Science Advances* 3, no. 7 (2017): e1700398. doi:10.1126/sciadv.1700398.

Watanabe, S., et al. "Pigeons' Discrimination of Paintings by Monet and Picasso." *Journal of the Experimental Analysis of Behavior* 63, no. 2 (1995): 165–74.

Weber, F., et al. "Regulation of REM and Non-REM Sleep by Periaqueductal GABAergic, Neurons." *Nature*, January 24, 2018.

Weintraub, P. "Discover Interview: Jaak Panksepp Pinned Down Humanity's 7 Primal Emotions." *Discover*, May 30, 2012.

Westerman, G., and D. Mareschai. "From Perceptual to Language-Mediated Categorization." *Philosophical Transactions of the Royal Society B* 369, no. 1634 (January 19, 2014): 20120391. https://doi.org/10.1098/rstb.2012.0391.

Whalley, K. "Controlling Consciousness." *Nature Reviews Neuroscience* 21 (2020): 181.

Whiten, A., et al. "Culture in Chimpanzees." *Nature* 399 (1999): 682–85.

Wilks, M., et al. "Children Prioritize Humans over Animals Less Than Adults Do." *Psychological Science*, January 2021, 27–38.

Wilson, E. O. "Ant Communication." *Pulse of the Planet: The Sound of Life on Earth* (blog). November 8, 2012. https://pulseword.pulseplanet.com/dailies-post-type/2545-6/.

Yin, S."The Best Animal Trainers in History: Interview with Bob and Marian Bailey, Part 1." August 13,2012 https://cattledogpublishing.com/blog/the-best-animal-trainers-in-history-interview-with-bob-and-marian-bailey-part-1/.

Zalucki, O., and B. van Swinderen. "What Is Consciousness in a Fly or a Worm? A Review of General Anesthesia in Different Animal Models." *Consciousness and Cognition* (2016). doi.org/10.1016/j.concog.2016.06.017.

Zentall, T. "Jealousy, Competition, or a Contextual Cue for Reward?" *Animal Sentience* 22, no. 4 (2018).

後記

American Society of Civil Engineers. Report Card for America's Infrastructure, 2021. https://infrastructurereportcard.org/catitem/bridges.

Associated Press. "Review Slated for 5 Bridges Sharing Design of Collapsed Span." February 2, 2022.

Robertson, C., and S. Kasakove. "Pittsburgh Bridge Collapses Hours before Biden Infrastructure Visit." *New York Times*, January 28, 2022.

Schaper, D. "10 Years after a Bridge Collapse, America Is Still Crumbling." *All Things Considered*, NPR, August 1, 2017.

Schultheisz, C. R., et al. "Minneapolis I-35W Bridge Collapse—Engineering Evaluations and Finite Element Analysis." CEP Civil Engineering Portal. https://www.engineeringcivil.com/minneapolis-i-35w-bridge-collapse-engineering-evaluations-and-finite-element-analysis.html.

Treisman, R. "A Bridge in Pittsburgh Collapsed on the Day of Biden's Planned

Infrastructure Visit." NPR, January 28, 2022. https://www.npr.org/2022/01/28/1076343656/pittsburgh-bridge-collapse-biden-visit.

科學文化 226

圖像思考

用對的方法，釋放大腦潛能

Visual Thinking

The Hidden Gifts of People Who Think in Pictures, Patterns, and Abstractions

原　　著——天寶．葛蘭汀（Temple Grandin）
譯　　者——廖建容
科學叢書顧問群——林和（總策劃）、牟中原、李國偉、周成功

總 編 輯——吳佩穎
編輯顧問——林榮崧
責任編輯——吳育燐
美術設計——蕭志文
封面設計——Bianco

出版者——遠見天下文化出版股份有限公司
創辦人——高希均、王力行
遠見．天下文化 事業群榮譽董事長——高希均
遠見．天下文化 事業群董事長——王力行
天下文化社長——林天來
國際事務開發部兼版權中心總監——潘欣
法律顧問——理律法律事務所陳長文律師
著作權顧問——魏啟翔律師
社　　址——台北市 104 松江路 93 巷 1 號 2 樓
讀者服務專線——02-2662-0012　傳真——02-2662-0007；02-2662-0009
電子郵件信箱——cwpc@cwgv.com.tw
直接郵撥帳號——1326703-6 號 遠見天下文化出版股份有限公司

電腦排版——蕭志文
製 版 廠——東豪印刷事業有限公司
印 刷 廠——祥峰印刷事業有限公司
裝 訂 廠——台興印刷裝訂股份有限公司
登 記 證——局版台業字第 2517 號
總 經 銷——大和書報圖書股份有限公司 電話／02-8990-2588
出版日期——2023 年 6 月 30 日第一版第 1 次印行

國家圖書館出版品預行編目 (CIP) 資料

圖像思考：用對的方法，釋放大腦潛能 = Visual thinking : the hidden gifts of people who think in pictures, patterns, and abstractions/ 天寶．葛蘭汀 (Temple Grandin) 著；廖建容譯．-- 第一版．-- 臺北市：遠見天下文化出版股份有限公司，2023.06
面；　公分．--（科學文化；226）
譯　自：Visual thinking : the hidden gifts of people who think in pictures, patterns, and abstractions
ISBN 978-626-355-262-3（平裝）

1.CST: 思考 2.CST: 認知心理學 3.CST: 視覺藝術

176.4　　112008515

定價——NTD 480 元
書號——BCS226
ISBN——978-626-355-262-3 | EISBN 9786263552661（EPUB）；9786263552678（PDF）

天下文化官網——bookzone.cwgv.com.tw